雁苑文丛·甘肃文旅高质量发展研究系列

高亚芳◎主编

非物质文化遗产传承与保护

以甘肃非遗代表性项目为例

马琳娜 等◎著

中国经济出版社
CHINA ECONOMIC PUBLISHING HOUSE
·北 京·

图书在版编目（CIP）数据

非物质文化遗产传承与保护：以甘肃非遗代表性项目为例 / 马琳娜等著 . --北京：中国经济出版社，2025. 6. --ISBN 978-7-5136-8206-0

Ⅰ. G127. 42

中国国家版本馆 CIP 数据核字第 20251TU367 号

责任编辑　郭国玺
责任印制　李　伟
封面设计　任燕飞工作室

出版发行　中国经济出版社
印 刷 者　河北宝昌佳彩印刷有限公司
经 销 者　各地新华书店
开　　本　710mm×1000mm　1/16
印　　张　18
字　　数　292 千字
版　　次　2025 年 6 月第 1 版
印　　次　2025 年 6 月第 1 次
定　　价　98. 00 元
广告经营许可证　京西工商广字第 8179 号

中国经济出版社 **网址** http：//epc. sinopec. com/epc/ **社址** 北京市东城区安定门外大街 58 号 **邮编** 100011
本版图书如存在印装质量问题，请与本社销售中心联系调换（联系电话：010-57512564）

本书为
甘肃省教育科学“十四五”规划2023年度专项课题
（编号：GS［2023］GHBZX623）、
兰州文理学院引进博士科研启动经费资助项目（编号：202013）
研究成果

总 序

文化和旅游融合发展是以习近平同志为核心的党中央立足党和国家事业全局、把握文化和旅游发展规律作出的战略决策，也是文化强国战略的重要内容和中国式现代化的重要抓手，更是将文化和旅游业打造成支柱产业的必然要求。自从 2018 年原文化部和原国家旅游局组建文化和旅游部以及 2019 年党的十九大报告提出我国经济发展进入高质量发展新阶段以来，文旅融合高质量发展成为当前我国学界和政界共同关注的重要课题和热点问题。把文化旅游业培育成为支柱产业，其实质就是发展美学经济，增强文化软实力，提升经济发展硬实力，充分激发人民群众的文化自信，积极投身建设“美丽中国”的伟大实践。近年来，全国各地通过一系列改革创新举措，让文旅资源“活”起来、业态“多”起来、消费“热”起来，把文旅资源大省打造成文旅强省，为经济发展注入强劲动能。新的时代背景下，充分发挥旅游业关联性强、辐射面大的独特优势，全面推动“文旅+”“+文旅”等旅游新产品新场景新业态的发展，将文化内涵、文化价值融入旅游产业链各环节，促进地区旅游发展和特色文化传播，实现旅游业态价值升级已成为时代之需和人民之盼，同时也是构建产业发展新模式以及培育新质生产力的重要抓手。

作为文化旅游资源大省，甘肃省近年来在文旅产业发展上取得了显著成效，省委、省政府先后出台了《关于加快建设旅游强省的意见》《甘肃省人民政府办公厅关于大力促进全省文化旅游产业提质增效的意见》等重要文件，召开甘肃省文化旅游发展大会，成立甘肃省文旅产业发展领导小组，加大资金投入，推动文旅资源的产品化，完善文旅产业发展保障体系，加快文旅产业的“出圈”营销，着力构建现代化的文旅产业体系，并将其作为甘肃省战略性支柱产业。甘肃省以壮阔大气的山川和历史的诗意，迎接了党的十八大以来习近平总书记的三次调研和视察。特别是2024年9月，习近平总书记视察甘肃时明确提出，要“促进文化和旅游深度融合，把文化旅游业打造成支柱产业”。但是，要实现这一目标，目前仍面临着文旅产业结构优化升级、产业发展质效提升、产业发展路径创新等多重考验，与其他省份相比仍有较大提升空间。如何高效推动文旅资源的活化利用，加快文旅产业的转型升级，促进旅游地居民增收，实现文化产业与旅游产业深度融合与高质量发展，已成为甘肃省必须面对的战略性、研究性课题。

兰州文理学院是甘肃省首批向应用技术型大学转型发展试点院校之一，也是甘肃省唯一一所聚焦文旅学科专业建设的应用型大学，是省政府旅游智库秘书处所在单位，有2011协同创新中心——甘肃省全域旅游协同创新中心、文旅产业高质量发展研究院等省级科研平台和9个文旅产业服务基地。兰州文理学院旅游学院作为极具特色的旅游专业学院，始终是甘肃省实现文旅强省战略的前沿阵地之一。多年来，旅游学院各位教师深耕陇原大地，对甘肃文旅产业发展面临的诸多问题与挑战进行了广泛而深入的调查研究，在服务甘肃省文旅产业发展方面进行了积极的探索，特别是在乡村旅游、文化旅游、生态旅游、旅游资源开发利用与旅游规划等方面做出了一系列价值高、应用性强的研究成果，为甘肃省及各市州县区的旅游业发展提供了有力的智力支持和理论指导。秉持打造高水平文旅研究团队、提升高校服务地方旅游业发展能力、加快研究成果转化利用的理念，兰州文理学院旅游学院积极开展甘肃文旅产业高质量发展专项研究，编制了“雁苑文丛 · 甘肃文旅高质量发展研究系列”图书（以下简称丛书）。

丛书聚焦于甘肃文旅产业高质量发展的核心议题，涵盖茶文化、非遗文化、全域旅游、乡村振兴等研究领域，探讨地方文化、非物质文化遗产的价值阐释和创新性发展，“两山”理论视域下的价值实现最大化，“两创”方针指引下的文旅高质量发展和乡村振兴等问题，由多名长期从事旅游教学科研工作的专家、学者和中青年学术骨干共同完成。丛书首批推出4部学术著作，情况如下：《地域性文化旅游融合发展研究：以甘肃康县茶文化为例》，从茶文化的起源、茶文化与旅游业的融合发展等视角提出了甘肃康县茶文化与旅游高质量融合发展的具体策略；《全域旅游高质量发展路径与实践：基于甘肃省张掖市甘州区的案例研究》，从乡村振兴与全域统筹视角总结出甘州区乡村旅游的开发模式与亮点经验，为同类地区乡村旅游开发提供理论与实践借鉴；《非物质文化遗产传承与保护：以甘肃非遗代表性项目为例》，从专家和传承人的视角概述了甘肃代表性非遗项目的价值阐释和创新性发展，深入探讨甘肃非物质文化遗产的传承与保护问题；《黄河流域旅游业高质量发展研究》，从文旅产业高质量发展角度出发，分析了包括甘肃省在内的黄河流域各省市文旅产业发展水平的时空演变、影响因素及对策建议。另两部学术著作将陆续推出。

丛书依托兰州文理学院旅游学院优势学科，立足陇原大地，坚持综合研究与专题研究相结合、旅游传统产业与新兴产业相结合、学术问题与现实问题相结合，客观解读文旅产业高质量发展重大议题，科学把握文旅融合高质量发展新趋势，深度探讨文旅产业高质量发展新思路，力求全面刻画甘肃省文旅产业及细分领域的高质量发展路径，旨在为读者正确理解甘肃省文旅产业高质量发展提供综合、细化、动态、比较的视角，为各级政府、旅游企业的相关决策提供参考和借鉴。整体而言，丛书主要有三大特点：一、聚焦产业发展实际，成果落地性强；二、凸显旅游专题特色，专题研究系统深入；三、多学科交叉融合，共创研究新成果。

丛书的完成离不开兰州文理学院的大力支持，离不开旅游学院领导的重视和指导，更离不开各位专家学者的倾力付出。在此，我们一并表示衷心的感谢！

丛书即将付梓，笔者虽已尽心尽力，但书中难免有不足和疏漏之处，敬请读者批评指正。

2024 年 12 月于兰州文理学院

前言

甘肃，这片位于中国西北部的辽阔土地，自古以来就是多民族交汇、多元文化融合的地带。从丝绸之路的驼铃声声到黄河岸边的古老传说，从草原上的牧歌悠扬到黄土高原的厚重积淀，甘肃的非物质文化遗产如同一幅幅绚丽的画卷，展现了中华民族的创造力和生命力。在这里，每一种民间艺术、每一门传统技艺、每一段口头传说，都是历史的见证、文化的传承和民族精神的体现。

本书的编写，是基于对甘肃非物质文化遗产的系统梳理和深入研究。书中不仅详细记录了各个非遗项目的起源、发展和现状，还对它们的艺术特色、文化内涵和社会价值进行了深入分析。立足非遗研究者和传承人的第一视角，本书以丰富的案例和生动的叙述，力图为您提供一个全面了解甘肃非遗的窗口，让这些珍贵的文化遗产走出尘封的历史，走进现代人的视野。

在本书中，您将了解到甘肃非遗的多样性和独特性。兰州太平鼓的雄浑鼓声、甘南藏族唐卡的绚丽色彩、敦煌舞的曼妙舞姿、兰州鼓子的悠扬曲调……每一种非遗都是甘肃人民智慧的结晶，都是中华民族文化的瑰宝。这些非遗项目不仅是甘肃的文化标识，也是中国乃至世界文化的宝贵财富。

本书编写的另一个重要目的，是引起公众对非遗保护和传承的关注。在现代化的浪潮中，许多传统文化遗产面临着被遗忘、被边缘化的窘境。因此，本书着重探讨如何保持非遗的原真性保护和创新活化发展间的平衡，为非遗的未来发展提供思路和建议。我们呼吁全社会共同努力，确保这些珍贵的文化遗产得到有效的保护和传承，并让它们在新时代焕发出新的光彩。

本书的编写，旨在揭开甘肃这片古老土地上丰富多彩的非遗文化的神秘面纱，让您领略到这些文化瑰宝的独特魅力和深厚底蕴。在本书中，我们将一起走进甘肃的山川之间，穿梭于历史的长河之中，感受那些代代相传、生生不息的文化脉动。

本书的出版得到了甘肃省文化和旅游厅、甘肃省非物质文化遗产保护中心、甘肃广电总台都市调频广播、中国经济出版社、相关非遗传承人、非遗研究学者以及兰州文理学院诸多领导和学者的大力支持与帮助，他们的专业知识和热情参与，为本书的编写提供了宝贵的素材和深刻的见解。在此，我们向所有支持和参与本书编写的个人与机构表示衷心的感谢。

最后，我们希望本书能够成为您了解甘肃非物质文化遗产、感受甘肃文化的重要工具，也希望您能够通过阅读本书，对甘肃这片土地上的非物质文化遗产产生更大的兴趣、更深的情感。

目录

绪　论

一、甘肃的地理人文与历史概述

（一）甘肃的地理区位

甘肃位于我国西北部、黄河中上游地区，地处北纬 32°11′~42°57′，东经 92°13′~108°46′，面积约 42.58 万平方千米，具有悠久的历史、灿烂的文化。

甘肃的地形呈狭长状，东西跨度大，约 1655 千米，南北宽约 530 千米，地势自西南向东北倾斜。甘肃地域辽阔，从东部的黄土高原过渡到西部的河西走廊，再到南部的青藏高原边缘，其地理特征多样，从东南向西北依次为湿润的森林地带、半湿润的黄土高原、干旱的沙漠和半干旱的草原。从广袤的草原到干旱的沙漠，再到肥沃的河谷，地理环境的多样性为甘肃带来了丰富的自然资源和独特的文化景观，也为甘肃的农业、牧业和手工业发展提供了丰富的物质基础。

（二）甘肃的民族文化

甘肃是多民族聚居区，有汉族、回族、藏族、蒙古族、哈萨克族、土族等民族，也包括东乡族、裕固族、保安族等甘肃特有的少数民族。甘肃的南部地区，尤其是甘南藏族自治州，拥有广袤的草原和丰富的水资源，是典型的草原游牧文化区域。这里的草原游牧文化历史悠久，以藏族为典型的少数民族以放牧为生，形成了独特的生活方式和文化传统，如帐篷居住模式、马背上的技艺以及与草原生态紧密相关的民间艺术和节日庆典等。

甘肃以临夏、张家川为回族核心聚居区，东乡族、撒拉族等少数民族则嵌入多民族共居的格局中，不同民族通过语言、习俗、宗教的互动形成了“大聚居、小杂居”的多元文化生态。这些少数民族在甘肃的商贸活动中发挥了重要作用，特别是在丝绸之路历史上，这些善于经商的民族在促进商品流通和经济发展方面起到了桥梁作用。他们的商业活动不仅带动了当地经济的繁荣，也加强了甘肃与外界的联系。这种文化的交融不仅丰富了甘肃的文化多样性，也促进了不同民族文化的相互理解和尊重。

位于甘肃省境内的河西走廊是中国西北地区一条重要的地理通道，东起乌鞘岭，西至古玉门关，连接着中原地区与西域。祁连山脉是河西走廊南侧的一条重要山脉，对河西走廊的地理和气候有着重要影响。祁连山脉的中部地区包括张掖、武威等城市，气候较为温和，地形相对平坦，祁连山的雪水滋养了这片土地，形成了众多绿洲和肥沃的农田。祁连山的西部地区主要包括酒泉、嘉峪关等地，地形更加复杂，包含戈壁、沙漠和部分山地。该地区气候干旱、降水量少、蒸发量大，冰川融水是这一地区重要的水资源。在河西走廊祁连山的中、西段地区，除占据文化主导地位的汉族外，还有裕固族、蒙古族等少数民族，这些民族的文化传统和生活方式为该地区增添了丰富的人文色彩。这些文化的交融和传承形成了独特的地域文化特色。

甘肃的东部和中部地区，尤其是陇东地区，则是典型的农耕文化区域。这里的黄土高原为农业提供了肥沃的土地，农耕文化深厚，以小麦、玉米、马铃薯等农作物种植为主。农耕文化在这里表现为传统的农耕技术、农事节气以及与农业生产紧密相关的民间信仰和习俗。春季的播种、夏季的灌溉、秋季的收获以及冬季的储藏，这些农事活动不仅关系到当地居民的生计，也深深影响了他们的价值观念和社会结构。

草原游牧文化和农耕文化的交融为甘肃的非物质文化遗产（以下简称非遗）提供了丰富的土壤，形成了丰富多彩的文化遗产。从草原上的牧歌、马术表演到农田里的节庆活动、民间艺术，这些文化表现形式不仅反映了甘肃人民与自然环境的和谐相处，也展现了他们对传统生活方式的传承和尊重。这些文化遗产是甘肃乃至中华民族宝贵的精神财富，具有重要的历史文化价值。

（三）甘肃的历史沿革

历史上，甘肃是中华民族和华夏文明的重要发祥地之一，也是多民族交往、交流、交融的重要区域。这里不仅是多个朝代的军事要塞，也是商贸往来的繁华之地。

甘肃是中国早期人类的发源地之一，其历史可以追溯到史前时期。该地区发现的大量古人类化石和文化遗址，如底蕴深厚的大地湾文化、绚丽多彩的马家窑文化以及青铜时代的齐家文化等，证明了早在新石器时代，甘肃地区就有人类活动。这些早期居民留下了彩陶等丰富的文化遗产。

在先秦时期，甘肃地区是诸如羌族、月氏、乌孙等多个古代民族的聚居地。这些民族生产生活的文化遗迹，如青铜器、岩画等是中国古代历史文化的重要见证。秦朝统一六国后，甘肃地区被纳入中央集权的版图，秦文化在这里留下了浓墨重彩的历史印记。汉代，张骞出使西域，使甘肃成为丝绸之路的重要通道，东西方使者、商旅、僧众等带来了不同文明间的碰撞和交融，东西方文化在此交流融合。敦煌、武威等城市成为重要的商贸中心和文化交汇点，为日后甘肃乃至中国的民族文化格局奠定了历史基础。

魏晋南北朝时期，甘肃地区经历了民族大迁徙和文化交融。五胡十六国时期的民族融合，为甘肃地区带来了新的文化元素。随后佛教文化开始在甘肃地区传播，于是有了敦煌莫高窟的开凿。隋唐时期是甘肃文化的鼎盛时期，社会整体的经济和文化都有了显著发展。敦煌艺术达到了巅峰，丝绸之路的繁荣使甘肃成为东西方文化交流的枢纽。

宋代是中国历史上的文化繁荣期，甘肃地区在这一时期也得到了进一步的开发和发展。随着丝绸之路的不断繁荣，甘肃的商业贸易和文化交流日益频繁。敦煌莫高窟的开凿和绘制规模进一步扩大，佛教艺术达到了新的高度。同时，农业生产也得到了发展，水利工程如泾渭渠的建设，促进了农业灌溉，提高了粮食产量。元代，在蒙古帝国的强大统治下，甘肃地区的文化更加多元。明清时期，甘肃地区的文化逐渐趋于稳定，形成了独特的地方文化特色。可见，文化的发展和繁荣与社会政治及经济方面的发达和稳定密切相关。

近现代以来，随着中国社会整体的命运起伏，甘肃见证了中国从封建社会向现代社会的转变，该区域文化受到了多种文化的影响。晚清时期，甘肃受到民族危机和边疆问题的影响，经历了一些改革和变动。到了民国时期，甘肃的教育、文化和经济都有所发展，新的思潮和文化形式开始传入（如新式学堂的建立和报纸的发行）。这一时期，甘肃的文化艺术呈现出多元化的特点，传统艺术与新兴文化并存。

新中国成立后，甘肃文化事业得到了国家的重视和支持，文化保护和创新取得了显著成就。改革开放后，甘肃文化事业迎来了新的春天，大量的民间文化艺术以非遗的形式被发掘和保护。随之，许多传统文化艺术得到了复兴。同时，甘肃文化旅游业也得到了快速发展，敦煌莫高窟、嘉峪关等文化遗产成为吸引国内外游客的重要景点。当前，甘肃的文化发展更加注重多样性和创新性，传统文化与现代文化相结合，传统艺术形式在保护和传承的同时，也在不断地进行创新和推广，形成了独特的文化特色。此外，甘肃地区的文化产业也在不断发展，如影视制作、文化节庆活动等，这些都为甘肃文化的传播和发展提供了新的平台与机遇。

由于独特的地理区位，甘肃的文化历史多元且复杂，历经秦、汉、唐、宋、元、明、清等朝代，每个时期都有其独特的文化特征和发展脉络。从丝绸之路文化的交融到近现代的文化多元化，再到当代的文化保护与创新，甘肃地区的文化一直在不断地发展和演变，展现出丰富多彩的文化景观。

二、甘肃非遗的定义与分类

根据联合国教育、科学及文化组织（以下简称“联合国教科文组织”，UNESCO）2003 年通过的《保护非物质文化遗产公约》，非物质文化遗产是指“被各社区、群体，有时是个人，视为其文化遗产组成部分的各种实践、表演、表现形式、知识体系和技能，以及与此相关的工具、物品、工艺品和文化空间”。由于文化的相对性，我国关于非遗的定义需从具体国情出发。根据国务院办公厅印发的《关于加强我国非物质文化遗产保护工作的意见》（国办发〔2005〕18 号）中的定义“非物质文化遗产是各族人民世代相承、与群众生活密切相关的各种传统文化表现形式和文化空间”，甘肃非遗便是甘肃地区各族人民世代传承并与其生活密切相关的各种传统文化表现形式和文化空间。甘肃非遗的保护和传承对于维护文化多样性、促进社会可持续发展具有重要意义。

根据《国家级非物质文化遗产代表作申报评定暂行办法》，甘肃非遗可以分为两大类六个类别。其中，第一大类是传统的文化表现形式，包括民俗活动、表演艺术、传统知识和技能以及与之相关的器具、实物、手工制品等；第二大类为定期举行传统文化活动或集中展现传统文化表现形式的场所，兼具空间性和时间性的文化空间。

进一步细分，甘肃非遗包括以下类别：一是作为文化载体的语言，即在民族民间流传的口传文学、神话、诗歌、传说、故事、谣谚等以及相关濒危语言的口头传统。甘肃地区拥有丰富的口头传统，如东乡族的《米拉尕黑》。这些口头传统反映了甘肃人民的历史和文化。二是在民族民间流传的音乐、舞蹈、戏曲等传统表演艺术。甘肃的表演艺术包括多种传统音乐、舞蹈和戏剧形式。例如，敦煌舞、兰州鼓子、凉州贤孝等，这些艺术形式展现了甘肃深厚的文化底蕴和独特的艺术风格。三是反映某一民族或区域风俗习惯的重要礼仪、节日、庆典、游艺等。四是天文、地理、自然、人文、医药等有关自然界和宇宙的民间传统知识和实践。甘肃各地的节庆活动如香浪节、松鸣岩花儿会等，是文化传承的重要场合，也是社区成员社会交往和文化认同的重要方式。此外，藏医药、回医药等传统医药知识和实践对于保护人民健康、促进医学知识体系的多样性具有重要作用。五是世代相传、技艺精湛、具有鲜明民族风格和地区特色的传统美术手工技艺。甘肃的传统手工艺如临夏砖雕、庆阳香包、天水雕漆等，不仅是艺术创作，也是甘肃人民生活方式和审美观念的体现。六是与上述表现形式相关的文化空间，即集中体现或展现某种特定文化传统的活动、区域，如庙会活动、传统的节日庆祝活动、民间花会、民间祭祀与信仰活动、人生礼仪活动、文化生态保护区等。

按照联合国教科文组织的申报标准，甘肃非遗可以分为以下五个级别：申报联合国非遗名录成功的世界级非遗；已经入选或符合国家申报标准，具有特殊价值和代表性的国家级非遗；依据非遗申报的程序还可以依次分为省级非遗、市级非遗与县级非遗。级别分类有助于非遗的普查、建档、开发与保护工作的开展。根据甘肃省文旅厅公布的数据，截至 2023 年底，甘肃共有 3 个项目入选联合国教科文组织人类非遗代表作名录，分别是花儿、环县道情皮影戏和《格萨（斯）尔》。国家级非遗项目有 83 个，省级非遗项目有 493 个，市（州）级非遗项目有 2186 个，县（区）级非遗项目有 5396 个。

三、甘肃非遗的分布与特点

甘肃非遗的分布特征受到多种因素的影响，包括地理环境、人口分布、经济发展、民族文化多样性等。这些因素共同作用，形成了甘肃非遗独特的分布格局。

（一）地理分布的广泛性与集中性

甘肃非遗项目遍布全省，显示出广泛性。但“非遗空间分布不均衡，呈点状镶嵌、圈状集聚的特征，以临夏、平凉高密度集聚区为核心，向外辐射为集聚趋势逐渐递减的 5 个圈层”。[①] 甘肃非遗主要集中在中部、东部和南部地区，西部较少。在某些地区，如河西走廊、陇东地区，非遗项目更为集中，这与这些地区的历史地位、民族分布和文化发展有关。作为古代丝绸之路的重要通道，河西走廊地区在历史上是东西方文化交流的桥梁。这一地区的历史地位吸引了多种文化在此交融，形成了独特的文化遗产。例如，敦煌莫高窟的壁画和雕塑艺术，体现了佛教文化的传播历史，也融合了中原文化和西域文化的特点。陇东地区是农耕文化的发源地之一，拥有丰富的民间传说、传统音乐和舞蹈等。该地区的非遗项目往往与当地的农业生产、节庆活动和民间信仰紧密相连，是农耕文化的“活化石”。

同时，也有研究表明，“甘肃省非物质文化遗产项目的空间分布同该省主

① 何瑛．甘肃省非物质文化遗产空间分布及影响因素研究［J］．西北师范大学学报（自然科学版），2023，59（5）：116-126.

要河流水系分布有一定的相关性”。[①] 甘肃中部、南部和东部地处黄河及其支流泾河、渭河、洮河以及长江水系的嘉陵江、白龙江等流域内，均为冲积平川地区。这里地势平坦、气候适宜，在相对优越的自然条件下，农业生产发达，进而人口密度较大，带动了经济和生产的发展，作为精神层面的文化遗产也因此丰富起来。这与世界上绝大多数的文化现象是一致的，比如两河文明这样的文化发达地区往往也是大江大河冲积平原所在的地区。

（二）民族聚居区的特色

甘肃是一个多民族聚居的省份，其中包括藏族、回族、裕固族等少数民族。这些民族在长期的生产生活实践中，形成了各自独特的文化传统，这些非遗项目往往与民族的语言、宗教和生活习惯密切相关，体现了民族文化的独特性和多样性。

语言是文化传承的重要载体，各民族的语言中蕴含着丰富的历史信息和文化特色。在甘肃的藏族、回族等民族聚居区，许多如《格萨（斯）尔》《米拉尕黑》这样的民间故事、歌谣、史诗等非遗项目，都是通过本民族语言口头传承，往往反映了少数民族的历史和文化思维方式。

各民族的生活习惯和传统习俗是非遗的重要组成部分。在甘肃，裕固族的婚礼习俗、藏族的传统节日、回族的饮食文化等，都是非遗项目的重要内容。从这些项目中可以看到少数民族的日常生活、审美观念和社会价值观。宗教信仰对民族的文化也有着深远的影响。比如唐卡绘画、藏戏、寺院音乐等很多与藏传佛教有关的藏族非遗项目，在内容和形式上都体现了特定的宗教教义和仪式。回族的非遗项目，如清真寺的建筑艺术等，同样深受伊斯兰文化的影响，映射出不同民族群众的精神文化。

上文已述及，甘肃地区很多民族都有自己独特的非遗项目，这些项目在表现形式、内容主题和传承方式上各具特色，体现了民族文化的多样性。非遗项目不仅是民族文化交流的媒介，也是民族认同感和凝聚力的重要来源。

---

① 朱晓婷，李丁，宋丹，等．甘肃省非物质文化遗产结构及地理空间分布［J］．资源开发与市场，2017，33（1）：39-44.

通过共同参与非遗活动，能够加强不同民族间的联系，强化对中华民族文化的认同。

（三）历史积淀的深度

甘肃非遗是其深厚历史和文化的生动体现，特别是在丝绸之路和黄河文化的影响下，这些非遗项目展现了甘肃独特的文化风貌。

丝绸之路对甘肃的影响深远，它不仅是古代连接东西方的重要商贸和文化交流通道，也是文化融合的象征。甘肃作为这条历史通道的关键节点，见证了多种文化的交汇和融合。这种交流促使宗教、艺术、语言和科技等领域相互渗透，丰富了甘肃的文化底蕴。例如，敦煌莫高窟的壁画和雕塑就是丝绸之路文化交流的直接产物，体现了甘肃在古代世界文化发展中的重要作用。

黄河文化则体现了生活在甘肃地区的人们与黄河的密切关系。黄河是中华民族的母亲河，其流经的甘肃地区孕育了独特的农耕文明和民族文化。甘肃的非遗项目，如花儿、皮影戏等，是黄河流域民俗风情的精华，也展现了甘肃人民对黄河的依赖和敬畏。这些文化表现形式是黄河文化的重要组成部分，也是甘肃人民文化认同和精神家园的体现。

通过上述分析可知，甘肃非遗的空间分布和特点不是孤立存在的，而是与地理、历史、文化、社会、经济等多方面因素相互作用的结果。这种多元互动的视角有助于我们更全面地理解甘肃非遗的丰富内涵和独特价值。

四、甘肃非遗的社会文化价值

甘肃非遗是该地区文化多样性的重要体现，它们不仅承载着甘肃人民世代相传的生产生活方式、文化表达和社会实践，也是甘肃历史文化的“活化石”。这些非遗项目在促进社会认同、增强文化自信、推动文化创新和可持续发展方面发挥着重要作用。

（一）历史见证与文化传承

甘肃非遗在历史见证与文化传承方面的体现是多维度和深层次的。诸如敦煌艺术、花儿、兰州鼓子等非遗项目，都是该地区历史发展和民族文化的见证。例如，敦煌壁画就展示了古代丝绸之路上的文化交流，反映了当时社会的风尚和艺术水平。这些文化遗产不仅是佛教艺术的宝库，也是研究古代社会历史、宗教和艺术的宝贵资料。非遗项目以不同的艺术形式记录了甘肃地区的人民在不同历史时期的社会生活、宗教信仰、审美趣味和文化实践，是甘肃各民族世代相传的文化精髓。

通过口传心授、师徒传承等方式，甘肃非遗项目得以在社区中流传，成为文化传承的重要载体。例如皮影戏、凉州贤孝等，以娱乐形式成为传承历史故事和道德教育的重要手段。甘肃是一个多民族聚居的地区，如裕固族民歌、藏族唐卡等非遗项目，也是民族身份和文化认同的重要标志。这些非遗项目的交流发展强化了中华民族的凝聚力和文化自信，促进了民族文化的保护和传承。与此同时，非遗项目反映了甘肃社会的历史文化变迁。随着时间的推移，一些非遗项目在传承中不断适应社会变化，成为记录社会变迁的活档案。这在与农业生产生活相关的非遗项目中得到了很好的体现，随着农业技术的发展，一些与农耕文化相关的歌谣和仪式也随之演变，反映了社会生产方式的变化。许多非遗项目包含了丰富的传统知识，如传统医药、天文历法、农业技术等，这些知识在现代社会依然具有重要的参考价值和实践意义，是传统文化智慧的结晶。

甘肃非遗是中华民族悠久历史的见证。从古老的民间传说、传统音乐、舞蹈到精湛的手工艺，这些非遗项目承载着甘肃人民世代相传的文化记忆。发展至今，甘肃非遗项目为现代文化艺术创作提供了丰富的灵感和素材。许多艺术家和文化工作者从非遗中汲取营养，创作出大量符合现代审美需求的文化艺术作品，推动了文化的创新和发展。

（二）民族文化的多元融合

甘肃地区多民族聚居，各民族在长期的生活实践中创造了丰富多彩的非遗项目。它们是民族智慧的结晶，也是民族融合的产物。这些非遗项目各具特色，体现了甘肃文化的多元性和包容性。这种多样性丰富了甘肃的文化生态，为研究区域文化提供了宝贵的资源。

甘肃非遗在长期的历史发展过程中，在体现各民族文化特色的基础上，彰显了各民族在共同生活、交流与合作中形成的共享价值观和文化认同。例如，香浪节、松鸣岩花儿会等多个民族共同参与的节庆活动，在展示民族文化的同时，促进了当地各民族的相互认同和尊重，强化了民族间的凝聚力和对中华文化的自信。甘肃非遗中的音乐、舞蹈、戏剧等不同的艺术形式，往往经历了跨民族的创新与融合发展。这些艺术形式在保持各自民族特色的同时，融入了其他民族的艺术元素，形成了独特的跨民族艺术风格。例如，花儿、武山旋鼓舞等非遗项目，不仅在旋律、舞蹈等艺术形式上融合了汉族、回族、藏族、羌族等多个民族的艺术特点，在具体内容上也反映了不同民族的生活习俗和情感表达。这种跨文化的创新丰富了艺术表现力，成为民族间文化交流和情感共鸣的纽带。作为文化传承的重要载体，甘肃多民族的语言和口头传统在非遗传承中相互交融。不同民族的语言和口头文学在长期的交流中相互影响，形成了独特的语言文化现象，这些现象在非遗项目中得以体现和传承。比如，花儿等非遗项目中“风搅雪”的独特语言形式成为民族文化交流的重要见证。甘肃地区多种宗教和民间信仰并存，不同宗教的仪式和庆典活动在非遗中占据重要地位。这些宗教活动的形成和发展往往不是孤立的文化现象，而是在保持各自特点的同时，受到其他宗教文化的影响。

在社会快速发展和变迁的背景下，甘肃非遗项目在传承中不断适应新的社会环境，并在此基础上进行创新，这种适应与创新体现了非遗在现代社会中的活力。民族文化在新的历史条件下得到进一步的融合与发展。为了有效地保护和传承甘肃的非遗项目，需要采取行之有效的策略，而这些策略的施行往往涉及跨民族的合作、资源共享、平台建设等，从而有助于加强不同民族之间的文化交流，促进非遗项目的可持续发展。

甘肃非遗在民族文化多元融合中扮演着复杂而重要的角色。保护和传承这些非遗项目，对于维护民族文化多样性、促进民族和谐与社会稳定具有重要意义。甘肃非遗的多元融合，不仅是表面的文化互鉴，更是一种民族互鉴与文化融合的深层次融合机制。这种机制涉及民族间文化的互动、社会结构的交织以及经济间的往来等多个层面，它们共同作用于非遗的传承与发展，使得非遗成为民间深层次文化融合的载体。

（三）社会认同与凝聚力

甘肃非遗在社会认同与凝聚力方面的价值对于构建多元一体、和谐共生的社会具有重要意义。非遗项目作为历史连续性的体现，承载着甘肃地区各民族的集体记忆和文化基因。它们不仅是过去的遗产，也是现代社会认同感的重要来源。通过非遗的传承，社区成员能够感受到与祖先的联系，这种跨越时间的连续性增强了人们对自己文化根源的认同。非遗项目在塑造文化身份方面发挥着关键作用。甘肃非遗项目，如裕固族民歌、兰州鼓子等，是甘肃各民族独特文化身份的标志，帮助个体在多元文化的环境中定位自己。这种文化身份的塑造有助于增强个体和群体的自我认同。通过共同参与非遗的保护和传承，文化持有者能够感受到民族文化的重要性和独特性。

非遗项目也是社会资本的重要组成部分，通过促进社区成员之间的交流与合作，增强社会网络和互信。这种社会资本的积累对于解决社区问题、促进社区发展具有重要作用，是社会凝聚力的重要基础。非遗项目往往需要社区成员的集体参与和协作，这种参与加强了社区内部的联系。例如，每年举办的各种庙会和节庆活动，在这些节日庆典、仪式和艺术创作中，社区成员之间的相互支持和合作被强化，是构建团结和谐的社区氛围的重要时刻。同时，社会对这些不同文化表现形式的认同和尊重，尤其是政府对非遗的保护和支持，反映了对文化多样性和社会凝聚力的重视。通过文化政策的引导，在有效促进非遗项目传承和发展的同时，有助于减少文化冲突，构建一个包容和谐的社会环境。进而促进不同民族和文化背景的人们之间的相互理解与尊重，增强社会认同感和内在凝聚力。

非遗项目在传统知识的代际传承和维护社会稳定中发挥着重要作用。非遗项目中蕴含着丰富的传统知识和技能，其代际传承是将老一辈的知识和智慧传递给年青一代的过程。这对于保持社会的传统特色和历史连续性至关重要。通过非遗的传承，社会成员增强了对传统文化的认同和保护意识，加强了年青一代的文化归属感。这种代际的文化交流有助于加强家庭成员之间的联系，促进不同年龄群体之间的理解和尊重。这些非遗文化的精神内涵为社区成员提供了共同的文化基础和价值观，有助于缓解社会矛盾，促进社会和谐。例如，凉州贤孝等非遗项目通过讲述历史故事和传说，传递了和平、正义和团结的价值观，对社会成员产生了积极影响。

甘肃非遗项目是当地群众文化自信的重要来源和跨文化交流的桥梁。通过展示和传播非遗项目，社区成员能够更加自信地面对全球化带来的文化冲击，保持文化的独特性和个性。这种文化自信对于增强社会的文化认同和抵御外来文化的不良影响具有重要作用。

（四）经济发展与创新驱动

非遗项目是甘肃经济发展的重要资源，在促进地区经济发展和创新驱动方面扮演着重要角色，如敦煌艺术、临夏砖雕、甘南藏族唐卡等甘肃非遗资源，成为吸引国内外游客的独特文化景观。将非遗元素融入旅游产品和服务，往往能够有效地提升旅游体验的文化内涵，促进相关产业的发展，进而带动经济增长。庆阳香包、天水雕漆等非遗手工艺品，具有独特的艺术价值和市场潜力。通过保护和传承这些传统工艺，创新设计和营销策略，将传统工艺转化为市场竞争力强的商品，将助推传统手工艺的振兴，推动地方经济发展。

非遗的保护和传承为文化创意产业提供了丰富的素材和灵感。例如，将非遗元素与现代设计相结合，开发出新的文化产品以满足市场对个性化、定制化产品的需求，将推动文化创新和产业升级。在此基础上，利用非遗资源打造地方文化品牌，如“兰州鼓子”“武山旋鼓舞”等，通过品牌效应提升地区的知名度和影响力。这些文化品牌能够促进文化产品的市场推广，进而带动表演艺术、教育培训等相关产业链的发展。国际艺术节、展览等活动还能吸引外资投入，促进文化贸易和经济发展。所有这些，将为社会创业者提供广阔的舞台。许多非遗项目通过创新性的商业模式，结合电子商务、体验经济等，为创业者提供了新的机遇，促进了地方经济的多元化发展。

非遗的保护和利用强调可持续发展的理念。通过合理开发非遗资源，既保护了文化遗产，又实现了经济效益的提升。这种可持续发展模式有助于平衡文化保护与经济发展的关系，实现长远的经济利益，是推动文化创新和社会进步的持久动力。

（五）教育与文化自觉

文化自觉的形成是建立在对自身文化深刻理解和认同的基础上的。非遗不仅是甘肃地区学校教育的一部分，也是社区教育和家庭教育的重要内容。非遗教育可以让学生、社区居民以及家庭成员深入了解甘肃的文化传统和历史，从而在不同层面拓展文化教育的深度与广度。非遗教育不仅是传授技艺，更是一种文化精神的传递。深入学习非遗，能够深化对传统文化内涵的理解，从而培养出具有深厚文化底蕴的下一代。目前，随着非遗项目进学校的逐步实现，非遗项目已成为甘肃文化教育的重要内容。通过组织学生参观非遗展览、参与非遗制作等活动，在学校和社会中推广非遗教育，可以培养年青一代对传统文化的尊重和保护意识，增强文化自觉。

文化自觉强调的是个体或群体对文化传承的主动参与和积极贡献。非遗教育鼓励人们主动探索和保护文化遗产，这种主动性是文化自觉的核心。在非遗教育中，鼓励学习者批判性地思考传统文化在现代社会中的角色和意义，这种批判性思维是文化自觉的重要组成部分。非遗教育不仅传授传统知识，也激发创新思维。通过对非遗项目的学习和研究，可以发现新的文化元素和创意，将传统艺术形式与现代审美、技术相结合，从而推动文化创新，使传统文化在现代社会中焕发新的活力。在此基础上，进一步强调实践性，鼓励学习者通过亲身参与和体验来学习非遗项目。这种学习方式的目的在于让学习者更深刻地理解非遗的内涵，让年轻一代认识到文化传承的重要性，从而培养他们对非遗的保护和传承的责任感。

非遗教育强化了对文化多样性的保护意识。甘肃非遗的多样性体现了该地区丰富的文化生态，其社会文化价值在于激励人们通过学习非遗，认识到保护文化多样性对于社会可持续发展的重要性。在全球化背景下，尊重和欣赏不同的文化传统是培养跨文化交流能力的必经之路。非遗教育强调对文化遗产的保护和传承责任，这将使人们意识到保护文化遗产不仅是个人或某个群体的责任，也是对全社会和未来的责任。尤为重要的是，非遗教育有助于让人们认识到经济发展与文化保护之间的平衡，从而在追求经济增长的同时，也能够注重文化遗产的保护和利用。非遗教育与文化自觉的提升对政府文化政策的制定和实施同样具有积极意义，激发了公众对文化政策的认识和参与热情，为文化政策的有效实施奠定了群众基础。

（六）国际交流与文化自信

甘肃非遗作为中国传统文化的代表之一，其保护和传承体现了中国社会的文化自信，是国际文化交流的重要媒介。甘肃非遗的国际传播，不仅向世界展示了甘肃乃至中国的文化魅力和历史底蕴，也加深了国际社会对中国文化的认知、理解和尊重。这种文化交流是文化互鉴和国际合作的有效途径，它提升了公众对文化传承重要性的认识，并增强了国际社会共同保护文化遗产的责任感。随着甘肃非遗不断加大对外宣传力度，它们在国际舞台上促进了跨文化的交流和理解，同时也吸收了其他文化的优秀元素，丰富了地方文化元素。

甘肃非遗在国际舞台上成功塑造了独特的文化形象，并获得了国际社会的广泛认可和赞誉。这彰显了中国丰富的文化资源和国际地位，也反映了中国在文化保护和传承方面的努力和成就。甘肃非遗的国际交流不只限于展示和传播，还包括与其他国家在非遗保护和研究方面的合作。通过国际合作项目，甘肃非遗保护工作引入先进的理念和技术，不断吸收和融合国际元素，推动了文化创新。这种创新极大地提升了中国文化在国际舞台上的吸引力和竞争力，也为全球文化多样性和非遗文化交流提供了中国智慧和经验。

敦煌艺术、临夏砖雕、甘南藏族唐卡等甘肃非遗项目不仅是中华文化的瑰宝，也是世界文化遗产的重要组成部分。通过国际艺术节、展览、学术研讨会等活动，这些非遗项目在国际文化交流中的意义日益显著。它们让甘肃人民更加自豪地认识到自己文化的独特价值和世界影响力，同时也激励着更多的年轻人参与到非遗的传承和创新中来。

综上所述，甘肃非遗不仅是文化多样性和历史连续性的体现，也是社会凝聚力、经济发展、教育传承和国际交流的重要资源。保护和传承这些非遗项目，对于维护甘肃的文化生态、促进社会和谐以及推动可持续发展具有不可替代的作用。

五、本书的写作目的与结构

随着经济的发展和人民生活水平的提高，公众对于精神文化生活的需求日益增长。非遗作为传统文化的活态传承，不仅承载着民族的记忆和情感，也是现代社会多元文化的重要组成部分。当前，越来越多的人开始关注和参与非遗的保护与传承，非遗的传播和普及日益成为社会发展的现实趋向。除了文化责任，非遗的保护与传承也是我国文旅产业发展的重要资源。

近年来，我国政府高度重视非遗的保护与传承。2021 年 8 月，中共中央办公厅、国务院办公厅印发《关于进一步加强非物质文化遗产保护工作的意见》（以下简称《意见》），强调了非遗作为传统文化的重要组成部分，对于“延续历史文脉、坚定文化自信、推动文明交流互鉴、建设社会主义文化强国具有重要意义”。《意见》提出了加强非遗系统记录和相关出版工作、促进非遗与现代生活融合、提升非遗传承人的社会地位等具体措施，为非遗的保护和发展提供了政策支持和指导。《意见》中还提到，要通过创新性转化，将非遗与文旅产业相结合，开发与非遗相关的文化产品和服务。这为非遗的可持续发展提供了新的机遇，也为相关产业的发展注入了新的活力。《意见》还强调了加强非遗的国际展示和交流，不仅能够促进不同文化之间的相互理解和尊重，也能够提升中国文化的软实力。

本书旨在响应《意见》的号召，结合相关专家的学术研究和非遗传承人的具体实践，深入探讨甘肃典型性非遗文化的历史渊源、发展现状、面临的挑战与未来发展，以及其在当前社会中的文化意义等问题，探讨如何平衡其原真性保护传承和创新性活化发展的关系等。

本书结构清晰，绪论从宏观视角对甘肃非遗的定义、分类、分布及其社会文化价值等方面进行了概述。本书的第二部分，即前三章内容，在对甘肃非遗及其传承保护的整体特点进行概述的基础上，以甘肃民间音乐和民间文学为案例，从非遗研究者和传承人个体的文化体悟中，深入剖析甘肃非遗原真性保护传承和创新性活化发展面临的机遇和挑战，以期为甘肃乃至全国的非遗保护工作提供有益的参考。第四章至第三十九章为甘肃非遗代表性项目专家谈，是本书的主体部分。

2020年新年伊始，由甘肃省文化和旅游厅牵头，兰州文理学院非遗智库协同甘肃广电总台都市调频广播、甘肃博林国际文化发展有限公司共同推出了《专家说非遗》栏目。这是一档由非遗研究相关专家、非遗传承人等围绕甘肃省非遗代表性项目，分享非遗发展和传承案例的谈话节目。兰州文理学院非遗智库是为非遗工作提供多元化、高层次服务的智力支持、科学研究、文化传承、人才培养和决策咨询的智囊机构，自2019年4月10日成立以来，为甘肃省国家级非遗代表性传承人第三方评估、甘肃省非遗博览中心建设、第五批国家级非遗代表性项目申报等工作提供了智库方案、专家指导和社会服务，也是这档栏目重要的智力支撑。

本书的主体部分基于对《专家说非遗》栏目访谈内容的整理和完善，以具体的非遗项目，从非遗研究者和传承人的视角，对甘肃省典型非遗项目的历史渊源、文化和艺术价值、传承和创新发展等进行了多角度的呈现，为读者提供了一个深入了解甘肃非遗的窗口。后记部分总结了当前时代背景下，甘肃非遗传承的意义与挑战及其传承与创新的平衡，从社会参与和可持续发展的角度对非遗传承发展的未来进行了展望。

第一章　甘肃非遗漫谈[①]

自2018年起，《陇上非遗》融媒体执行主编王冰迪在甘肃省文化和旅游厅和甘肃省非物质文化遗产保护中心参与文化媒体，特别是融媒体的宣传工作。重点宣传甘肃省兰州市、定西市、天水市等多个地区的非遗项目，其中包括联合国教科文组织认定的代表性项目，以及国家级和省级非遗。至今，王冰迪已从事非遗宣传工作4年。在这期间，王冰迪见证了甘肃非遗的快速发展，特别是在一些抢救性项目的推进方面，甘肃取得了显著的成就。在2021年6月公布的第五批国家级非遗代表性项目中，甘肃就有15个项目获批，在全国范围内名列前茅。诸如甘州小调、两当号子、临潭万人拔河等项目，形式多样，各具特色，尤其是临潭万人拔河活动，参与人数众多，使用的拔河绳索重达数吨，其壮观场面和震撼力让人难以忘怀。每一个项目都蕴含着深厚的文化底蕴。这些成果的取得是近年来甘肃非遗相关部门和人员不懈努力的结果。

一、甘肃非遗从业者的非遗文化体验

王冰迪的故乡位于陇南西河，那里有着丰富的传统文化，王冰迪从小就对传统文化有着浓厚的兴趣。在王冰迪的家乡，经常可以看到羊皮鼓舞等传统表演，尤其是在端午节，村民们会手持羊皮扇随着鼓点起舞，这是当地的传统习俗。此外，每年七月初七还会举办乞巧节。谈到西河的乞巧节，王冰迪回忆起小时候的情景。每年从农历七月初一开始，乞巧活动就拉开了序幕。从五六岁的小女孩到十六七岁的大姑娘，都打扮得花枝招展，准备迎接乞巧

① 本章内容根据《陇上非遗》融媒体执行主编王冰迪访谈资料整理修改而成。

节的到来。她们会前往县城请来巧娘娘。巧娘娘是乞巧节的核心人物，通常用鸭蛋或鹅蛋制成且装饰得非常漂亮，就像七仙女一样。请来巧娘娘之后的几个晚上，女孩们会端出自家种的豆芽菜摆放在巧娘娘像前，还要供奉各种水果和点心。邻村有一个擅长写诗、画画和写书法的人，他每年都会带领村里的乞巧队伍来表演，为节日增添更多的文化色彩。

这样的仪式一直持续到农历七月初七，此时迎来乞巧节的高潮。七月初七的早晨，全村人都会聚集到村中的泉水旁，那是村子的中心。在没有自来水的年代，这眼泉水对村民们来说非常重要。女孩们会在那里饮水，庆祝节日，然后逛庙会，享受节日的欢乐。到了晚上，乞巧节的活动达到顶峰。姑娘们会聚在一起，在村中的广场上唱歌跳舞，展示自己的才艺，直到深夜。活动结束后，大家会一起吃一顿散伙饭，随后举行送别巧娘娘的仪式。她们将巧娘娘像在火中焚化，象征着节日的结束。西河地区的乞巧节仪式感非常强，比现在七夕节男女朋友互送礼物的形式要隆重得多，因而西河被誉为情人的发祥地，这里的乞巧节活动充满了文化气息和历史传统。

《诗经》中的“蒹葭苍苍，白露为霜。所谓伊人，在水一方”正是描绘了这一地区的风光和人文。王冰迪小时候参与的这些活动，当时的氛围令他至今难忘。随着时间的推移，幼时的记忆却越来越清晰。他很遗憾现在的年轻人没有那么多机会参与到这样的非遗活动中。后来，当乞巧节被申报为国家级非遗时，通过深入了解和研究，王冰迪惊讶地发现它竟然源自先秦时代，是一份珍贵的历史遗产。正是这份对传统文化的热爱，促使他从 2018 年开始接触并编辑有关陇上非遗的内容，希望为保护和传承这些宝贵的文化遗产付出更多的行动。

二、甘肃非遗的丰富性

甘肃是一个历史悠久、文化灿烂的地区，同时也是一个多民族聚居的地方。其地处我国西北的中心位置，历史上一直是交通和军事的重要枢纽。甘肃是华夏文明的发源地之一，且从被誉为“世界的敦煌”“全球文化遗产的宝库”的敦煌莫高窟等文化遗产中可以看出，甘肃在世界文化发展历史中的重要性。

由于多民族聚居的居住模式，甘肃非遗资源丰富多彩，独具特色。据不完全统计，甘肃的非遗项目约有27000多个，这些项目不仅数量众多，而且内容丰富，涵盖了甘肃的方方面面。目前，甘肃的国家级非遗项目总数达到了80多个，已公布的项目包括秦腔、庆阳的夜光杯制作技艺和酒泉的夜光杯、天水的伏羲大典等。除此之外，还有明清骆驼客等近500个省级非遗项目。在传承人方面，甘肃省拥有国家级传承人68名，市级传承人617名，县级传承人3000多人。此外，县区级的传承人数量也非常庞大，大约有8500人。这些非遗通过口传心授的方式在民间广泛流传，代代相传，形成了甘肃独特的文化旅游景观。

甘肃有3个项目被列入联合国教科文组织的代表作名录，其中之一就是花儿。花儿是一种广泛流传于甘肃、宁夏、青海等地的民歌形式，以其独特的韵味和诗意著称。每首歌都充满了田间地头的自然气息，仿佛是大自然和乡村生活的完美融合，让人感受到一种清新脱俗的美感。花儿的演唱，有时像清晨青草上的露珠，晶莹剔透；有时又像大雾中苏醒的大山，神秘而庄严。王冰迪的家乡陇南有独具特色的山歌，对音乐的热爱让他对花儿非常感兴趣，因此他还学会了简单的花儿歌曲。值得一提的是他从小熟悉的环县道情皮影戏。在那个物资匮乏的年代，村里的电视机很少，而且都是黑白的。乡村的正月里，艺人们会用马、骡子、驴等牲畜驮着道具箱，走街串巷去演出。他们从一个村子到另一个村子，有时候在一个地方演出2~3天。对于孩子们来说，皮影戏就像一种古老的动画片。当艺人们来村里演出时，他们会早早地在院子里等待，充满期待。在那个没有电的年代，村里用马灯和汽灯来照明。演出时，艺人们坐在幕后操作着皮影，用他们独特的唱腔讲述《西游记》《水浒传》等传统故事。尽管只有三五个人，但他们的表演非常有趣，孩子们能看到孙悟空三打白骨精等经典故事的生动呈现。除了花儿和环县道情皮影戏，还有土族的《格萨（斯）尔》等一系列非遗项目。随着文化视野的不断开阔，越来越多的非遗项目走进人们的生活，丰富着人们的精神世界。

三、甘肃非遗的宣传与保护

非遗项目是甘肃的文化瑰宝，甘肃对非遗的保护和利用一直非常重视，已经建立了国家、省、市、县四级非遗保护体系。在全省范围内，通过非遗进校园、非遗进景区、非遗购物节、非遗进社区等形式，各级政府都在积极开展各种非遗宣传活动。从最初的保护到现在的推广，甘肃非遗逐渐焕发出新的活力，成为文化旅游的一大亮点。

每年的遗产日，甘肃都会举办大量的线上和线下活动，包括非遗进校园、非遗进社区等。这些活动让传承人有机会进入学校，从小培养孩子对非遗的兴趣和认识，这是一个非常重要的方面。例如，兰州的太平鼓、剪纸和香包制作等技艺，通过传承人的教授，让孩子们在学习中体验乐趣，增强了他们对传统文化的认同感和成就感。这些活动对于非遗的传承和发展起到了积极的推动作用。

非遗进社区活动同样是通过非遗传承人来实现的。他们将社区内的居民，比如对刺绣箱包感兴趣的人，或者爱好书法装裱的人聚集起来，为他们提供学习和传承的机会，甚至组织简单的培训课程。每年在每个市州乃至省级层面，都会举办大量这样的活动。其中，省级的培训班可能会针对特定行业的人群。比如，甘肃省文化和旅游厅与交通大学联合举办了一个染织技艺的培训班。这种技艺几乎失传，现在又重新被挖掘和重视。培训班给学员讲授如何使用天然染料给纺织品上色，以及用何种手段可以避免染织的颜色不均匀等。

近年来，类似的活动越来越多，甘肃也积极参与和举办一些大型的非遗推广活动。甘肃会组织全省的传承人参加每年全国各地举办的各种非遗节。在这些节日中，传承人会展示他们的技艺和产品，让来自全国各地的游客了解甘肃丰富的非遗文化。此外，非遗文化在社会公共事务的参与中也开始发挥作用。比如庆阳的香包，其做工非常精致，这几年在创新方面取得了很好的成绩。新冠疫情期间，庆阳香包传承人捐赠了具有驱蚊、安神和防疫功能的中医药香包。这些举措对甘肃非遗文化的宣传，以及非遗项目在现代社会中的实用性和创新性发展起到了表率作用。通过进校园、进社区以及参与大型活动和社会公共事务，非遗文化得以在更广泛的范围内被人们认识和欣赏，丰富了社区文化生活，也为非遗传承人提供了展示和交流的平台，进一步推动了非遗的保护和发展工作。

甘肃非遗在近年来的品牌宣传和推广中取得了显著的成效。以临夏地区的砖雕为例，这项非遗不仅工艺精湛，而且已经形成了一条完整的产业链。其在美化当地社区环境的同时，还带动了居民增收，促进了地方经济发展。为了使这些非遗更加贴近现代生活，工匠们也在不断探索如何将砖雕等传统工艺融入现代建筑和家居装饰中。在城市住宅的装修中，打造一些符合现代审美的精品砖雕图案，给人们的居住环境增添一份古典韵味和文化气息。

甘肃各个层面精心策划的文化活动得到了广泛的社会认可。以 2018 年在成都举办的非遗活动为例，甘肃省文化和旅游厅组织了包括花儿、两当号子等非遗的四五十位代表性传承人前往成都非遗产业园进行展演。当演员唱起悠扬的花儿、两当号子吼起来后，现场的观众深受震撼。活动期间，演员们每天坚持演出，每场演出都吸引了大量观众，场面非常火爆。到了活动第三天，成都市非遗协会注意到了甘肃团队的表演，并主动向组委会提议将这些节目调整到主会场的国际大舞台上进行展演。原本主会场的大舞台只预留给四川本地的节目，外省的节目很少有机会在那里演出，但由于甘肃带来的节目具有巨大的潜力且观众反响热烈，争取到了这个机会。演员们的每一次演出都获得了雷鸣般的掌声，他们内心也是激动不已。这样的演出让更多人了解了甘肃的非遗，也极大地激励了传承人，让他们感受到了自身文化的价值和意义。回到甘肃后，他们以更加饱满的热情努力地投入非遗的传承和发展工作中。

传承人的角色不仅是传承技艺，还包括弘扬传统文化和历史。这些传承人通过参与各种文化活动，如文化节、展览和教育项目，向公众展示传统文化的魅力。甘肃非遗传承人每年都会接受评估，以确保他们有效地进行文化传承。评估内容包括他们是否积极培养学徒、传承技艺，以及他们的传承活动是否取得了良好的效果。如果传承人未能履行传承职责，则将无法继续享有传承人的身份和相关经费支持。

相信随着公众对非遗的深入了解，他们能够逐渐体验到其中的乐趣，并发现许多日常事务背后所蕴含的丰富的文化故事。一件丝绸旗袍，从丝绸的制作到制成成衣，每一道工序都代表一项非遗。在茶馆喝茶，人们可能会注意到茶叶的炒制这项传统的手工技艺，茶具的制作同样承载着匠人的心血和传统工艺的智慧。这些融入生活方方面面的非遗文化，带给我们美的享受，让人们意识到文化的力量。

四、甘肃非遗的现代传承与挑战

在当前的时代背景下，非遗文化的传承无疑面临着一系列挑战，但同时机遇与挑战往往是并存的。现代科技的迅猛发展，尤其是电子产品的普及，对传统文化产生了巨大的冲击。许多年轻人，特别是那些未能继续升学的农村青年，更倾向于前往大城市打工，而不是学习这些传统非遗技艺，导致一些非遗项目面临后继乏人的困境。

以陇南的羊皮鼓舞为例，它不仅表演形式有趣，制作过程也同样吸引人。虽然仍有一些人在坚持学习这项非遗技艺，但由于年轻人外出务工，很少有人愿意静下心来学习这门艺术，与过去相比，传承人数大幅减少。而在过去物资匮乏的年代，这些技艺不仅是文化传承的方式，也是人们谋生的手段。皮影戏同样如此，通常一个皮影戏班由 5~10 人组成。这样的团队会在特定时间巡回演出，从一个村庄到另一个村庄，通过表演来获得收入。以往皮影戏是村民们重要的娱乐方式，每场演出都能为演员们带来一定的收益。然而，随着时代的变迁，皮影戏的演出收入不再像过去那样稳定。学习皮影戏的技艺也变得越来越困难。这不仅是因为学习过程漫长复杂，也因为现代娱乐形式的多样化，使得传统艺术形式面临着更多的竞争。

传统文化的当代创新已成为非遗传承的时代趋势。当前，甘肃不少非遗项目逐步将传统工艺与现代审美相结合，通过文化创新赋予非遗新的生命力。例如，将皮影制作成各种人物、花鸟等艺术形象，这样的艺术转型将传统艺术与现代市场相结合，丰富了旅游纪念品等一系列文化市场。从而为皮影艺术家带来了新的收入来源，也有助于为这些珍贵的文化遗产找到新的生存空间和传播途径。

甘肃非遗面临的另一个挑战是如何提升非遗产品的精致度和艺术价值，使其能够更深刻地触动人们的心灵，从而拓宽其受众范围。这方面甘肃已经取得一些成功的经验，但还需进一步扩大涉及非遗项目的范围。近年来，甘肃庆阳香包的制作技艺已经相当精湛，此外，河州砖雕和甘肃木雕也已形成一定的规模。这些非遗相关产品在甘肃乃至全国范围内都有较好的销售渠道，正是因为它们在传统工艺的基础上经过不断创新，具备了现代艺术的内涵，其艺术吸引力得到了更好的体现。这也鼓励着创作者们将非遗文创产品做得更加精致，更贴近大众，更富有艺术性，更具吸引力。这就需要我们在传承和保护非遗的同时，不断理解当下人们的生活和审美需求，为非遗的传承和发展开辟新的道路。

作为一个热爱非遗文化的人，王冰迪今后的目标是保持对非遗项目原真性的尊重，创作出内容有趣又具有可读性的非遗普及作品。他希望这样的作品能够激发人们的兴趣，引发共鸣，让人们有意愿去实地了解和体验这些非遗文化。

第二章　甘肃民间音乐的当代发展与创新①

自1985年12月12日我国加入《保护世界文化和自然遗产公约》，到1999年10月29日成为世界遗产委员会的成员国，我国政府公布的众多非遗项目中，音乐类项目占据了相当大的比例。这既反映了音乐与人民生活的紧密联系，也凸显了音乐在非遗体系中的重要位置。

民间音乐作为我国各族人民在长期历史发展中创造的文化瑰宝和精神财富，其文化内涵和价值在当代社会语境中显得尤为宝贵。以贵州和广西地区的侗族为例，侗族大歌在2009年被列入非遗的代表名录。侗族人将歌唱作为休闲、社交和娱乐的主要形式，是侗族人生活中不可或缺的一部分，无论是在出生、死亡等节点，还是在快乐、悲伤的时刻，侗族人都会通过歌唱来表达他们对宇宙万物的认识和理解。

我国地域辽阔、人口众多，各地都有丰富多彩的民歌，这些民歌构成了民间音乐的基础。民歌通常包括山歌、小调和号子等。以西北地区为例，不仅有汉族的民间音乐，还有少数民族独特的民歌艺术形式，比如内蒙古的呼麦、长调等，都是游牧民族音乐文化的杰出代表。此外，还有肃北地区的蒙古族民歌，包括牧歌、思乡歌、赞歌、殉葬歌和仪式歌等。人们通过悠扬的长调来表达情感，用简洁的短调来叙述故事。民歌之所以能够代代相传，是因为它能够表达人们的喜怒哀乐、爱恨情仇以及生活中的聚散离合。因此，民歌成为人们非常喜爱的一种生活艺术形式。

我们可以从历史的角度来理解民歌的起源和意义。东汉时期的学者何休曾提到，“饥者歌其食，劳者歌其事”，这句话揭示了民歌与人们日常生活的

① 本章内容根据兰州文理学院副教授魏荣和兰州诗歌吟咏研究会会长李建俣访谈资料整理修改而成。

紧密联系。饥饿的人们通过歌唱来表达对食物的渴望，劳动者则通过歌曲来歌唱他们的工作和生活，正所谓“古之劳役必讴歌”，这种歌曲被称为劳动号子。民歌作为一种娱乐形式，是劳动人民在生活和劳动中自然产生的一种艺术形式。可以说，民歌更多地源自生活，是对生活的真实反映和艺术化表达。

一、甘肃民歌的传承与现代创作

民歌在我们的日常生活中无处不在，它们可能在街头巷尾、田间地头传唱，或者在家庭聚会和节日庆典中演唱。这些歌曲是文化传承的一部分，其价值在于能够跨越时间和空间，连接过去与现在，连接不同的人群和社区。因此，我们不应该忽视民歌在文化多样性和现代音乐创新中的重要作用。

兰州诗歌吟咏研究会会长李建傧曾尝试将古诗吟咏与音乐相结合，这是对传统文化的一种传承。在中国古典文化中，古诗吟咏是一种传统的读书方法。它要求遵循诗词的平仄格律，包括平声、上声、去声和入声等声调的运用。这种吟咏方式注重诗词的节奏和音调，以及如何将文字的意境和情感通过声音表达出来。在古代，吟咏是一种重要的文化实践，它不仅仅是为了学习，也是一种艺术形式。随着时间的推移，这种传统在不同地区的传承和发展中，受到了方言和地方文化的影响。通过吟咏的艺术形式，他希望人们可以更深入地理解中国传统文化。他的音乐作品《锦瑟》就是一个很好的例子，“锦瑟无端五十弦，一弦一柱思华年。庄生晓梦迷蝴蝶，望帝春心托杜鹃。沧海月明珠有泪，蓝田日暖玉生烟。此情可待成追忆？只是当时已惘然”。基于李商隐的诗作，通过音乐将古诗的意境和情感表达出来。在这首歌中，作者尝试将传统文化元素与现代表达方式相结合，以期创造出既有传统韵味又具有现代感的音乐作品。然而，与唱歌不同的是，吟咏必须遵循诗词的平仄格律。

在讨论这首歌曲究竟属于民间音乐还是传统音乐时，李建傧认为民间音乐是个很宽泛的概念，有很多表现形式，可能既有传统的内容也融入了现代的表达方式。尤其在现代社会，音乐的分类越来越模糊，一首歌曲可能同时包含多种元素，如传统音乐、民谣、诗词以及非遗等元素，可以说这是对传统文化的弘扬或者创新。任何在民间传唱的歌谣，无论其内容和形式如何，都可以被视为民歌的一部分，而非局限于某一特定的风格或主题。这些歌曲表达的都是普通人的各种情感和生活体验。这种多元化的音乐体现了传统与现代的结合，既有传统的韵味，又有民歌的亲切感。因此，我们应该以更开放的心态去接受和欣赏这些音乐，而不是试图将其严格归类。

李建傧对传统乐器的热爱和追求，使他在音乐创作中不断探索和实践。他的最新专辑《古诗今咏》中有一首基于汉代乐府诗歌创作的《古歌·悲歌》。乐府诗歌在中国诗歌史上具有特殊的地位，它不仅是四言诗的终结，也是五言诗的开端。李建傧选择的这首诗歌内容深刻，他在音乐中使用的乐器也颇具特色。在这首诗歌中，他使用了一种名为“埙”的乐器，这种乐器根据材质的不同，被归类为“土音”，是中国汉族独有的乐器，拥有7000年的历史。在甘肃地区，特别是在火烧沟遗址中，出土过4000年前的四音孔鱼形陶埙，这种乐器能够发出四个音，显示了当时音乐文化的发达程度。李建傧特别钟爱这种乐器的声音，尽力在音乐中展现出埙的独特音色。在《古歌·悲歌》的配乐中，李建傧亲自吹奏埙，为歌曲增添了一种独特的悲凉感和沧桑感，这种情感的传递非常直接，能够迅速引起听众的共鸣。他认为每种乐器都有其独特的魅力，能带给人不一样的心理感受，正如唢呐清脆嘹亮的声音，能够传递出一种特别的思绪和情感。他还尝试了阮和柳琴等其他传统乐器，在他的音乐世界中，这些乐器不仅仅是演奏的工具，更是传递文化和情感的载体。通过他的创作和演奏，我们可以感受到传统音乐的现代表达，以及非遗在当代的传承和发展。

李建傧的另一首原创歌曲《阿干之歌》，其灵感来源于一首古老的鲜卑族民歌。这首歌讲述了一个关于鲜卑族兄弟之间的故事。故事中的哥哥带领他的族人迁移到了甘肃和青海一带，并在那里建立了一个持续了300多年的吐谷浑王国。这首歌虽在《资治通鉴·宋史》中有所提及，但只有歌名而没有歌词。在1000多年的时光变迁中，这首歌的歌词已经失传。直到新中国成立前，这首歌的歌词在兰州七里河的阿干镇被发现，使得这首古老的歌谣得以重见天日。这首歌的历史背景和故事情节深深打动了李建傧，在得知这一历史记载后，他便开始了寻找这段旋律的旅程。

在创作过程中，李建傧先后多次前往阿干镇寻找这首歌的踪迹，遗憾的是始终未能找到。6 年前，他决定根据现有的歌词重新创作旋律，形成了《阿干之歌》，这趟音乐之旅也让他担任了阿干镇的形象大使。由于这是一首讲述兄弟间的情感和鲜卑这一马背上的民族的民歌，因此在创作时，李建傧力求表现出马背上的民族的粗犷和兄弟间的深厚情谊。为了达到这样的艺术效果，这首歌采用了不常见的四九拍节奏，并融入了中国传统的羽调式，这是对民间音乐的一种创新。

可见，民间音乐的创作是一个不断探索和实践的过程，在现代社会，民间音乐的传承和创新同样重要。我们不仅需要深入了解、尊重和保护传统音乐文化，还要勇于创新，这样可以让更多的人了解和欣赏到民间音乐的魅力。

二、甘肃民间音乐的地域特色与创新

民间音乐的传承和表现形式是多样的，它们深深植根于传统文化之中。民间音乐的传承不仅仅是音乐本身，还包括与之相关的其他文化实践。这些艺术形式在不同地区有着不同的表现形式，它们是当地社区文化认同和历史传统的重要组成部分。因此，保护和传承民间音乐需要我们对这些艺术形式的多样性和地域特色有深刻的理解与尊重。

李建傧成长于兰州，因此他在音乐创作中，总是力求将当地的文化融入其中。在他的所有作品中，通常会采用中国传统的五声调式，特别是那些源自西北地区的民族调式，这使得其与中国传统音乐有着天然的联系和共鸣。通过这种方式，他希望能够在音乐中体现出西北地区独特的音乐特色和文化韵味。在音乐乃至诗词创作中，入声字的存在对于歌曲的旋律和节奏有着重要影响。而在西北地区的大多数方言中，入声字的发音并不常见。这种发音传统在江浙、福建以及广东等地区得到了较好的保留。因此西北地区的人们在创作音乐时，并不会频繁使用入声字，这与当地的方言习惯有关。同样，西北地区的人们在朗读古诗时，不会按照古音来发音，而是更倾向于使用普通话或其他当地方言的发音方式。同一首歌，使用普通话吟诵时，歌曲的旋律可能会类似于京韵大鼓。而使用兰州方言，歌曲的旋律和节奏则会带有浓厚的地方特色。以上文提到的《锦瑟》为例，兰州方言决定了这首歌的曲调。方言的使用在很大程度上丰富了民间音乐的曲调。

普通话的推广使得不同地区人们的发音趋向统一，这在一定程度上局限了音乐创作的风格和表现形式，使其缺乏特色。许多尚未被充分关注和挖掘的艺术元素往往就蕴藏在方言等地域性民族民俗文化中，这些容易被忽视的文化传统在现代社会中仍然具有重要的价值和意义。像李建傧这样在兰州出生的音乐家在创作时，可能会努力发掘兰州方言的特色，使得听众能够感受到歌曲中的地域特色和文化多样性。在音乐创作中体现对地域文化的保护和传承，这也是非遗保护的一部分。

艺术的表现形式和内容往往与其地域性密切相关，民间音乐的多样性体现了非遗文化的地域差异性。地域性是艺术创作中最重要的要素之一，它与时代背景和民族文化一起构成了艺术的核心特征。不同的地域环境、生产方式和生活习惯造就了不同的文化特色。例如，游牧民族和农耕民族因生活方式的差异，其文化表现形式和内涵截然不同。文化的多样性和独特性也正是因这些差异而产生的。因此，保护和传承方言文化，以及与之相关的民俗文化，对于保持文化多样性和艺术的丰富性至关重要。这种多样性体现在我们日常生活的方方面面，是社会文化遗产的一部分，值得我们去发现、研究和珍惜。

近年来，许多地方性的民间音乐元素被独立音乐人和民谣创作者融入他们的作品中，这本身就是非遗民间音乐的创新之一。这彰显了民间音乐民族化和本土化的特色，也使民间音乐在现代音乐中焕发出新的生命力。陕西的黑撒乐队就以其地道的陕西方言和地方特色闻名。宁夏的布衣乐队演唱中浓厚的花儿音乐风格吸引了众多听众。还有内蒙古的杭盖乐队，新疆的旅行者乐团等，都是融合了民族元素和地域元素。甘肃地区也有丰富的民间音乐资源，如野孩子乐队在《乐队的夏天》中演唱的《黄河谣》就深深打动了观众，展现了甘肃民间文化的魅力。这些乐队和音乐人通过将传统元素与现代音乐相结合，不仅保留了民间音乐的精髓，还赋予了它们新的表现形式和生命力。这种融合传统与现代的创作方式已经成为一种趋势，被越来越多的音乐人采纳。

民间音乐的传承和发展不只是对过去的复制，而是要在尊重传统的同时不断创新，使之适应现代社会的需求。这样的创新不仅能够让民间音乐更加生动和多样化，也能够吸引更多的年轻听众，让传统艺术在当代社会中继续流传。

三、甘肃民间音乐的现代传承

甘肃非遗中民间音乐的现代传承与发展，涉及对西北地区民间音乐的研究和翻唱。其中，河西宝卷、凉州贤孝、临夏花儿等都是很好的素材。这些艺术很多和宗教有内在关联，还涉及地方性语言的差异。甘肃的音乐工作者虽然尝试过对这些歌谣进行改编和翻唱，但他们也意识到，他们演唱的版本可能无法完全捕捉到原始的民间风味。实质上，这种翻唱可以说是一种创作和改编，或可称为创新。将民间音乐的灵魂和精髓融入演唱中，不必过分刻意学习某种特定的地方语言，用当下歌者自然、真实的方式表达出来。

在学校教育中，民间音乐的现代传承更多的是理论性的教学和研究工作。这种教学不仅包括对民间音乐相关知识的学习，还需涉及具体的艺术实践。工作的核心在于深入探索和理解中国传统文化的精髓。通过研究和学习民间音乐，我们能够更好地把握音乐的传统元素，并将这些元素与现代音乐创作相结合。同时，诸如古诗吟咏这样的传统文化的应用，不仅是对传统文化的学习借鉴，也是将古代文学与现代音乐融合的创新方式。这样的努力有助于丰富我们的音乐文化，确保民间音乐的传统得以保持和发扬。同时，也为未来的音乐创作和学术研究提供了宝贵的资源和灵感。

的确，专业人才是非遗传承的关键。在谈到民间音乐的传承时，应意识到这不仅是在城市文化中保持传统，更重要的是让年轻人愿意接受并参与其中。目前，除师徒传承外，李建傧还会被邀请到各个学校举办讲座。也会有一些对民间音乐感兴趣的孩子和成人前往他的工作室学习交流。工作室会组织孩子们参加各种演出，对于孩子们来说，以往单调枯燥的古诗背诵变成了带着唱腔的诗歌吟咏，还有汉服的展示等，让他们富有趣味地理解中国古诗及其在民歌应用中的规则和韵律，体验其中的意境和情感，这样的学习经历对他们的一生都将产生积极的影响。可以说，今天的民间音乐传统教育不仅是理论上的，更是实践中的应用。如果我们能够在教育过程中让孩子们接触到上述各方面的学习方法，那么，对于传统民间音乐文化的传承将会非常有帮助。如果有更多的教师和专业人士加入，就能更好地推广和传承这些宝贵的文化遗产。实际上，现在师资力量的匮乏也是民间音乐传承面临的挑战之一。像李建傧这样的音乐工作者，忠于对传统文化纯粹的热爱和对艺术的执着。他们的坚持和努力，特别是在传承和推广传统文化方面的贡献，正是非遗文化传承精神的体现。

张燕，一位专注于西洋美声唱法的音乐教师，有着从西方古典音乐领域转向研究和传承中国传统文化音乐的心路历程。张燕的经历强调了传统民间音乐在现代音乐教育中的重要性，以及非遗文化在激发学生创造力和表现力方面的巨大潜力。张燕对甘肃民间音乐传统从接触到深入研究的过程不仅丰富了她的教学内容，也为她的教学方法带来了新的视角。张燕发现，传统音乐的魅力在于其真实反映普通人内心的情感，这种真挚的情感表达对于声乐学生来说是一种宝贵的学习资源。她通过将传统民间音乐的文化元素融入教学，帮助学生更好地理解和表达音乐作品的情感，从而提高了他们的演唱技巧和表现力。张燕在讨论中指出，音乐教育不仅是学习技巧，更需要有文化积淀。她强调了传统民间音乐文化在当前音乐教育中的重要性，认为只有深入了解相关文化背景，才能真正学好音乐。

张燕将对非遗文化的热情和传统民间音乐研究相结合，对她个人的教学和艺术实践产生了积极影响，也为学生提供了一种全新的学习和体验音乐的方式。在教学过程中，张燕鼓励学生挖掘自身的民族音乐传统，将这种本土文化的独特情感和表现方式应用到更广泛的音乐表演中。她在教学过程中曾遇到一位声音优美的学生，但他唱歌时总是显得很生硬，缺乏歌曲应有的感情。她尝试指导，但似乎难以激发学生的音乐表现力。一次偶然的机会，张燕得知他来自平凉，便问他是否会唱当地的曲艺。学生随即唱了一段当地的民间小曲，情绪饱满，表情生动，与平时判若两人。张燕便指导他运用这样的情感去演绎课堂上的声乐作品。这位学生的表现让张燕意识到，唱歌不仅是技巧的展示，更重要的是情感的投入和体验。无论是传统曲艺还是现代声乐，情感的表达都是核心。每个学生都有其可塑性，通过引导学生探索和表现他们的传统音乐文化，可以有效地提升他们在声乐学习中的情感表达。这样的教学方法丰富了学生的音乐体验，也帮助他们建立起对音乐的个人理解和情感联系。

民间音乐的现代传承是一个动态的过程，它需要音乐人不断地探索和实践，不能仅仅满足于传统民间音乐的记录和保存，我们需要让它们活跃起来，真正地“活”起来。为此，应该重视这些民间音乐的传播。音乐家们通过创作，将民间音乐的精髓融入他们的现代音乐作品中，这不仅是一种艺术上的转化，也是对流行音乐的一种重新思考，更是对传统民间音乐文化的一种现代诠释。通过现代媒体的力量，比如音乐会、大型音乐节、小型现场演出、发行唱片以及网络传播，我们可以将这些原本不太为人所知的民间音乐带给更广泛的听众。这样的传播不仅是让民间音乐被更多人听见，更是将个人创作转化为公共艺术，让听众在新的音乐环境中重新体验和感受那些古老的元素。在这个过程中，人们的诗意、乡愁等情感得到了释放，同时也体现了对民族文化的认同和自信。

扫码试听民间音乐

第三章　甘肃民间文学的当代传承与价值①

我国是一个历史悠久、文化丰富的多民族国家。在这片古老的土地上，民间文学如同一条源远流长的河流，它的色彩斑斓、形式多样，深深植根于本土文化的土壤之中。这些文学作品是祖先留下的宝贵遗产，更是民众对生活的深刻思考和感悟的结晶。它们与当时的生产力和社会生活紧密相连，随着时间的推移，其内容和形式不断丰富和发展。

一、甘肃民间文学的源流与发展

在古代，尤其是在原始社会时期，受限于当时的生产力和社会形态，民间文学主要以口头传统的形式存在。那时的文学形式相对单一，主要包括神话故事、歌谣和民歌。神话故事是原始人无法理解人类和自然万物产生的原因，他们不明白昼夜更替、四季轮回等自然现象，进而试图解释自然现象和宇宙奥秘的方式，他们将自然万物神圣化、人格化，创造出了如盘古开天、女娲补天等引人入胜的神话。这些故事通常在庄重的祭祀活动中被传唱。歌谣则是劳动人民在劳作中即兴创作的，它们简单、朴实，却充满了生活气息。随着社会的发展，人们开始讲述与自己生活更为贴近的故事，民间故事和传说逐渐取代了神话故事的地位。《山海经》作为我国最早的神话故事集，为我们记录了这些远古的传说。

甘肃地区的民间文学起源于原始社会，以口头形式的神话故事和歌谣为主。例如，关于天地起源、人类诞生的神话，以及对动植物的崇拜等。其中

① 本章内容根据西北民族大学中国语言文学学部副教授热依汗古丽·依玛木访谈资料整理修改而成。

市级非遗天水酒歌经典曲目《敬酒歌》就是每年正月十六伏羲祭祀礼仪必不可少的祭祀曲目："天降羲圣，与天地准。立极垂易，列圣攸宗。中华致祀，仪文式崇。神之鉴之，昭格雍雍。"反映了中国人文始祖的神话故事。

随着社会的发展，民间文学开始出现更丰富的形式。《诗经》标志着我国民歌采集的开端，它收录了西周至春秋中期五六百年间的诗歌，反映了当时社会生活的方方面面。比如大家熟悉的《关雎》，"关关雎鸠，在河之洲。窈窕淑女，君子好逑"，就是很经典的古代诗歌。《诗经》分为《风》《雅》《颂》。《诗经》中的《国风》部分，特别记录了黄河流域十五国，即甘肃及其周边地区的民歌。这些歌谣至今仍在陕西、山西、河南、河北、山东等地传唱。与此同时，长江流域的南方歌谣则被《楚辞》收录。

战国时期，寓言故事的创作达到了高峰，如《刻舟求剑》《掩耳盗铃》《南辕北辙》《杞人忧天》等，这些故事以其深刻的寓意和教育意义，成为民间文学的瑰宝。到了两汉时期，随着社会的繁荣，民间文学也迎来了新的发展。《史记》和《淮南子》等著作中记载了许多神话故事，这些故事往往带有浓厚的历史文化色彩。为了社会长治久安，汉王朝推动了劝诫性的寓言故事进一步发展。最值得一提的是，汉武帝时期乐府的设立搜集了大量的民间音乐。乐府民歌在继承《国风》和《楚辞》的基础上，在表现技巧方面有了很好的发展，进而推动了民间音乐和民歌的发展，如《孔雀东南飞》和《木兰诗》以其精湛的艺术成就被誉为"乐府双璧"。

魏晋南北朝时期，受到道教、佛教以及玄学的影响，笔记小说得到了很好的发展。笔记小说分为志人小说和志怪小说，可以说是中国小说的开端。它取材于民间口头流传的故事和传说，比较著名的有东晋干宝的《搜神记》。此外，在先秦时期，笑话已经作为一种文学形式存在，但直到魏晋时期，它才逐渐发展成一个独立的文学类别。这一时期的笑话作品，其幽默元素更为显著，例如魏人邯郸淳所著的《笑林》，被认为是中国最早的笑话集。民歌的创作也呈现出地域特色，主要分为南朝民歌和北朝民歌两大类。南朝民歌以其婉约的风格和抒情性著称，如《西洲曲》等作品；北朝民歌则以其粗犷、豪放的特点闻名，如《敕勒歌》。《敕勒歌》中"敕勒川，阴山下，天似穹庐，笼盖四野"的描绘，生动地勾勒出了北朝时期草原的壮丽景色和游牧民族的生活风情。

进入唐宋时期，山歌作为一种新的民间文学形式开始流行，尽管其保存至今的作品数量不多。唐代受西域音乐的显著影响，市民阶层中出现了许多语言朴实、情感真挚的民间词，这些作品直接反映了普通百姓的日常生活和情感体验。可以说，唐宋时期说唱文学成为民间文学的主要表现形式，它将佛教教义的宣讲与民间故事的讲述相结合，使得变文等在当时广受欢迎的民间文学作品得到发展。《李陵变文》中对甘肃敦煌及其周边地区的地域特色有着丰富的描绘，多次提及“西域”“敦煌”“玉门关”等。在晚唐时期，出现了一部名为《酉阳杂俎》的珍贵民间文学集，它收录了丰富的民间故事，其中包含类似“灰姑娘”的故事类型，以及“鲁班做木鸢”等传说，可以说是世界上最早见于文字记载的同类故事。这些故事展现了民间文学的丰富想象力和创造力。

到了宋代，除继承唐代的古词等传统形式外，还出现了以说为主的画本，这些作品通过讲故事的方式，传播了包括许多随佛教传入中国的印度民间故事在内的各种传说。这些丰富多彩的民间文学作品，不仅丰富了当时的文化生活，也为后世留下了宝贵的文化遗产。宋代，民间文学的表现形式更加多样化，特别是民间杂剧和各种戏剧形式如滑稽戏、歌舞戏、傀儡戏和影戏等，它们不仅娱乐了民众，也传承了历史和民间故事。这些戏剧作品通常以历史事件或民间传说为蓝本，通过戏剧化的表演，使故事更加生动和引人入胜。

随着汉代张骞出使西域的“凿空之举”，丝绸之路的开通使甘肃成为东西方文化交流的枢纽，汉唐以及宋代是甘肃民间文学发展的高峰时期。该时期，甘肃民间文学受到东西方多元文化的影响，内容和形式更加多样化。例如，敦煌文献中保存的变文、曲子词等，都是这一时期民间文学的代表。其中敦煌曲子词是敦煌文献中保存的一种民间文学形式，以独特的艺术风格和丰富的内容著称。这些曲子词多以描写爱情、抒发个人情感为主，影响了宋代及宋元时期甘肃地区的民间文学和社会文化风貌。

元代则是民间杂剧发展的黄金时期，这一时期的文人积极向民间艺人学习戏曲表演的技巧和形式，从而推动了元杂剧的繁荣。这些作品多取材于民间故事和传说，深受民众喜爱。元代的文学作品如《西厢记》等，在甘肃地区得到了广泛流传，这些故事多以口头形式存在，内容涉及爱情、英雄、神话等方面。相关的非遗项目如凉州贤孝和天水皮影戏等，凉州贤孝是流传于甘肃武威地区的一种民间说唱艺术，天水皮影戏则是一种传统戏曲艺术，以其独特的说唱形式和丰富的内容著称。这些非遗项目多以历史故事、神话传说为题材，从民间文学的角度而言，具有很高的艺术价值和教育价值。

明清时期，民间文学的采集和整理工作取得了显著成效。许多文人致力于收集和记录民歌、民谣、笑话和谚语等，使得这些民间艺术形式得以保存和传承。冯梦龙是这一时期的重要人物，他广泛搜集了民歌、山歌、民谣以及民间故事和笑话，对民间文学的保存和发展做出了巨大贡献。他的《广笑府》收录了大量民间笑话和自己改编的故事，是民间文学宝库中的瑰宝。

清代的石成金等人编辑了《笑得好》等作品，收录了许多民间笑话，而《笑林广记》则是多位文人和艺人共同编纂的笑话集，这些作品不仅反映了当时社会的风俗习惯，也展现了民间文学的幽默和智慧。通过这些文人的努力，民间文学的宝贵遗产得以流传至今，成为我们了解古代社会和文化的窗口。在明清时期，笔记小说作为一种文学形式，其语言和内容都深深植根于民间文学的土壤之中。例如，《聊斋志异》就是这一时期著名的笔记小说，它以独特的艺术手法和丰富的想象力，将民间故事和神话传说融入文学创作，展现了浓厚的民间色彩。除此之外，《阅微草堂笔记》和《客窗闲话》也是明清时期极具代表性的笔记小说，它们不仅继承了民间叙事的传统，也融入了作家的个人创作，形成了一种独特的文学风格。明清时期，戏曲艺术在甘肃地区得到了极大的发展，甘肃民间文学以戏曲的口头表演形式得到发展，尤其是秦腔、眉户等地方戏曲。这些戏曲作品多以历史故事、民间传说为题材，具有浓郁的地域特色和生活气息。

到了晚清，随着新思想的涌现，改良派学者开始关注民间文学领域。文人和艺术家们纷纷发表对民间文学的见解，其中梁启超先生是最早将“神话”这一概念引入中国学术界的学者。他的工作为近现代民间文艺学的发展奠定了基础。近现代以来，甘肃民间文学面临着传统与现代的冲突与融合。一方面，随着现代化进程的加快，一些传统的民间文学形式逐渐式微；另一方面，新的文化形式和传播手段的出现，为民间文学的传承和发展提供了新的可能。

在当代，甘肃民间文学的保护和传承受到了更多的关注。政府和社会各界通过各种方式，如建立非遗名录、举办文化节庆活动、开展学术研究等，来保护和传承甘肃民间文学。同时，一些民间文学形式也被创新性地融入现代文化作品中，如影视作品、网络文学等，使其焕发出新的生命力。

综观甘肃民间文学的源流与发展，这是一个跨越了数千年的漫长历程，折射了甘肃地区的历史变迁，以及我国西部地区多民族文化的交融与发展。随着社会的变迁和文化的发展，民间文学不断得到丰富和拓展。从最初的歌谣和神话传说，到后来的史诗、叙事诗、民间故事、歌谣、谚语、民谣、歇后语、曲艺以及民间小戏等多种形式，民间文学已经成为一个包含多种艺术形式的丰富宝库。这些艺术形式世代相传，它们与各种民俗活动紧密结合，共同构成了中华民族传统文化的重要组成部分。

二、甘肃民间文学的特征

甘肃民间文学的核心特征可以从四个关键方面来探讨：第一，甘肃民间文学的口头性。口头性是民间文学最显著的特点之一。这种文学形式最初是通过口头创作和口头传播的方式在民间流传的。尽管后来有学者和文人将其记录下来，形成了文字资料，但这些文献仅仅是为了保存和研究，其本质仍然是口头的。甘肃的民间文学与民众日常生活紧密相连，它们通常在社交聚会或特定的民俗活动中即兴创作和表演。这种口头性确保了民间文学的地域性，使得作品具有独特的地域特色。花儿这种广泛流传于甘肃、青海、宁夏等地区的民歌，就是口头性特征的典型代表。花儿的歌词通常即兴创作，使用当地方言，表达了对爱情、生活和自然的真挚情感。这种口头传播的形式使花儿能够根据不同地区的文化特色而演变，例如，张家川花儿便不同于河州花儿的临夏方言，其采用的是张家川地区的方言，使花儿这种非遗形式保持了其多样性和活力。这些民间文学的传播不依赖于书面文字，而是通过口口相传的方式使故事和歌谣能够在不同地区和群体中流传。随着时代的变迁，虽然传播方式发生了变化，但一些民族史诗，如东乡族的《米拉尕黑》仍有文字和口头并存的形式，只不过口头传播依然是其主要特征。如果民间文学作品脱离了其原本的方言环境，它的表现力和感染力就会大打折扣，甚至可能失去其原有的魅力。最后，口头性保证了民间文学的持久性。只要人们持续使用口头语言进行交流，民间文学就可以继续存在。这种文学形式不受书面文字的限制，能够随着社会的变迁而不断演变和适应。

第二，甘肃民间文学的集体性。这一点主要体现在两个方面。首先，民间文学的创作过程往往是由群体共同参与的，而不是单个作者独立完成的。这些作品的创作者通常是匿名的，即使某个作品最初可能由个人构思，但在其发展和完善的过程中，会经过无数次的集体修改和再创作，逐渐融入了集体的思想、经验和创造力，最终形成一个群体共同认可的版本。其次，民间文学的表演也是集体性的。与个人创作的文学作品不同，民间文学的表演通常发生在群体聚集的场合，如节日庆典、社区聚会等。在这些场合中，民间文学的表演不是为了展示个人的艺术才华，而是为了传承和弘扬当地的文化传统。一个优秀的传承人在表演时，会努力保持与当地传统和习俗的一致性，这种传统是经过几代人共同创造和积累的，是集体智慧和想象力的结晶。以凉州贤孝为例，这种说唱艺术在凉州地区流传，通常在节庆、庙会等社区聚会中表演，其内容由艺人或群体共同创作，其表演也是社区成员共同参与的文化活动，它增强了社区的凝聚力和文化认同。此外，民间文学的表演并不局限于特定的个体。虽然在某些特定场合，如节日庆典或仪式中，可能会由专业的艺人进行表演，但在日常生活中，任何群体成员都可能成为民间文学的传播者和表演者。这种开放的表演形式使民间文学得以在更广泛的社会环境中保存和传播。

第三，甘肃民间文学的变异性。这种变异主要发生在流传过程中。与作家文学一旦出版便固定下来不同，民间文学在口头传播的漫长历史中始终处于变化之中。这种变化源于集体环境下的口头传播，不受固定文本的限制，也不存在版权侵犯的问题。同一个故事在不同的时代和地区表演时，会自然地发生相应的变化。在表演过程中，故事也会发生变化，因为民间文学的表演本身就是一种创作。这个过程不仅受到表演者个人的影响，还受到现场观众互动、表演的具体时间、不同场合甚至突发事件的影响，这些因素都可能改变表演的效果，产生不同版本的作品。以秦腔为例，这种古老的戏曲艺术形式在甘肃地区经历了长期的口头传播和群体创作，逐渐形成了区别于陕西秦腔的具有甘肃特色的表演风格。秦腔的剧本和表演在不同地区和不同时代有着不同的版本，这种变异性使得秦腔能够满足不同观众的审美需求，保持了其艺术的生命力。因此，我们所看到的民间文学文本，往往只是某一次表演的记录。民间文学的变异还体现在题材的多样性上。例如，《梁山伯与祝英台》的故事不仅以散文形式的传说流传，还有韵文形式的歌谣，以及戏曲、剪纸、年画等多种表现形式。在当代，现代媒体的出现进一步丰富了民间文学的表现形式，使动画片、微电影等版本成为可能。孟姜女的故事就是一个典型的变异例子，从战国时期《左传》中的原型到后来的哀哭形象，再到唐末增加的寻夫哭倒长城的情节，她的形象和故事情节都发生了显著的变化。

第四，甘肃民间文学的传承性。尽管民间文学在流传过程中会发生变化，但这些变化并不会超越传统。每次表演虽然都是一次即兴创作，可以有创新，但必须遵循传统。以天水皮影戏为例，这种以皮影为媒介的戏曲艺术，通过历代艺人的口传心授和不断的实践表演，得以代代相传。天水皮影戏的传承不仅保留了传统的故事和技艺，使民间文学的传统得以延续，同时也在不断的表演中融入了现代元素，促进了文化的创新和发展，使其在现代社会中仍然具有吸引力。传统是当地民众在反复的表演和传承中继承下来的，也是艺人表演时的依据和标准。虽然每位艺人在细节上有自己的风格，但故事的主体框架是不能改变的。民间文学的传承发生在我们生活的各个方面，如节日仪式、艺人与观众的互动、家庭环境中的代际交流、邻里之间的闲聊等。这些传承方式使民间文学得以在社会中持续存在，成为文化多样性的重要体现。在现代社会，民间文学的传承方式呈现出多样化，不仅包括传统的口头传承，还涵盖了文字记录、影像资料以及图画等多种媒介。

在讨论传承性时，我们不得不提到民间艺人在其中起到的关键作用。这些文化遗产之所以能够跨越时间的长河，至今仍然生动活泼，很大程度上得益于人们的口耳相传，特别是民间艺人的挖掘、整理和继承发展工作。他们的贡献是不可忽视的。民间文学的特点要求传承者不仅要对艺术充满热情，还需具备卓越的技艺和表演能力，尤其是记忆力和表演技巧。民间文学的表现形式并不仅仅是口头叙述，它是一种融合了多种技能的综合性表演艺术。

甘肃的民间艺人能够巧妙地将地方性知识、艺术传统与个人经验结合起来，在任何场合、面对任何观众都能展现出强大的适应性。因此，记忆力和即兴表演能力对于民间艺人来说至关重要。在非遗传承人中，我们可以看到许多令人印象深刻的例子。比如，有的牧民能够吟唱数十部史诗，有的故事讲述者能够讲述上百个民间故事和笑话，一些艺人能够不间断地表演数十个幽默段子，歌手们则常常能够即兴创作歌曲，对答如流。世界上最年轻的《格萨（斯）尔》史诗传承人斯塔多吉甚至能够连续演唱两天两夜。这些艺人的存在，使那些拥有深厚历史背景的文化事项得以在保持其传统风格和特征的基础上传承与发展。尽管他们的报酬可能并不高，有时甚至被认为是过时的，但这些艺人仍然保持着对艺术的极大热情。即使在许多人选择更有利的发展道路时，他们依然坚守着自己的岗位，始终以服务群众、传承文化为己任。他们不仅守护着自己热爱的事业，还将民间绝活带到了新时代。

三、甘肃民间文学的价值

甘肃民间文学深深植根于日常生活之中，它生动地描绘了普通民众在生产劳动和社会生活中的场景，反映了他们的各种体验。这些作品涉及的主题通常与人们的周围环境和日常活动紧密相关，反映了他们的思想意识、道德理念、生活态度、审美偏好，以及对周遭世界的评价和看法。许多民间文学作品历经千年流传至今，其经久不衰的魅力与其在生活中扮演的多重角色密切相关。甘肃民间文学的价值主要体现在以下几个方面。

（一）实用价值

甘肃民间文学的实用价值是指它在民众日常生活中的直接作用。在生产劳动领域，民间文学的实用价值尤为显著。例如，劳动号子这种在劳动过程中即兴创作的歌谣，可以追溯到人类最早的劳动活动，鲁迅先生曾将其称为“杭育杭育派”。在陕西关中地区，打夯歌是当地居民在建造房屋打地基时创作的歌谣，其内容多样、幽默风趣，不仅能够协调劳动动作、统一节奏，还能提升劳动情绪、缓解疲劳，从而提高工作效率。藏族在修建屋顶时的“打阿嘎”歌谣，其曲调会随着劳动节奏的变化而变化，体现了劳动与歌唱的紧密结合。

甘肃民间文学中的劳动歌谣几乎涵盖了所有劳动场合，如裕固族民歌中的牧歌、擀毡歌等。两当号子作为一种传统的劳动歌谣，不仅在集体劳动中发挥着协调动作、统一节奏的实用功能，而且通过其即兴创作的歌词，传递了劳动者的情感和生活经验，增强了团队协作精神。在当代社会，两当号子还成为文化传承和乡村旅游的重要组成部分，为当地经济发展提供了新的动力。这些歌谣不仅是劳动的伴奏，也是劳动者情感的抒发，它们传递着劳动者的智慧和生活经验，同时也为艰辛的体力劳动带来了乐趣和动力。通过这些歌谣，我们能够窥见民间文学在提升劳动效率、丰富社会文化生活方面的重要作用。

甘肃民间文学是文化传承的重要组成部分，它不仅反映了民众的日常生活，还蕴含着丰富的知识和经验。在各行各业中，特定的行话和禁忌语构成了一种特殊的语言文化，它们在传授劳动技能和经验方面发挥着重要作用。特别是在农业社会，民间文学中包含了大量的气象和季节变化知识，如陇剧中就有一些反映农民在播种、耕作、收割等各个生产环节辛勤劳动的剧目，以及丰收时节的喜悦等剧目内容，体现了农民对土地的依赖和对丰收的期望。同样在游牧社会，藏族民间故事和谚语也包含了很多关乎游牧生活的知识。

在教育方面，民间故事、传说和谚语在向儿童传授正确的伦理和道德观念方面起到了关键作用。这些故事通常语言简洁、内容深刻，能够让儿童在成长过程中自然学会如何与周围环境和谐相处，如何处理人际关系，以及培养尊老爱幼、仁爱、谦逊等传统美德。例如，大型原创古装陇剧《大禹治水》便是农耕社会典型的神话故事，启示人们迎难而上。

甘肃民间文学的实用价值还体现在其礼俗功能上。在各种民俗活动和仪式中，如裕固族民歌是裕固族人民婚丧嫁娶仪式不可或缺的一部分。它们增强了仪式的文化内涵，也表达了人们对生活重要时刻的重视和情感。

甘肃民间文学的娱乐功能不容忽视。它通常在节日庆典中带来欢乐，也在日常生活中的劳作、家庭教育和解决社会矛盾等时刻，以幽默、轻松的方式缓解紧张气氛，传递积极乐观、团结互助的价值观。这些故事和歌谣展现了民众对生活的热爱和对美好未来的向往，是民间智慧和情感的真挚表达。因此，民间文学的场合总是洋溢着欢声笑语，营造出一种轻松愉快的氛围。

（二）科学价值

甘肃民间文学的科学价值，体现在它为多个学科领域提供了宝贵的研究资料，尤其是在史前时代研究方面，它的重要性不亚于书面文献和考古资料。民间文学作为直接反映人民生活全貌的"百科全书"，涵盖了思想感情和历史等多个方面，与民俗学、民族学、文化研究、人类学、历史学、语言学、哲学乃至自然科学等学科有着密切的联系。

以历史研究为例，通过分析甘肃民间文学中的神话故事，我们可以追溯到原始社会时期民众与自然斗争的历史，以及不同历史时期的社会形态、生活方式和社会发展的规律。对于没有文字记录的民族，如民族史诗等口头传统承载着民族的口传历史，其价值不可小觑。据有关材料考证，甘肃东乡族的长诗《米拉尕黑》中多次出现的"康图巴扎""夷朗姆山"等地名曾是中亚撒麻尔罕的某些地名，而现如今东乡地区的许多地名如"洒勒""阿里玛图"等，最早也是源自中西亚古花剌子模一代。诗文中的种种迹象表明，《米拉尕黑》的产生，是以东乡族的产生和发展为背景的，它对东乡族的诠释是建立在历史的沉淀基础之上的。相似地，青海土著民族撒拉族的"骆驼泉传说"，准确记录了撒拉人从撒马尔罕迁徙至青海循化县的历史，这一事实得到了学术界的认可。此外，甘肃民间文学使用的方言为方言学的研究提供了丰富的资料。它不仅反映了语言的地域性特征，还展示了语言随文化和社会变迁而演变的历史。

民族学和文化人类学在研究民间文学时，往往关注其在特定社会和文化背景下的表现和意义，这有助于我们更深入地理解不同民族和文化群体的生活方式和社会结构。甘肃民间文学是了解民情的重要渠道。它反映了民众对生活的追求和价值观，为相关学者提供了洞察民间社会动态的窗口。通过研究民间文学，我们可以更好地理解不同时代民众的思想和行为，以及他们对社会变化的反应和适应。

（三）艺术价值

甘肃民间文学的艺术价值，也就是其文学价值，是其多方面价值中的重要组成部分。民间文学构成了所有文学艺术的源泉和基础，其独特的魅力和深远的影响，为后续的艺术创作提供了丰富的素材和灵感。在甘肃民间文学的宝库中，诸如《河西宝卷》《格萨（斯）尔》《肃北蒙古族祝赞词》等作品，以其引人入胜的情节和鲜明的人物形象著称。它们所蕴含的深刻主题和具有普遍意义的道德价值，为后来的文艺创作者提供了取之不尽的灵感来源。民间文学中的原始歌谣，如先前提到的劳动号子，作为歌谣和诗歌的雏形，更是浪漫主义风格的体现。这些作品中夸张的幻想和奇特的想象，为文艺创作提供了丰富的素材、多样的美学形式和修辞手法，以及独特的创作风格。从古代的《诗经》到现代的文学、音乐、舞蹈等，都深受民间文学的影响。

（四）传承价值

甘肃民间文学之所以能够代代相传，其核心在于它的传承性。这种传承性很好地保证了传统文化的连续性，避免了文化断层的出现，而且促进了不同民族、不同文化之间的交流与融合，使中华文化得以不断丰富和发展。甘肃民间文学更是丝路文化互鉴、共享的成果之一，完美体现了丝路精神，反映了人类文化的共通性和互动性。

四、甘肃民间文学的保护和现代发展

当前，我们正处在一个崭新的时代，这个时代为我们带来了前所未有的发展机会。然而，它也带来了诸多挑战，尤其是在传统文化保护方面。2003年10月，联合国教科文组织在其第三十二届大会上通过了《保护非物质文化遗产公约》，该公约的核心目标是保护那些以口头传统、节日庆典、礼仪、手工技艺、音乐、舞蹈等形式存在的非遗。根据联合国的定义，非遗是指那些被一代代传承下来，并在传承过程中不断被重新创造的文化遗产。这些遗产为其所在的社区和群体提供了认同感和连续性，同时也促进了对文化多样性和人类创造力的尊重。非遗是一个民族传统文化思想的集中展现。从这个定义出发，甘肃民间文学无疑是非遗的重要组成部分，它始终承担着传承和发扬民族文化的使命。

在甘肃，民间文学在入选的非遗项目中占据了显著的位置。在入选的四批非遗项目中，民间文学不仅包括口头传统，还涵盖《格萨（斯）尔》等世界级的文化遗产。然而，尽管在非遗项目中占有一席之地，甘肃民间文学在现代生活中的实际地位却面临着挑战。我们生活在一个高科技和智能化的时代，大众媒体极大地拓宽了我们的视野，但同时也打乱了传统村落的生活节奏。随着传统劳作方式的改变，甘肃民间文学的生存空间也发生了变迁，其在传统社会中的权威性受到了动摇，流传方式也随之发生了变化。

受时代的发展和快节奏生活的冲击，甘肃民间文学的种类日益减少，发展不均衡。现代生活的快节奏似乎不再允许我们投入大量时间去聆听如史诗般宏大的叙事。曾经，民间文学具有传授知识、进行道德教育的功能，但这些功能正在逐渐减弱，而其娱乐功能则变得更加突出。尤其是智能手机的普及，似乎加速了社会对文化的接受和表达方式正在发生的变化。表演者和传承人的数量在减少，老龄化现象日益严重，年轻人的注意力则被新兴的时尚吸引。他们更倾向于观看手机中的短视频，而不是参与到民间活动中去。总体来看，甘肃民间文学的文化空间、传承群体以及传承方式发生了深刻的变化。

自 2005 年起，我国便开始了非遗的保护工作。在政府的引领和学者及民间社会组织的共同努力下，我们探索并实施了多种保护文化遗产的方法。其中包括将民间文学转化为具有生产力的产业，以此创造经济效益，并在日常生活中体现其价值。我们还利用高科技手段，比如建立数据库、创作真人动画、录制现场视频和制作纪录片以及保存电子文本等方式，来有效保护这些文化遗产。当前，这些措施已经取得了一定的成效。然而，在众多保护建议中，许多学者特别强调了生活性保护的重要性，即保护文化遗产的文化空间。

众所周知，中国的民间社会往往是建立在熟人关系之上的，甘肃民间文学的表演也通常是在这种熟人间的互动中进行的。我们所说的生活性保护，并不是要求表演现场的每个人都相互熟悉，而是要营造一个自然、平等、自由、公平的对话环境。在这样的环境中，人们可以自由地互动，甚至在表演中互换角色。只有在这样相互尊重的氛围中，民间文学的表演才能真正体现其意义，达到最佳的创作和传承状态。在保护过程中，我们必须确保民间文学不失去其本质性的文化场景。如果表演被机械化地设置，而非源自真实的生活体验，那么表演过程中的情境交流和和谐统一将不复存在。与内容相比，民众更看重建立在平等关系上的和谐氛围。因此，整体性地保护文化空间至关重要，因为它不仅是民间文学生存和发展的环境，也是艺人成长的摇篮。此外，全社会都应树立对文化传统的认同感，通过各种渠道让更多民众参与到非遗保护的行动中来。

在良好的社会环境中，我们应培养对传统和传承的自豪感，从而提高传承艺人和传承群体的传承意愿。例如，土族《格萨（斯）尔》是一种结合了散文和韵文的口头艺术，它的散文部分用土语叙述，韵文部分则用藏语演唱。由于土族只有语言没有文字，因此要传承《格萨（斯）尔》必须掌握这两种语言。土族的代表性传承人王永福老人留下了800多盘录音磁带，他的离世给土族《格萨（斯）尔》的传承造成了巨大的损失。目前，土族《格萨（斯）尔》面临着传承人缺失和研究工作严峻的挑战，因为土语部分只能通过国际音标来记录，而研究者需要同时懂得藏语和土语。在年轻人中，懂得土语的人越来越少，因此我们应竭尽全力抢救这类遗产，其核心在于培养年青一代的文化认同和对文化传承的责任感。

另外，河州花儿展现出了强大的生命力，至今仍然活跃。每年农历四月二十六日至二十九日，在甘肃省和政县国家级森林公园松鸣岩，花儿会如期举办，吸引了大批游客和花儿爱好者。随着网络媒体的发展，花儿的内容和形式在保持稳定的同时不断演变。我们可以在各种网络平台上看到许多来自民间的表演和录制的视频，这些视频受到群众的热烈欢迎。对于这样的非遗项目，我们应该接受并包容其变化，因为随着生活方式的改变，民间文学必然会发生变化，以多媒体形式呈现也是其生存的一种选择。每个非遗项目的发展现状是不均衡的，因此我们的保护工作也应因地制宜，采取不同的策略。

甘肃民间文学在不断适应时代变迁的过程中，遵循着其内在的发展规律。在阶级社会时期，甘肃民间文学作品常常反映出阶级斗争的主题；随着社会主义社会的建立，又涌现出了许多歌颂新时代的歌曲和歌谣。如今，我们步入了网络和智能化的新时代，网络民间文学如评论、笑话、幽默随感类故事等，以其独特的方式蓬勃发展。有时，网络平台上用户对歌曲的评论甚至比歌曲本身更具吸引力。特别是在新冠疫情期间，尽管缺少了传统的表演场所，人们大多居家隔离，但通过抖音、快手等平台，我们依然能够享受到各种主题的弹唱和幽默视频，这展现了甘肃民间文化强大的自我调节和适应能力。

在传承民间文学的过程中，我们不仅要保留那些丰富多彩的文学作品，更要继承这些作品中所蕴含的富有和谐性的核心思想和价值观。以西北地区的花儿为例，它在多个民族中广为传唱，尽管每个民族都有自己独特的语言和创作风格，但在演唱花儿时，大家更倾向于使用汉语。同样，藏族史诗《格萨（斯）尔》不仅在藏族中流传，也在蒙古族、土族、纳西族、普米族等多个民族中传唱，成为一种跨民族的文化现象。土族民众虽然不是藏族，但他们也将《格萨（斯）尔》中的英雄人物视为自己的英雄，颂扬其事迹。这种文化共享和融合的现象，展现了民族团结和文化交融的美好景象。

我国各民族的民间文学作品无不传递着勤奋、善良、乐观等品质，以及对生命意义的深刻追求、包容精神和团队协作的价值观。这些都是中华民族宝贵的精神财富，是值得我们珍视和传承的文化遗产。

第四章　洮砚制作技艺[①]

我国有源远流长的砚文化。在几千年的中华文明史中，中国文人用笔墨纸砚来传达思想文化和感情。砚在中华文明的传承过程中有着重要的作用。自古文人喜爱砚台，既是雅趣，也是中华文化的一个代表性符号。早在唐代就形成了誉满天下的中国四大名砚——广东端砚、安徽歙砚、甘肃洮砚和山西澄泥砚。砚的价值不仅取决于制作砚台的材料品质的精良，还取决于砚台的制作工艺水平。砚台的制作技艺凝聚着手工艺人的匠心和智慧，承载着中华优秀文化精神，并传承发展至今。2008 年，甘肃洮砚制作技艺入选第二批国家级非遗代表性项目。洮砚制作技艺主要分布于甘肃省甘南藏族自治州卓尼县和临潭县境内。洮砚又名洮河绿石砚。洮砚的洮河绿石产于甘肃省南部洮河中游的卓尼县和临潭县交界的喇嘛崖一带的峡谷中，矿带呈东西走向，长约 25 千米，宽约 2.5 千米，储藏面积约 40 平方千米。历史上此地属洮州管辖，又濒临洮水，故而洮砚由此得名。洮河石的石质盈润如玉色，纹路云霞分离变化万端，甚为优美，最上品被誉为绿漪石，俗称鸭头绿。洮河石制成的洮砚发墨快而不损耗，储墨久而不干涸，书写流利生辉，所以是石砚中的上品。

一、洮砚的历史渊源

砚台的制作经历了漫长的发展过程。根据史前彩绘文化和出土的研磨器具，推断在新石器时代就已存在研磨器，这是砚台的前身。汉代出现了真正

---

① 本章内容根据兰州文理学院文学院副院长叶淑媛教授和洮砚非遗传承人王玉明访谈资料整理修改而成。

意义上的砚，一种是饼形砚，传承人王玉明先生就收藏了一方。还有一种是平板砚。魏晋时期出现了圆形的多足砚、方形的四足砚。唐代是砚台发展的辉煌时期，唐代书法艺术的高度繁荣促进了人们对砚台的喜爱，人们开始追求砚的品质和形制，要求砚台坚实美观，发墨细腻滋润。唐代洮砚的制式主要有辟雍砚和箕斗形砚。这是中国砚发展的一个过程。洮砚的刻制始于唐代，人们对砚台的色彩纹理产生了浓厚的兴趣，其色彩和纹理之美深得文人喜爱。在宋代，苏东坡、黄庭坚等文人雅士对洮砚皆赞赏有加。黄庭坚有诗说“久闻岷石（或作岷右）鸭头绿，可磨桂溪龙文刀。莫嫌文吏不知武，要试饱霜秋兔毫”。这首诗的意思是，听说岷州出产的洮砚具有鸭头绿的色彩。鸭头绿是指如鸭头上的绿毛一般的颜色。接着，黄庭坚称赞洮砚质地坚硬，可以用来磨砺桂溪出产的龙纹刀，不要嫌弃他这个文吏不懂用兵之法，他要用饱经秋霜的土豪之笔，配合此砚，挥洒自如。即写书法有如用兵，所以说他用那个洮砚来研磨写书法，就像用兵一样。北宋著名鉴赏家赵希鹄在《洞天清禄集》中说，“除端、歙二石外，唯洮河绿石，北方最贵重。绿如蓝，润如玉，发墨不减端溪下岩。然石在大河深水之底，非人力所致，得之为无价之宝”。他的意思就是说，除端砚和歙砚这两个石料之外，洮河的绿石是最贵重的，是无价之宝。

宋朝时期，中国的砚文化非常繁荣，有许多文人都写过关于砚的研究的著作。那时石砚的造型也趋于多样化，以长方形、圆形、椭圆形为常见，主流的砚台是抄手砚。名贵的砚台往往镌刻铭文于其上，砚台的铭文讲究文采，崇尚玉质洮砚的造型构图和雕刻艺术也形成了独特的风格。到明代，学者、书画家陈继儒在《妮古录》中提出：“文人之有砚，犹美人之有镜也，一生之中最相亲傍。故镜须秦汉，砚必宋唐。”也就是说文人对砚台的喜爱就像美人喜欢镜子，是一生中最相亲的物件。镜子以秦汉为最好，砚台则以宋唐为最佳。明清两代，砚台的制作工艺发生了极大的变化，它的功能逐步由实用品演变为名人士大夫的玩赏品、民间工艺美术品和贤达士绅的艺术收藏品。砚台的制作风格也由古朴趋向繁华，由简略趋向繁复，制作工艺十分精良。刻制砚台的方法有圆雕、深雕、镂空雕、浮雕、浅浮雕、阴刻等。到清代乾隆年间，钦定的《四库全书》将洮砚列为国宝，这就是中国砚文化和洮砚的历史渊源及大致发展脉络。

不过在中国砚文化的长河中，纵观洮砚的发展历史，我们会发现，它虽然得到过极高的褒扬，但难抵端砚、歙砚日久不衰的盛誉，这是因为古代洮州多战乱，加之砚台产量小、流通少。到了20世纪80年代，洮砚的开发刻制蓬勃发展，洮砚雕刻技术精妙绝伦，享誉全国。因此，1995年，甘肃省甘南藏族自治州卓尼县洮砚乡被当时的文化部命名为中国民间艺术之乡、洮砚之乡。2008年，洮砚制作技艺入选第二批国家级非遗代表性项目。

二、洮砚的制作技艺

洮砚的制作过程主要分三部分，首先是选料，也称赌石，碰运气。同玉石或者其他石头一样，并不是所有洮砚石都能雕刻砚台，要仔细观察雕琢。只要石料选好，一方砚台就成功1/3了。其次是设计洮砚的图案，这需要因石而定。将一块平淡无奇的石头雕刻成精美的砚台，要深入设计，巧妙构思。同一块石头在不同的人手中能设计出不同的图案。要求设计的人必须具备书法、绘画、历史、文学等功底，并在此基础上，结合石头的纹理特点，达到天人合一的设计效果。比如一块石头的纹路如大海、翻卷的云，就适合设计成龙凤之类的图案；没有纹路的，适合设计成人物。最后是洮砚的雕刻技法，每一刀刻下去使用的都是“减法”，不像其他工艺品，如雕塑用“加法”，多了剪掉，少了可以加一点。

砚台的雕刻，初学者从龙凤开始，而后慢慢进入花鸟山水，最后是人物。因为龙凤是没有标准的，只要是刻出来的龙凤砚谁也挑不出毛病，但从专业的角度来说，龙凤有年轻或年老的，也分雄雌。花鸟山水有的是浅浮雕，要求不太高，刻坏一片树叶也无所谓。但是雕刻人物，比例要求非常严格，刀法要求也很苛刻。尤其是人物的面部，必须置于石色纯净之处，否则会影响整个砚台的画面。人物雕刻多一刀多余，少一刀欠缺，要刻出人物的服饰和神态体现出的贫富贵贱和历史背景，以及人物所处环境的春夏秋冬，都是靠刀法的运用。

三、洮砚与其他石质砚的区别

洮砚与其他石质砚的雕法基本相似，但洮砚的雕法主要是高浮雕、镂空雕。相比其他石砚，洮砚因其材质细腻如玉，适合做镂空雕。歙砚主要是平雕、浅浮雕。洮砚也有浮雕，主要用于陪衬，多作为文人用砚。清代后期出现了镂空雕，主要流行于民间。现有的宫廷砚台多为高浮雕。洮砚雕刻技艺的发展经历了不同的历史时期，也呈现出不同的历史特点。特别是清代之后，技法和形制越来越讲究。

洮砚最早是单砚，也就是不带盖的，后来才发展为镂空带盖的。洮砚带盖是因为其石料是几亿年前形成的一种泥质页岩，适合取盖。最好的取盖方式是从砚台本身的石料上刻取。带盖的砚台墨汁保存期长达数月。同时，盖上也可雕刻龙凤、山水花鸟、人物等和砚台相呼应的图案，以丰富砚台图案。

四、砚台的鉴赏价值

洮砚越用越好，被称为玩砚。有人出于玩砚的目的收藏砚台，认为玩砚能陶冶情操。砚台在手中把玩的时间越长包浆越厚，不需要特别的保养和清洁。也有人看重洮砚的实用价值，经常磨墨写字。

洮砚的价值体现在两个方面。其一，从器物本身来看，先看洮砚的石纹。石纹是洮砚的独特之处，也是洮砚成为名砚的重要特征之一。黄庭坚有诗说“赠君洮州绿石含风漪”，其中“漪”就是水波纹的意思，“风漪”则显示出涟漪千叠、碧浪万重的景象。洮砚自宋代驰名以来，就被冠以绿漪石之名，从而像涟漪荡漾的水波纹是洮砚代表性的石纹。此外还有云卷云舒、南海江天、青山绿水等景致都会在洮砚的纹理上看到。所以说石纹是鉴定洮砚石质的标志和依据之一。石纹越奇妙、杂质越少、纹越自然越好。其二，洮石石膘的颜色有米黄、橘红、土黄、金黄、淡紫、玉色等，洮砚选材以黄色为上，膘层越厚，光泽越鲜艳，与翠绿色的石料完美地组合成一种珍奇典雅的色彩。所以有诗说“洮砚贵如何，黄膘带绿波”，所谓绿枝黄章最为名贵。目前，喇嘛崖石（也叫窝子石）的品级最高，还有水泉湾的老坑石料比较有名。喇嘛崖是山脉的麓头，水泉湾是喇嘛崖的后身。一方好的砚台是结合石料自身的特质和人工雕琢，天人合一，不可复制，价值极高。

五、洮砚制作技艺的历史意义

洮砚和笔墨是文人墨客书写情感、表达思想的工具，和书画艺术一样，是中华优秀传统文化代表性的符号。洮砚的价值除它作为物的价值之外，另一个最重要价值，实际上就是洮砚制作技艺水平的高低所体现出的价值。洮砚作为非遗，它的核心价值在于其制作技艺，以及凝聚其中的雕刻技艺文化在社会实践中不断发展创造的轨迹。

对技艺的尊重实际上就是对人的创造力的尊重。洮砚制作技艺有很高的追求，比如形制的巧妙构思、雕刻技法的精湛、图案的构思巧妙等，栩栩如生。可以这样说，制作一方精美的洮砚，就是在石头上作画，是砚和人的沟通，即匠人的思想和灵魂境界完全体现在一个作品上。所以洮砚制作技艺凝聚着中国民间艺人的匠心，是民间艺人智慧的创造。当然，它还有科学价值、经济价值、文化价值、艺术价值。但更重要的是，它是世代相传的集体记忆。在社会和历史的互动中，这项技艺不断创造，这种创造是集人、物、生活于一体的创造。洮砚不只是体现文化传统的作品，它更是可见可参与的生活。

洮砚制作传承人富有创造力的实践、独特的制作技艺，以及人们对洮砚的欣赏和审美构成了洮砚传统制作技艺这一优秀文化遗产的整体。

六、洮砚制作技艺的传承

洮砚技艺的传承要追溯到唐代以前。著名洮砚雕刻家王玉明先生藏有一件汉代洮石研磨器，呈饼形，砚面中间有墨池，并带有研石，是汉砚形制的典型。随后，2002 年 12 月 6 日，王如石在《甘肃日报》发表了一篇《洮砚历史又要改写》的文章，他收藏的一方唐代鸡形砚就是洮砚。故宫博物院则收藏了很多宋代的洮砚。还有明代十八罗汉砚、天津博物馆收藏的洮河抄手砚。这些古砚实物临摹是一种传承方法。另外就是师徒相传，这种传承方式要从娃娃抓起，首先要给他们灌输非遗的概念，然后让他们慢慢学习技艺，继而产生兴趣。洮砚石料不是再生资源，因而初学者用代替材料，学成以后再用洮砚石。只要掌握了洮砚技艺，就可以融会贯通。整个学习过程至少需要2~3年，加上经济方面的原因，当前，洮砚学徒日渐稀少，这可能就是洮砚发展和传承的问题。

第五章　天水雕漆制作技艺①

“感于心，合于行，坚如胶漆”，这句话道出了感情的炽烈、难分难舍的情谊，同时也说出了漆的黏性；大家比较熟悉的“朱门酒肉臭，路有冻死骨”，这句诗表明古代富贵人家把府第大门漆成红色，以示尊贵。天水雕漆是中国漆器的一个工艺品种。漆器工艺烦琐，且售价昂贵，在古代漆器是身份和地位的象征。早期的漆器都是作为一种贵重器物出现的，而不是一般的使用器皿，社会身份等级地位比较高的人才可以使用。这是因为漆器制作技艺和成本的要求很高，其自古就与权力和富贵联系在一起，成为奢侈的象征。

一、漆器简介

漆器是一种用生漆涂附在器物胎体的表面，作为保护膜而制成的一种工艺品或生活用品。表面涂过漆的胎体，经过反复髹涂不仅坚固耐用，而且有多样的装饰图案，使这个器物色彩华丽。目前发现最早的漆器是浙江余姚河姆渡出土的一件朱漆木碗，距今有 7000 多年的历史，是世界上公认最早的漆器之一。雕漆工艺广泛分布于我国不同地区，但由于史料中关于天水漆树的记载最早，且天水的气候和环境比较独特，（类似于南方的湿润），适宜漆树生长。同时，和瓷器一样，不同地方的漆器往往具有自身的特点。天水当地人所说的天水漆器就是天水雕填漆器。

在古代，有“凡漆不言色者皆黑”的说法。可见漆的颜色是非常纯正的黑色。历来人们在谈及暗夜黑到极致的时候，常用“漆黑”一词来形容，这

① 本章内容根据兰州文理学院美术与设计学院讲师万学汇和甘肃省工艺美术大师巴忠天访谈资料整理修改而成。

就是漆最为本质的美学特征。漆是从漆树上割下来的天然汁液。割漆的方法与割橡胶的方法是一样的。生漆是一种非常优质的天然涂料。实际上，刚从漆树上割下来的漆是白色的。接触空气经过氧化，会变成深褐色。漆器丰富的色彩是在生漆提炼出来的透明漆中加入矿物质颜料调制出来的，因此天然的漆只有一种颜色，其他色彩都是由生漆调和而成。

漆耐高温、不溶于动植物矿物油，具有良好的绝缘性、防腐蚀性和一定的防渗透性等，没有一种合成涂料能够在坚硬度、耐久性方面超过它，所以它有“涂料之王”的美称。古代大户人家的门上都是生漆，也就是天然漆，与现在的化学油漆不一样。瓷器是涂了釉之后，经过烧制自然形成光滑的质感。但漆器必须经过人为抛光。漆器经过抛光后，可以达到和瓷器媲美的程度，光可鉴人。

2008 年，天水雕漆被国务院公布为第一批国家级非遗代表性项目扩展项目，其发展历史悠久。关于天水漆器的记载，最早出现在《诗经·秦风》“阪有漆，隰有栗。既见君子，并坐鼓瑟”。意思是说君子门前的高坡上栽着漆树，洼地里长着茂盛的板栗。诚惶诚恐地拜见君子，君子邀他并肩同坐，共奏乐器。20 世纪 50 年代，天水雕漆因得到我国漆器业泰斗级人物沈福文先生的赞许而名声大振。

二、漆器的制作技艺

天水漆器制作技艺复杂，如一件茶几的制作周期一般为 2~3 个月。漆器的制作首先要做胎体，选取合适的木材、瓷器或者铜等材料做出胎型。在胎型上涂抹打漆，待漆渗透到木头便要裱麻布，必须选用天然的麻布，这是由于其他材质容易腐朽。之后是刮灰，现在有些人用黄土，但按照传统工艺，要用瓦灰。因为烧制过后的瓦灰失去了活性，和漆掺杂以后不会起变化。裱麻布和刮灰要重复多次。从粗麻、中麻到细麻，同样，灰也从粗灰、中灰到细灰。这样处理，既能达到硬度要求，也能做出细腻的质地。将小孔刮灰处理完毕后，进行修漆打磨，一些细微的小孔还需洗灰，再刮一遍灰。胎体制作好以后，就是脱胎的工序。比如做一个漆器花瓶，用石膏或者黏土先塑起一个花瓶，然后进行上述打漆和刮灰工序，最后把母胎取掉，就叫脱胎。脱胎后漆器才能成型，成型的漆器越薄越讲究。

成型的漆器上放置漆器所要展现的图案，一般按照图纸进行雕刻。刻好后填涂不同的色粉，干燥、打磨、抛光，置于阴房干燥。阴房的温度为25～30℃，湿度要达到80%左右，在这样的环境中漆器才能很好地干燥。以屏风为例，做好母胎以后，髹漆打磨平整，上面还可以镶嵌青田石、和田玉、寿山石、巴陵石、北京石、玛瑙、珍珠、决明子等，形成各种图案，这就是传统的骨石镶嵌。旧时的骨石镶嵌使用象牙，现在用牛骨代替。以上就是天水漆器雕填工艺，其中的分寸和技艺在于实践，时间久了，就能很好地把握其中的技巧。

三、天水漆器的特点

天水历史文化积淀深厚，天水人喜欢书法和国画，所以漆器艺术受到了这种人文风格的熏染。20世纪30—40年代，天水雕漆厂会集了一批优秀的艺术家，比如甘肃省著名画家何晓峰，他参加过全国第一、第二届工艺美术艺人代表大会。还有甘肃画院副院长、全国知名美术家胡櫜先生，他的父亲胡佩衡和齐白石是忘年交，父子俩出版过与齐白石的艺术作品相关的研究著作。20世纪70年代初，胡櫜先生随家属支援西北到了天水，他也从北京中国画院调到了天水雕漆厂出任美术设计指导。在绘画创作与美术研究之外，他对厂里的年轻美术设计人员进行指导，还把自己收藏的一些名家画作提供给大家欣赏和临摹，开阔了大家的眼界，雕漆厂业务水平有了很大的提高。

这些艺术家的底蕴渐渐成就了天水漆器与诗、书、画、印的完美结合，使天水漆器有一种文人画风格，其艺术性得到了提高。同时，漆器也因为这些书画家的参与声誉倍增，无论是文人墨客还是有名的商贾，都会觉得漆器值得把玩。目前，天水漆器有一部分是日用品，但是市场份额并不大，大件的家具如床、茶几、屏风、沙发等，既适合中式的装饰风格，也可以点缀西式家居空间，可以说给人们的居住环境锦上添花。

天水漆器与其他漆器的本质区别在于其工艺手法有镶有嵌，精益求精。

天水漆器工艺上最明显的特征就是嵌瓜子。嵌瓜子是用贝壳打磨成规整的橄榄叶形状的小瓜子，长度 1 厘米左右。在铁板上用泥子打好框架，标记好图形后，把瓜子嵌进去，边嵌边刮泥子，再花工夫打磨好。这种工艺在全国是独一无二的。一般一扇屏风可以嵌 3 万多粒瓜子，这种独特的工艺会增加珠光感，和黑色的漆面相互映衬。

四、天水漆器的创新发展与传承

目前，有很多美术专业的学生参与到天水漆器的创造中，天水漆器也迎来了一定的创新发展。这些具有美术功底的年轻人把绘画的理念加入漆器工艺中，比如新的笔法，以往填色的时候缺乏过渡，现在引入了工笔画的技巧。同时，天水漆器的创造也会借鉴其他优秀的工艺技术，进行艺术融合创新。随着市场需求的发展，为一些大型的商业场所提供漆器产品也成为这一行业的收益来源之一。

目前，从事天水漆器的工匠有 100 多人，也成立了相关工作室，保障了该项技艺的传承。基于天水漆器的工艺要求，从事这一行业的主要是美术专业的大学生，目前包括清华大学在内的一些高校均设置了相关课程。兰州文理学院也有部分学生通过学习，毕业后进入天水雕漆厂工作。这项技艺的传承可谓后继有人。同时，我们也应看到，由于这项技艺需要精雕细琢，耗费大量的时间和精力，因此只有真正发自内心热爱的人才可以坚守下来。

雕漆从业者的收益相对较低，这一技艺的发展前景也不是特别广阔。如何更好地推广这一非遗，丰富其市场需求，使更多人了解它，让天水漆器进入千家万户，进入人们的日常生活，是值得思考的。这需要挖掘漆器的实用性和创新性，比如设计一些日常会用到的酒器、茶具等，丰富其产品。另外，要打造一些具有原创性的产品，吸引不同层次的消费人群。总之，非遗与工业流水线的生产不同，其珍贵就在于对历史传承的敬畏精神，在于手工匠心。

第六章　兰州太平鼓[①]

一、兰州太平鼓的源流及主要形式

关于兰州太平鼓的起源，目前有两种说法。其一，据《皋兰县志》记载，明朝大将徐达奉命西征走到兰州的时候，大军受到严重的阻碍，兰州城久攻不下。时值元宵佳节，徐达就下令做了一批又长又粗的鼓，然后把兵器藏到鼓里，一些士兵扮作耍社火的人，背着鼓趁夜色混入城中。进了城的士兵和城外的士兵里应外合，一举攻克了兰州城。后来人们就把这种鼓叫作兰州太平鼓。其二，我国学者曹燕柳认为真正发明太平鼓的不是徐达，而是在北宋神宗熙宁初年的拓边名将王韶将讶鼓改造成了今天的兰州太平鼓。这两种说法均表明兰州太平鼓起源很早，有非常深厚的历史文化积淀。

兰州太平鼓分布在兰州市及周边县区，主要集中在皋兰县和永登县。太平鼓表演中辗转腾挪、翻转跳跃等都是基本的打法。兰州太平鼓的表演人数必须是偶数，因为有些动作是双人对打，依靠鼓点的节奏做到整齐划一，同时鼓队之前有总指挥负责把控节奏。除基本打法以外，有十一种较大的表演阵法，如一字长蛇阵、两军对垒阵等。相较于其他鼓乐，兰州太平鼓演奏气势恢宏，令人震撼，不同阵法力度不一样。显著的特点是击鼓时身法有高有低，似鹞子翻身。“前跳一丈虎翻身，后退半步龙摆尾”，这些高难度的动作，普通人不持鼓都很难做到，故而击鼓的一般是35岁以下的年轻人，经过长期的训练才能上场。

---

① 本章内容根据兰州太平鼓国家级代表传承人魏永宏和兰州文理学院教授徐凤访谈资料整理修改而成。

二、兰州太平鼓的传承

2019 年，兰州太平鼓作为甘肃唯一入选项目，被评为全国优秀文化传承案例。目前兰州太平鼓的传承前景较为乐观。在兰州太平鼓国家级代表传承人魏永宏的指导下，兰州皋兰县石洞小学已将这项非遗引进校园，孩子们对兰州太平鼓有了一定的了解和学习兴趣，成立了校级表演队。一场规模较大的兰州太平鼓表演需要上百人参与。魏永宏有 20 多名徒弟，在训练中统一了打法，还多次到军营及各级学校演出。目前，兰州太平鼓也被搬上了舞台，舞台表演人数不多，但对艺术张力有较高要求。

兰州太平鼓的制作涉及木工，而很多年轻人不愿意从事这一烦琐的工作。兰州太平鼓的制作主要使用松木，松木型好，也比较轻。旧时，鼓皮用当地的黄牛皮。但现在黄牛不再主要用于耕地，没有经过劳作出汗的黄牛皮无法制作出好的鼓面，所以目前的兰州太平鼓鼓皮使用河北一家面向全国专供鼓皮的厂家提供的水牛皮。旧时的兰州太平鼓重量较重，有些将近 50 斤，从而对击鼓之人的身体素质要求很高，现在，随着不断地研发，可以把重量减轻到 9 斤。

每年过年的时候，兰州太平鼓鼓队有很多表演，有些是商业表演，正月十三至十五，会参加魏永宏在兰州秦王川召集的鼓王争霸赛。这些活动对太平鼓的传承起到了很好的推动作用。对于魏永宏而言，从 1980 年开始，兰州太平鼓伴随他已有 40 多年，通过这样的赛事传承技艺是他的初衷。未来，他还想通过撰写专著，从兰州太平鼓的打法、制作技艺的创新及幼儿教材三个方面对这项非遗进行更加系统的介绍。

影响非遗传承的因素很多，首先需要一些执着的传承人，资金的局限也是不容忽视的。从魏永宏个人的经历来看，太平鼓的传承和发展与他个人的成长是密不可分的。除了打鼓，魏永宏还有一手高超的木工手艺，正是这项能力让他在太平鼓制作技艺的创新和研发上得心应手。改革开放之初，有人将祖上流传的太平鼓送到上海，依此复制了一些鼓，但由于上海的工匠以前没有接触过太平鼓，所以仿制的鼓质量不过关，往往用不了多久鼓身和鼓面就会变形破损。传统的鼓身重量很重，这是由于为了防止变形，鼓身四周缠了麻，又用泥子把不平整的麻刮平，从而加重了鼓身的重量。魏永宏经过细致的研究，把麻换成了布，在很大程度上减轻了鼓的重量，同时，加两道筋进行牵拉也不易变形。

传统的兰州太平鼓只有三个型号，其中一号是成年男子所用，二号是成年女子所用，三号是青少年所用。近年来，随着兰州太平鼓进校园的活动，魏永宏发明创造了四号鼓和五号鼓，其中四号鼓适用于三年级以上的小学生，五号鼓适用于小学低年级学生和幼儿园的小朋友。另外，他还制作了巨型鼓和袖珍鼓，比如在庆祝新中国成立50周年和澳门回归的时候，魏永宏制作了两面巨型鼓，体积是一号鼓的5倍，在上面钉了56个钉子，代表56个民族，寓意56个民族共同敲响太平盛世之音。

兰州太平鼓在非遗传承保护方面起到了表率作用。它多层次、全方位地宣传非遗，不仅在全省、全国各地表演，而且走出了国门，在韩国、新加坡、越南、老挝等地演出，把中国西北汉子的那种阳刚、粗犷、豪放的性格和兰州太平鼓雄健、壮观的艺术魅力深深地烙在了世界人民的心中。不仅如此，还利用文化和自然遗产日、全民健身日等一些大型节日做宣传，近年还在抖音、快手、微信、今日头条等新媒体做宣传。同时，在非遗宣传的“六进”（进学校、进军营、进矿区、进社区、进企业、进乡镇）传承活动中做出了很好的示范。据不完全统计，目前兰州太平鼓已经进了22个军营、7个矿区、8个社区、7家企业、14个乡镇、46所学校，培训人数多达7500多人。尤其是兰州皋兰县29所中小学，其中有80%以上的学校已经普及这项非遗。永登县的苦水县掌握核心技艺的就有300余人，真正做到了见人见物见生活。

兰州太平鼓的保护和传承，关键在于认清其价值，尊重文化生态，实施整体性保护。首先，在于对其起源发展、分布、制作技艺、打法阵法等方面的研究价值，包括这项非遗蕴含的民族精神和民俗文化等，需要不同领域的专家进行深入研究。其次是兰州太平鼓体现出的民族团结、互助交流的凝聚精神。此外，兰州太平鼓也是一种很好的健身娱乐活动，它是一种非常好的有氧运动，尤其对心肺功能有很好的锻炼效果，还可以愉悦人的心情。最后，有一定的经济价值。不但能表演，而且能制作，近几年兰州太平鼓做到了生产、销售、培训、传承的系统性传承发展。商业表演和鼓的出售带动了一方经济发展，也促进了当地旅游发展。每年的争霸赛，平均近 10 万人前往兰州新区，这些人的消费对地方经济的贡献也是非常显著的。

兰州太平鼓的发展也带动了其他非遗项目。比如兰州太平鼓与兰州鼓子和葫芦、剪纸、陶艺等项目相配套，共同发展，争霸赛也对不同类型鼓乐的发展起到了很好的推动作用。这些都对助力扶贫、振兴乡村旅游做出了一定的贡献。不论是鼓的制作者还是表演者，其中都有精准扶贫户和低保户人员。魏永宏说：“我是个优秀共产党员。要不忘初心、牢记使命，坚持下去，把太平鼓发展好。”

第七章　甘南藏族唐卡[①]

藏族唐卡作为民族文化的绚丽奇葩，其相关研究一直是中外藏学研究者关注的热门话题。2006 年，唐卡艺术被国务院列入我国第一批国家级非遗保护名录。藏区各地的唐卡艺术画派和传承人就此进入了公众的视野，唐卡艺术也很快在大江南北兴起，且在各大艺术市场和拍卖行崭露头角，成为艺术界的新宠。早年有很多国外学者深入藏区，了解藏传佛教的这门艺术，掌握第一手资料，在国外发表了很多文章。近 20 年来，有关唐卡艺术的研究著作和文章层出不穷，很多中外学者从不同的角度来探讨和研究这一西藏艺术。国内外唐卡展览往往轰动一时，具有很强的艺术魅力。

一、唐卡的发展历史

唐卡是卷轴式的宗教画，反映了藏族人民的生活、政治、经济和文化。唐卡大小不一，小的可以戴在胸前，大的可以描绘上百个人物的造像。唐卡真正的魅力在于绘画艺术和文化价值的结合，不仅记载了佛教文化，也是藏族人民发展史的记录，其中涉及的题材和范围非常广泛。目前，学术界虽对唐卡的历史存在争论，但总体认为吐蕃时期为唐卡最早的起源，如阿里地区托林寺唐卡就是吐蕃时代的。由于吐蕃政权的瓦解和频繁战乱下的分裂割据，该时期的唐卡极为少见。继而对吐蕃唐卡画风的研究就转向了敦煌。

公元 838 年，吐蕃王朝的末代赞普朗达玛执政后推行灭佛运动，直至 10 世纪，佛教从阿里和青海再度复兴。当时有 32 位克什米尔的艺术家跟随一些

---

① 本章内容根据兰州职业技术学院非遗研究中心主任李雅敏和甘南藏族自治州级传承人扎西当知访谈资料整理修改而成。

佛教高僧来到阿里，对藏西的佛教艺术有着非常深刻的影响，唐卡画风随即发生改变，相对早期较为古朴的画风，融入了来自外界的艺术风格。首先是唐卡构图发生了改变，中期唐卡已经变成正方形，佛像居于正中，形象较大，旁边陪衬的小佛则占据很小的位置，画面比较规制。比如怒向神护法，他的身材就表现得比较短粗，面相非常凶恶。

中期唐卡的发展和当时的社会时代背景有关。15 世纪西藏格鲁派开始兴起，兴建了甘丹寺、色拉寺、哲蚌寺等寺院，标志着黄教的成立，形成以拉萨为中心辐射周边和北方的蒙古地的寺院网络。于是壁画和唐卡的数量激增，佛教艺术达到了鼎盛。到 17 世纪布达拉宫的扩建浓缩了唐卡艺术的精华。第 5 世达赖喇嘛的传记载明，布达拉宫的壁画是从 1648 年开始绘制的，集中了最优秀的画工，经过了 10 余年才完成。这个时期大量的民间画工及僧人参与了绘制。涌现出很多出类拔萃的绘画高手。其中被授予“乌钦”之称的相当于艺术院校的教授职称，是对唐卡画工很高的一种嘉奖。同时，该时期涌现了很多的画坊，形成勉唐、噶玛嘎孜、钦则、新勉等四大画派。社会的变迁带动了艺术的发展，普通人对文化精神层面有了更高的追求。这个时期的唐卡艺术从最原始的古朴庄重、色彩单纯、构图简练逐渐向华丽、对比强烈的画风和复杂的构图转变，使用金粉、加入牛骨胶制成绘画颜料，追求笔触的细腻。

宗教艺术发展以后，唐卡中出现了反映西藏重大历史事件或天文历算、医学药典等自然科学类的题材。最著名的就是 1704 年绘制的 79 幅全套医学挂图，描绘了藏医药《四库医典》医药文化。藏族人民对世界的认知会反映在唐卡里，所以它不仅体现藏传佛教的历史，还是藏族的百科全书。

二、唐卡的制作技艺

唐卡的制作与其他绘画技艺一样，始于对画布的精心挑选，通常选用纯棉材质，以确保画布的质地均匀和耐用性。在早期的制作过程中，画布表面会用细土进行筛选和磨平，这是一种传统的处理方法，用以增强画布的平滑度和吸收性。接着，画布上会涂抹胶质，使用沉重而平滑的石块反复压实，这一过程需要极大的耐心和细致，以确保每一寸画布都被精心处理，消除任何微小的空隙。画布表面如同纸张一般平滑，为接下来的绘画工作打下坚实的基础。

起稿是唐卡绘制中的首要步骤，画师会使用炭条细致地勾勒出作品的初步轮廓。此步骤要求画师具备深厚的绘画功底和对佛像形态的精准理解。例如，在绘制佛像时，画师会从佛像的裸体形态开始，逐步为佛像添加服饰和各种精细的配饰，直至形成栩栩如生的形象。这一过程不仅考验画师的技艺，更体现了其对宗教文化的深刻理解。

着色是唐卡制作中的核心环节，其中展现出画师对色彩运用的高超技巧。唐卡所用的颜料主要来源于西藏西北地区的矿物质，这些天然颜料以其独特的色相和卓越的稳定性而备受推崇。与内地颜料相比，西藏颜料的色相更为纯正，能够历经千年而色泽不褪。画师在着色时还会使用到纯金或纯银等贵金属颜料，这些颜料的添加不仅提升了唐卡的艺术价值，更赋予了其独特的光泽和质感。贵金属颜料的加工过程极为复杂，对画师的手工技艺提出了极高的要求。这一过程需要将金箔细致地研磨成粉末状，金箔粉末与胶质混合后，画师需用手指在小碗中不断研磨，而不是借用其他工具，直至颜料达到所需的细腻程度。这一手工操作不仅考验画师的耐心和技巧，而且对颜料的质感和最终的绘画效果有着决定性的影响。

完成着色后，画师还需要进行最后的整理和点睛，这是唐卡制作中的画龙点睛之笔，被称为“开眼”。之后，唐卡还需要经过精心的装裱，当前很多人将唐卡装裱成卷轴画，但实际上，其装裱形式与古代的立轴画相似，体现了唐卡作为卷轴画的独特形式。因而也有部分学者从唐卡的装裱形式研究其历史。

唐卡的制作技艺是非遗的重要组成部分，其传承与创新对于维护藏族文化的独特性和多样性至关重要。尽管一些古老的加工方法已经失传，但现代的传承人仍在努力恢复和保存这些珍贵的技艺。西藏大学的教师们曾成功抢救了西藏矿物原料的制作方法，这一成就不仅为唐卡艺术的传承提供了宝贵的技术支持，也为传统技艺的创新发展奠定了基础。

唐卡之所以广为人知，很大程度上是因为其使用的材料珍贵，这让人们普遍认为唐卡价值高昂。然而，从艺术角度来看，唐卡的文化价值和艺术价值更为重要。唐卡的价格受多种因素影响，包括画作的精细度、作者的技艺和声誉等，无法简单以大小或单一标准来衡量。尽管我国众多少数民族有自己独特的美术传统，但藏族美术，尤其是唐卡，以其完整的艺术体系和深远的影响力而著称。在美术学术界，唐卡艺术的地位十分显赫。例如，天津美术学院的于晓东教授在他的著作中提到，在中国传统美术体系中，除国画之外，藏族唐卡艺术的理论体系是最完备的。

唐卡艺术与国画之间存在着紧密的联系。在笔法上，唐卡与国画中的工笔画相似。而在色彩运用上，早期的唐卡以红黄色为主，到了 15 世纪，受到国画青绿色调的影响，开始出现色彩的变革。这种色彩的转变不仅丰富了唐卡的艺术表现力，也见证了文化交流与融合的历史。

唐卡的制作是一个漫长而复杂的过程，需要画师投入大量的时间和精力。一位成熟的画师完成一幅精美的唐卡，短则需要半年，长则需要一年甚至更久。这种对细节的极致追求和对完美的不懈探索，正是唐卡艺术珍贵之处的体现。在唐卡的创作过程中，画师必须严格遵循《度量经》对造像基本尺度的规定，这是一种精确的比例尺，用于确保人物造型的准确性和标准化。这套规则源自佛教传统，特别是在藏传佛教中，对于造像有着非常精细和具体的要求，以确保图像的神圣性和宗教上的准确性。虽然这些规则看似严格，但它们实际上为画师提供了创作的空间和机会，使作品更加精确和生动。正所谓“戴着镣铐跳舞”，优秀的画师可以在这种严格的规则下创作出精美的作品。

唐卡的制作融合了传统工艺与现代创新。从画布的精心挑选与准备，到细致入微的起稿，再到着色技艺与颜料的精选，每个步骤都需要画师的精心操作和对细节的极致追求。唐卡艺术的价值不仅在于其美学表现，更在于其所承载的深厚文化和历史意义。保护和传承这一艺术形式，对于维护藏族文化的多样性和独特性具有不可替代的作用。唐卡是藏族文化的重要组成部分，也是中国乃至世界非遗的宝贵财富。

三、唐卡的保护与传承

非遗的保护，其核心在于传承人。我国非遗保护工作的重要理念是“见人见物见生活”，强调了人作为非遗保护的核心，这是非遗工作的出发点和落脚点。非遗的精髓与传承人紧密相连，唐卡艺术亦不例外。当前，国内的创作环境和机遇对于唐卡传承人而言是极好的。然而，唐卡艺术的技艺要求传承人投入大量精力和心思，长时间的练习和反复琢磨技法是必不可少的。唐卡艺术行业面临的主要问题是，许多从业者没有扎实地练习基本功，无法深入研究和精进唐卡艺术技法。即便是黄金加工这样的细节技艺，也有许多值得我们去探索和复原的奥秘。这种对细节的极致追求，正是唐卡艺术传承的生动体现。同时，传承人的基本文化修养也不足。唐卡艺术的保护与传承首先要提高传承人的文化自觉，让他们意识到在当前的时代机遇下，应发挥自身的资源优势，构建平台，大力推广唐卡艺术这一非遗技艺。

不同地区的唐卡在风格和表现手法上存在明显差异。甘肃唐卡有其独特的特点，如装饰性强，表现手法与其他地区有所不同，展示了唐卡艺术的丰富多样性。即便是同一题材，如观音菩萨像，在不同地区的唐卡作品中，技法和表现丰富多样。甘肃唐卡具有装饰性强的特点，其艺术特色尚待进一步提炼。此外，相较于西藏和青海，甘肃省唐卡艺术市场规模小，发展时间较短。其重要原因在于从业人比较少，且品牌营销和资源整合不够。因此要深入挖掘甘肃唐卡的特色，传承人的使命不仅是传承技艺，更要求我们深入理解并精确掌握所传承的项目，只有深入挖掘甘肃唐卡的特色，才能在市场规模和品牌营销方面有所创新和突破。

加强交流是提高和发展唐卡艺术的关键。为传承人提供更好的教育平台，提高他们的文化素养，是支持他们发展的重要方面。目前，国家和相关文化单位对非遗文化大力支持，通过学校和文化机构的平台，整合不同地区的特色和优势，推动非遗项目进入正规教育体系。这为传承人提供了宝贵的学习和发展机会，也有助于传承人之间的相互学习和技艺提升。在艺术创作的过程中，灵感往往是“蓦然回首，那人却在，灯火阑珊处”。艺术来源于生活，在提高基本技艺的同时，要多体验生活，多与人交流。

第八章　敦煌舞[①]

敦煌，历史上丝绸之路的咽喉要道，是一个多民族共融的地区。商队往来不息，不仅推动了当地经济与文化的繁荣，也促进了东西方文化的交融。敦煌的地域文化与外来文化进行交流与碰撞，孕育出了独特的佛教文化，这股从印度经丝绸之路的文化潮流传入中国，形成了中原佛教文化。敦煌艺术之所以伟大，是因为它能够将外来文化、地域文化以及本民族的文化有机融合并相互渗透，展现出中华民族不同朝代的时代特征和审美追求，这种博大精深在历史上极为罕见。

敦煌莫高窟是中国四大石窟之一，是世界文化遗产，在中华民族五千多年的文明史中，其壁画艺术犹如璀璨的明珠，蕴藏着丰富的舞蹈艺术遗产，为我们研究、传承古代优秀的舞蹈传统，弘扬中华舞蹈文化提供了宝贵的形象资料。这些壁画历经1600余年，舞姿造型多样，既展现了时代特征，又具有统一的风格和审美规律。

一、敦煌舞的历史溯源

敦煌舞在敦煌艺术中占据重要地位，石窟中的建筑、雕塑和壁画三者相辅相成，是实用性与艺术性的有机结合。敦煌舞作为中国古典舞的一个分支，其灵感主要来源于敦煌壁画。20世纪初，梅兰芳先生在京剧《天女散花》中首次以敦煌壁画中的飞天形象构思艺术形象。1954年，戴爱莲创作的双人舞《飞天》成为敦煌舞发展的源头。1979年，舞剧《丝路花雨》成功搬上舞台，开创了敦煌舞流派，向世界展示了敦煌舞的独特艺术魅力。敦煌舞的特殊性

① 本章内容根据兰州文理学院李莉和韩宜成访谈资料整理修改而成。

在于，它是先有舞台表演，后有课堂教学。《丝路花雨》成功问世后，著名舞蹈教育家高金荣先生推出了敦煌舞基本训练教程，确立了敦煌舞的风格，突出了民族特色，编创了科学的教材，确立了敦煌舞的艺术地位。由此从实践和理论两个方面确定了敦煌舞自成一派的艺术地位。

二、《丝路花雨》与敦煌舞的美学价值

《丝路花雨》不仅是甘肃的文化名片，也在中国和世界舞坛上享有盛誉。至今，该舞剧有三个版本，分别是 1979 年版、2008 年版和 2016 年版。尽管时代变迁，观众审美提高，但《丝路花雨》依然保持着中国经典舞剧的地位。无论是在意大利米兰斯卡拉大剧院，还是在英国伦敦、法国巴黎、德国法兰克福等地的演出，都吸引了大量西方主流观众，扩大了中华传统文化的影响力。

《丝路花雨》共有四位主演，讲述了唐代丝绸之路上的感人故事。塑造的主要角色之一英娘，她婀娜的舞姿、纤巧的手势、流盼的眼神和典雅的风度，以及每一个瞬间的造型都体现了敦煌壁画舞姿中最美的舞蹈风格。舞剧的情节没有走传统历史舞剧的套路，也不是大家耳熟能详的佛教故事，而是以敦煌壁画中的女奴多宝卖身为灵感，创作出了以神笔张及其女儿英娘为中心的悲欢离合的故事，体现了父女情、兄弟情以及国与国之间的友情，再现了敦煌文化的博大精深，歌颂了中外友谊。该舞剧故事背景以平凡的小人物升华至家国情怀，尤其打动人心。

随着时代变迁和观众审美情趣的改变，《丝路花雨》有过几次改版，动作和表现手法也有所更新。2008 年版的《丝路花雨》为奥运会开幕式献礼，音乐、舞蹈、服装、道具和视觉效果都有较大提升，技术难度增加，运用现代科技手段增强视觉冲击力。2016 年版的《丝路花雨》则融入“一带一路”元素打造国际版，体现了和平合作、开放包容、互学互鉴的精神。该舞剧在 40 多个国家和地区累计演出 3000 多场，观众人数超过 400 万人次。

1977—1979 年，以刘少雄、张强、许琪、朱江等艺术家为首的甘肃省歌舞团创作团队多次深入莫高窟，研究壁画的舞姿造型，最终提炼出 200 多个

具有典型特征的舞姿静态造型。1979 年，新中国成立 30 周年之际，《丝路花雨》的推出展现了敦煌舞的绚烂，引领了中国古代乐舞的复兴，创造了新的当代中国古典舞语言体系和风格流派，复活了敦煌壁画和唐代舞蹈，既有历史时代感，又有浓郁的民族风格特色。

敦煌舞的舞姿设计主要借鉴了壁画中的胡旋舞、胡腾舞、青山舞、霓裳羽衣舞、舞祭舞蹈、月天形象等元素，经过艺术创造，舞剧中的琵琶舞、波斯舞等都展现了敦煌舞的特色。特别是反弹琵琶的舞姿，舞者左手高举琵琶，右手绕过头去拨弦，构成了三维的起伏曲线，展现了敦煌舞的夸张表现力。敦煌舞将神经与肌肉间的张力展现得淋漓尽致，舞者仿佛在为舞蹈和乐曲打节奏，其动作流畅，线条优美，色彩和谐，画面充满韵律和动感，形神兼备，给人以美妙灵动之感。

艺术的转化，无论是舞蹈还是音乐，总能在生活中找到体现。当提到反弹琵琶造型时，人们脑海中自然浮现壁画中的画面，包括对某些关节的放大化处理，甚至扭曲或变形，这些在舞蹈中的体现给人以奇特之感。表演者在表现人物时，内心感受与舞蹈动作的结合，给人带来了特别的感受。也有人疑惑，古代是否真的存在边弹边跳的琵琶舞，专家推测，自汉代琵琶传入中国直至唐代，琵琶表演艺术已达到较高的水平，壁画中的反弹琵琶可能是一种舞蹈表演，或具有杂技性质的表演艺术。由于手臂长度限制，实际操作中难以完成反弹琵琶的动作，但从舞蹈角度来看，这可能是舞姿瞬间的停顿，或是旋转过程中的艺术化表现。反弹琵琶舞姿，除了其优雅动人的音乐和舞蹈艺术，还体现了唐代对人体美的诠释，是人类理性之美的集中表达。这不仅反映了当时琵琶乐器的重要性，也映射了民风和艺术的高度。在反弹琵琶的表演中，舞者需经历旋拧动作中的停顿，这种反向旋拧的用力方式展现了敦煌舞姿的立体感，提拔、旋拧、挤压的用力方式相互制约，形成静态造型的动态感和立体美。

韩宜成和李丽夫妇是舞蹈演员和教师，尤其韩宜成接触《丝路花雨》较早。他的姐姐是该剧的扮演者之一，因此他自小观看了百余场《丝路花雨》，见证了该舞剧的传承与创新，这部作品也引领他走向了舞蹈之路。作为甘肃人，韩宜成对具有甘肃特色的敦煌舞感到特别骄傲。尽管他没有在舞台上跳过这部舞剧，但看过 100 多场演出，他对艺术的理解每次都有所不同，从最初的 1979 年版到后来的 2008 年版、2016 年版，每一版都给他带来了不同的感受。从起初的画面欣赏到后来的深刻感受，每一次观看都是一次新的体验，但“美”是贯穿始终的核心。

在探讨艺术作品的创作过程中，我们不得不提及演员所付出的辛勤努力。对于敦煌舞这样的艺术形式，演员不仅要展现出高超的技艺，更要经受身体的极限挑战。比如，韩宜成的姐姐在舞蹈生涯中，由于膝盖问题不得不接受手术治疗，尤其在冬季寒冷的天气疼痛会更加严重。这些例子充分展示了艺术创作背后的艰辛和演员们的坚韧不拔。

敦煌壁画中男性乐舞形象也非常丰富，早期壁画中的男性乐舞形象风格的特征以庄严、洒脱、粗犷、刚健为主。敦煌舞中的性别呈现也有很大的差别，男性角色相对较少，但男性舞蹈的表现力和研究价值不容忽视。目前，北京舞蹈学院的教师正在开发男子敦煌舞教材，挖掘敦煌壁画中丰富的男性乐舞形象。甘肃省歌舞团以前排过两部敦煌舞的男子作品，展现了男性乐舞风格。作为一名舞者，尽管韩宜成起初并未跳过敦煌舞，但通过长期观看，能够辨别舞蹈的优劣。他观看过省歌舞团的两部敦煌舞男子作品，它们展现了男性的粗犷和庄严气质。学习敦煌舞后，他感受到了与古典舞不同的肢体变化和美感。这种体验让他意识到，敦煌舞有其独特的舞蹈灵魂。

学习基本元素和动作，理解东方文化和舞蹈所要表达的神韵气质，是进行创编的前提。敦煌舞的美，不仅在于其含蓄、婉转、层层晕染的审美特征，更在于其风格上的形与神韵、律动的和谐。敦煌舞动态的“S”形曲线舞姿之美、空灵的神态之美，以及动作连接的圆润之美，共同构成了敦煌舞的核心美学。这些美学元素要求舞者在表演过程中综合考虑动作、神态和内心感受。

三、敦煌舞的传承

作为敦煌舞的传承者，尽管韩宜成已经离开表演舞台 3 年多，但他将舞台转移到了教室，致力于培养学生，让他们在舞台上继续传承和发扬敦煌舞。在敦煌舞的发展过程中，除《丝路花雨》之外，还有许多优秀的敦煌舞剧和舞蹈作品，如《敦煌古乐》《敦煌彩塑》《敦煌韵》《千手观音》等，这些作品不仅丰富了敦煌舞的内涵，也为舞蹈艺术的创新提供了灵感。在教学和传承过程中，像韩宜成这样的舞者不断探索如何突破“瓶颈”，创新发展。通过将传统元素与现代表现手法相结合，努力为敦煌舞注入新的活力。同时，韩宜成也参与了一些重要的文化交流活动，如 2013 年随国家领导人出访俄罗斯，参与中国旅游年开幕式的演出。这不仅是对其个人的认可，也是对敦煌舞艺术的推广。在这次意义非凡的演出中，舞者们深刻体会到了敦煌舞传承的重要性。

敦煌舞目前正处于百花齐放、百家争鸣的状态，全国各地都在进行探索和发展。例如，2018 年春晚由广州战斗歌舞团创编的舞蹈《飞天》，巧妙地利用圆形转盘和演员的失重状态，呈现出壁画中的飞天造型，将诗中的美带到了舞台上，给观众留下了深刻印象。此外，还有 2017 年出现的芭蕾舞剧《敦煌》，这些都表明敦煌舞正在不断创新和发展。每年春晚几乎都有敦煌舞的身影，显示出这一艺术形式的活力和魅力。

总之，敦煌舞作为一种深植于中国传统文化的艺术形式，其传承和发展需要我们不断学习、理解和创新。通过教学和表演，这一艺术形式的精髓将传递给更多的人，让它在世界舞台上继续闪耀。

第九章　兰州鼓子[1]

甘肃是中华文明的重要起源地之一，是中华民族重要的文化资源宝库，是连通中原与西域的必经之路。丝绸之路兴盛至今，甘肃一直保留着生动而鲜活的带有多种宗教特征、民俗特征，或融合于此或发源于此的具有特殊历史背景，生成年轮的音乐文化标本。这些来自甘肃民间的音乐舞蹈艺术，标示了独特的甘肃文化印象，同时也在中华民族文化中扮演了与众不同的角色。今天，甘肃独特的民间音乐舞蹈文化为我国当代艺术的创作与发展提供了大量极具价值的素材。

一、兰州鼓子溯源

民间音乐是一种植根于民间、在社会生活和生产劳动中自然形成并广为流传的音乐体系。它包括民间歌曲、民间歌舞、民间器乐、民间戏曲以及民间说唱音乐等多种类型。在甘肃，民间音乐不仅是一种文化传承，更是当地人民生活的一部分。甘肃的民间说唱，也就是曲艺，是一种源远流长的艺术形式，深受人们喜爱。它起源于古代民间的口头文学和歌唱艺术，经过长时间的发展，形成了诸如评书、古曲、板胡、相声等不同的流派。甘肃作为民族民间曲艺资源大省，自明代以后，曲艺种类日益丰富，如汉族的念卷、武威地区的兰州弦子、陇东的陇东倒琴，以及兰州地区的兰州鼓子等，都是流传甚广的曲艺形式。

兰州鼓子常被误认为是一种乐器，实则是一种以兰州方言演唱的汉族曲

---

① 本章内容根据兰州文理学院音乐舞蹈学院教授丁晓丽和兰州鼓子国家级代表传承人陈增三访谈资料整理修改而成。

艺形式。它主要流行于甘肃兰州地区。兰州鼓子源远流长，其起源于甘肃农村的民歌，后来以清唱的形式在兰州地区流行。其音乐创作紧跟语言的节奏，展现出浓郁的地域特色。不同民族、不同地区的民歌大多以方言演唱，这样的表现形式更具地域风格，更贴近生活。兰州文理学院音乐舞蹈学院教授丁晓丽第一次接触兰州鼓子是在2016年1月16日，她到兰州市安宁区的兰州鼓子传承所参加了兰州鼓子采风活动。丁晓丽亲眼见证了在一间陈设简朴的屋内，民间艺术展现出的巨大魅力。日后回忆起来，当时的场景依旧让她难忘，听众有的坐在炕上，有的坐在长条板凳上，小舞台上老艺人在演唱，旁边有三弦、二胡、扬琴、电子琴等乐器伴奏。演唱者如痴如醉，听众或闭眼哼唱，或拍炕沿打拍子，气氛热烈。休息时，大家围坐在一起，品尝着花卷、花生米，喝着小酒，享受着这份乡土气息和生活乐趣。这种民间艺术的感召力和生命力令人赞叹。它不仅是一种艺术形式，更是底层劳动人民情感表达和精神交流的方式。这就是流传民间、世代弹唱不衰的艺术。

其中的古词，寄托了多少劳动人民无处倾诉的爱恨情仇，蕴含了多少世间的沧桑。尽管他们可能没有条件享受高雅艺术，但他们也有爱，也有恨，也需要倾诉和片刻的欢乐。正因如此，每一片土地上都产生了老百姓自己的音乐。他们通过自己的方式找到了生活的欢乐和情感的寄托。比如甘肃的花儿、陕北的信天游等，都是民间音乐的代表，它们以独特的方式为人们提供了精神上的慰藉和情感上的释放。这些音乐形式，无论是在简陋的屋子里，还是在广阔的田野上，都能够打动人心，展现出生活化的魅力。它们不仅是地域文化的象征，更是人们情感交流和精神释放的重要途径。

二、兰州鼓子的艺术形式

兰州鼓子历经200多年的传唱，至今仍然为人们所热爱和传承，其生命力之顽强让人不得不钦佩。真正的民间艺术能够深深打动人心，让人们沉醉其中，一旦爱上便不离不弃。艺术无高低之分，无论是源自民间的传统音乐，还是世界各地的音乐，它们之间都有着共通之处。人们往往被这样的音乐深深吸引，尤其是独特氛围下的演出方式和形式，它们通常发生在普通的民房内，充满了生活的气息，这种生活化的元素最能触动人心。

兰州鼓子的魅力在于它丰富的表现力和深厚的文化内涵。它不仅是一种音乐形式，更是一种文化传承。通过旋律和叙事的结合，兰州鼓子能够讲述一个个生动的故事，能够将诸如《三国演义》《水浒传》等历史故事进行节选，通过完整的情节、人物对话和心理描述，让观众感受到故事的魅力，展现历史的厚重和人物的复杂情感。这种艺术形式的传承和发展，不仅丰富了甘肃乃至中国的文化艺术，也为人们提供了一种独特的精神享受和情感寄托。

清代中晚期，兰州鼓子逐渐形成自己独特的风格。清末民初时，它又受到了北京单弦和陕西眉胡戏的影响，进一步丰富了其艺术表现。兰州鼓子的演唱形式多样，可以是独唱或2~3人合唱，以三弦为主要伴奏乐器，同时伴有扬琴、琵琶、二胡、箫、笛等。随着时代的发展，现代乐器如电子琴、古筝等也逐渐融入其中。兰州鼓子的唱腔清雅婉转，道白清晰，起伏平和，能将喜怒哀乐等思想情感表现得淋漓尽致。音乐中融合了南方曲调的元素，如苏州评弹的旋律，甚至还有《茉莉花》的旋律，这是兰州地处南北交流的要冲，其文化艺术自然交融的结果。

陈增三老师作为国家级的兰州鼓子传承人，他的艺术之路源远流长。自20世纪60年代，陈老师便对兰州鼓子产生了浓厚的兴趣。这种喜爱并非一蹴而就，而是深受他所在地丰富的文化氛围和家庭影响。他的家乡兰州是一个对鼓子艺术无人不知、无人不晓的地方。陈老师自幼对音乐充满热情，在校园中一直是文艺活动的骨干分子。对于陈老师而言，兰州鼓子不仅是一种艺术形式，更是一种情感的寄托。他被兰州鼓子的唱词深深吸引，认为其文辞高雅、古朴而富有感染力，能够直击人心。

兰州鼓子唱词的结构多样，展现了其独特的艺术魅力，有上下两句的对联体，有长短不一的三句体，有起承转合的四句体，也有长篇串合的四句体，等等。在一次节目中，陈老师带着他的三弦，现场演唱了一段《三国演义》中的“草船借箭”，将听众带入了那个历史场景。三弦的声音加上陈老师地道的兰州方言，让在场的每一个人都感受到了浓浓的乡土气息和艺术的生命力。

三、兰州鼓子的传承和创新

兰州鼓子的传承和发展，需要我们每一个人的关注和努力。通过教育、演出和创新，我们可以让这一珍贵的文化遗产在新时代继续传承下去，让更多的人了解和喜爱这一独特的艺术形式。2006 年，兰州鼓子被列入国家级非遗名录，这不仅是对其艺术价值的认可，更是对其传承和发展的期望。

作为兰州鼓子传承发展的领头人，在教学中，丁晓丽致力于将兰州鼓子这一传统艺术形式传承给更多的年轻人。她在兰州文理学院开设了兰州鼓子的特色课程，致力于地方音乐文化的传承与推广。通过采风、教学和创作，学生们得以深入了解和学习兰州鼓子。她还在兰州市七里河区健康路小学开展兴趣课程，让年轻一代有机会接触并了解这一传统艺术。虽然一开始学生们对兰州鼓子并不熟悉，但通过宣传和介绍，他们逐渐认识到了这一文化遗产的价值。通过教育和培养，学生们对兰州本土文化有了深刻的了解和认识。近几年，兰州鼓子的传承者和学习者在全国范围内获得了诸多奖项，才华和潜力得到了业界的认可。

同时，丁晓丽还多次去安宁水府金城关拜访鼓子艺人，采辑学唱兰州鼓子的代表曲牌。在尊重传统的基础上，确定了兰州鼓子唱腔基本的曲牌。她认为传统音乐文化的产生以活态形式世代流传，因此将其编排成适合舞台表演的形式，可以从视觉上形成强烈的冲击力，让兰州鼓子在传统与现代之间交汇。她所编排的相关作品多次在重大活动中展演，这一古老艺术在现代舞台上焕发了新的光彩，获得了一致好评和肯定。作为兰州鼓子传承过程中的重要一环，这些努力和成就值得我们每一个人尊敬和学习。

在传承和发展兰州鼓子这一传统艺术方面，陈增三有着长远的规划和期望。他意识到，随着老一代艺术家的衰老，一些古老的民间音乐和演奏技艺面临失传的风险。因此，他希望能够建立起一个涵盖不同年龄层的传承梯队，从少年到老年，培养各个层面的人才，确保兰州鼓子能够一代代传承下去。丁晓丽也强调高等院校音乐教育在非遗民族民间音乐技艺传承中的重要作用。作为一线音乐教育工作者，她深感有义务和责任将优秀的音乐文化以不同的表达方式融入教学和作品中，为美好的未来贡献力量。

当今社会正在快速转型，对良性文化生态的要求也在不断提高。以花儿、兰州鼓子为代表的音乐文化教育需要多样性，包括学术研究、现代创演、文化产品生产、社会经济适应度以及文化旅游策略等各个方面。只有通过一系列行之有效的创新手段，才能实现甘肃地方音乐文化的不断更新和发展。最后，陈增三和丁晓丽也呼吁新闻媒体给予更多的关注和传播，共同推动甘肃地方优秀传统文化的传承、创新和发展。他们认为，传统文化的保护和传承是每个人的责任，不仅是他们的，也是大家共同的责任。民间艺术是我们精神的源泉，是我们向前的动力，值得我们珍惜和维护。

扫码试听兰州鼓子

第十章　临夏砖雕①

临夏古称河州，故临夏砖雕又称河州砖雕，是全国砖雕艺术中一个非常重要的流派。它在题材表现、形式和制作技艺上独树一帜，是河湟文化和区域特色文化的突出代表。2006 年，临夏砖雕被列入第一批国家非遗名录。

一、何为临夏砖雕

砖雕，顾名思义，是一种以砖为创作材料，通过剔底、浮雕、影雕、透雕等雕刻技艺制作出花卉、山水、人物等图案的传统建筑装饰艺术。这种艺术形式以建筑为载体，早期常见于墓室装饰，现代则广泛应用于寺庙、园林和民居，如门楼、墙壁、屋脊和山花等部位的装饰中。

关于砖雕的发展历史，学术界有不同的说法。其中一种说法认为，根据张思温在《积石录》中的记载，1957 年在临夏北塬发现的汉代画像砖，可能是砖雕艺术的最早起源。但这块砖实际上是画像砖，其造型手法更接近绘画而非雕刻。真正意义上的临夏砖雕艺术起源于宋代。在临夏南龙公社金代墓葬中发现的砖雕，是以土窑的青砖为材料，上面雕刻有腾云的盘龙、拱绣球的狮子、衔着绶带飞奔的鹿和手持莲花的童子等形象。除这些形象之外，还有大量的折枝花卉、宝象花、莲花等，其造型之美、图案之新、刻工之精都体现了当时砖雕精湛的制作技艺和独特的艺术风格。

到了清朝中期，临夏砖雕迎来了辉煌时期。这一时期，地区工商业发展催生了有一定经济基础的市民阶层，民间建筑的发展、民间资本的充实为砖

① 本章内容根据兰州文理学院美术与设计学院吴晓玲和临夏砖雕省级传承人沈占伟访谈资料整理修改而成。

雕艺术的发展提供了物质基础。清真北寺门前的砖雕作品系乾隆六年（1741年）完成，修建于20世纪50年代的清辉轩，更是汇集了当地的寺院、道观民居等处拆回来的古砖雕，这些都是临夏砖雕的代表性作品。民国时期，临夏砖雕达到了新的繁荣时期，出现了许多著名的砖雕艺人，如詹成元（1903—1980年）是著名的砖雕艺人马伊鲁斯的徒弟，由于他的技艺非常精湛，在当时被誉为“马门神将”，他和弟子为临夏的东公馆刻制了各类砖雕。现在东公馆已经成为临夏砖雕珍贵的艺术宝库。还有著名的回族砖雕艺人周声普（1908—1987年），出生于砖雕世家。他的作品巧妙地将书法、绘画、雕刻三者交融在一起，创造出了独具风格的周派砖雕。其特点是构思新颖，画面富有诗情画意和浓郁的生活情趣。相传《苍松牡丹图》就是他的杰作之一。他们的作品不仅技艺精湛，而且在构思和艺术表现上具有独特风格。

新中国成立后，临夏砖雕在岁月的洗礼和文化传承中焕发出新的生机。现代的砖雕在题材、工艺和材料上不断推陈出新，涌现出了许多优秀作品和大师，也有新生代的技术团队。他们创作的砖雕群体量巨大、内容丰富，这种规模和丰富度是前所未有的。这也展现了临夏砖雕在新时代的崭新面貌。

砖雕的发展和兴盛与地区的工商业发达密切相关，经济基础的充实为砖雕艺术的发展提供了条件。随着社会的发展和审美需求的提升，砖雕艺术也在不断地进行创新和发展。临夏地区因其特有的砖材和丰富的人才资源，成为中国砖雕艺术的重要流派之一。砖雕作为一种工艺品，其艺术价值和装饰效果在现代社会中仍具有重要意义，值得我们继续传承和发扬。

二、临夏砖雕的制作技艺

中国的砖雕艺术博大精深、流派众多，其中临夏砖雕以其广泛的分布、人才的聚集以及丰富的艺术表现而著称。与其他雕刻形式不同，砖雕以砖为材料，这与西北地区黄土高原的地理特性密切相关。该地区的黏土质地细腻，烧制后的砖质地均匀，非常适合雕刻。传统砖雕使用的是青砖，这种砖并非青色，而是偏灰色，其颜色类似鸽子羽毛的蓝灰色，这在砖雕艺术中非常普遍。新砖颜色接近鸽子蓝，旧砖则因时间的沉淀略显黄色。砖雕在中国传统建筑中占据重要地位，无论是民居还是古建筑，砖雕都是不可或缺的装饰元素。砖雕之所以受到人们的喜爱，不仅因为其材质的耐久性，更因为其艺术价值。一块普通的砖经过艺术家的精心设计和雕刻，便能转化为一件精美的艺术品。

传统砖雕的制作是纯手工的，制作流程十分讲究，从选土、筛土、和泥、制砖胚到烧制，每一步都需要精雕细琢。首先，将黄土堆积，筛除树根、沙子和石头等杂质。之后，用灰泥和泥，通过赤脚踩踏使其均匀。接着，将泥巴铲入砖坯模具中，摔打结实后取出，避免阳光直射以防干裂，使其在遮蔽环境中自然阴干。阴干后的砖坯装入窑中，经过约半个月的烧制，烧熟后封闭窑顶，浇水使砖由红变青，完成青砖的制作。

在市场需求的推动下，现代砖雕工艺中出现了机器制作的真空砖。这种砖在雕刻时较为坚硬，但质地细腻，无空气或砂石瑕疵，给人一种自然而精致的美感。手工砖保留了传统工艺的质感和工序，机器制砖则在效率和成本上具有明显优势。从艺术欣赏角度来看，手工砖因其质地和工艺的精细，看起来更为精致。然而，手工砖材质没有真空砖细腻，制作速度慢。机器制砖在材质上更为精细，但可能显得过于刻意。手工砖因生产量少而价格较高，而机器制砖由于批量大，价格相对便宜。雕刻师傅们对硬质的机器制砖有喜有忧，一方面，用它们雕刻出的作品漂亮细腻；另一方面，硬度也给雕刻带来了挑战。这反映出时代发展中材料选择的矛盾和优势。

在砖雕的制作中，雕刻手法有浅浮雕、深浮雕以及立体雕等多种方式，根据作品的需求和设计来选择雕刻手法。制作砖雕的第一步是选材，挑选出质地均匀、敲击声音清脆的砖块。随后，根据作品的大小和设计要求，对砖块进行打磨和构图。如果是大型作品，可能需要多块砖拼接，这就需要精心设计砖缝的对接，可以直接在其上进行构图。在构图阶段，如果客户有特定的设计要求，则按照客户提供的图案进行放大和布局。如果客户没有具体设计要求，则由艺术家自行设计图案。整个过程中，保持图案不走样、忠实于原设计是非常重要的。砖雕的构图过程要用粉笔或刷子勾勒出图案的轮廓。轮廓成形后便使用铅笔进一步细化，直至图案的每个细节都清晰可见。再使用刀子沿着铅笔线重新勾画，这样做是为了确保图案在整个雕刻过程中保持清晰，防止在雕刻过程中图案被擦除或模糊不清影响雕刻效果。接下来是打孔和雕琢过程，利用电钻去除图案中多余的部分，仅保留枝叶、花朵等所需元素。打孔的深度视图案的大小和复杂性而定，从几厘米到六七厘米不等。雕刻完成后，需要对作品进行细致检查，修正遗漏的线条或不清晰的部分，确保棱角和线条流畅。此外，还需修补任何碰损或气孔，使用砖灰或胶水进行填补，然后用砂纸打磨，使画面平整无瑕。

在砖雕的制作过程中，选料和打磨是基本工序，确保砖块表面平整和光滑。在安装阶段之前，砖雕的原料在制作时已经经过打磨，表面光滑，无须额外的镀膜处理。雕刻过程中，可能会出现一些小失误，如砖块破损或部分图案缺失，但这些通常可以通过即兴创作和调整来弥补。例如，如果某部分损坏，可以通过重新塑形和调整深度来修复。最终，通过上色和打磨，可以掩盖修复痕迹，使作品看起来完美无瑕。即使面临挑战和困难，也需要耐心地和创造性地解决问题，而不是放弃。这种对工艺的热爱和对完美的追求，使砖雕工匠能够坚持并精进技艺。

三、临夏砖雕的传承与发展

砖雕的价值不仅在于其艺术性，还在于其经济和社会价值。临夏砖雕作为国家级非遗，具有丰富的文化价值。它融合了儒家、伊斯兰教、道教和民俗文化，形成了独特的艺术风格。砖雕的题材多样，以花卉、动物和山水为主，其中牡丹尤为突出，体现了临夏砖雕的特色。牡丹被誉为“花中之王”，它层次丰富，寓意吉祥，深受人们喜爱。它象征着富贵和繁荣，花朵硕大、花瓣繁密，枝叶变化多端，为临夏砖雕师傅提供了展示其精湛技艺的绝佳题材。砖雕中的牡丹能够被雕刻得栩栩如生，达到活色生香的艺术效果。

除了牡丹，博古也是临夏砖雕的一个重要题材。“博古”一词源自《孔子家语》，原指博学通经，后来演变成对绘有瓷器、铜器、玉石等古董的画的称呼。博古图案通常模仿博古架的形式，过去常被官宦人家以大幅画作或雕刻的形式装饰在建筑显眼之处。2006 年 10 月，沈占伟的博古砖雕作品代表甘肃参加第 100 届中国出口商品交易会，吸引了温家宝总理的关注，获得了高度评价。目前，博古作品已成为临夏砖雕高水平的代表。

非遗保护中非常重要的一环是传承与创新的结合。传承本身是为了更好地创新，创新不仅包括产业创新，也包括文化传承。产业创新方面，已从事砖雕技艺 30 多年的传承人沈占伟老师表达了对传承后继乏人的担忧，担心专业人才越来越少，可能会影响传承。他提倡创新，提出以前的砖雕多用于传统建筑，而现在砖雕创新应用于现代室内环境，如酒楼、餐厅等，将砖雕打造为文创产品。这不仅需要传承人的努力，也需要社会各方面的支持和参与，以保持临夏砖雕的活力和持续发展。通过这样的技艺，不仅传承了文化，也为当地经济做出了贡献，并为社会提供了美学和教育价值。他认为，目前应拓展砖雕业务范围，增加产品种类，并在材料和工艺上进行创新。文化传承方面，应积极开展展示和保护工作，如建立砖雕博物馆、利用现代科技建立数字化资源库和虚拟博物馆，成立文化研究机构，以及在高校中建立文化研培基地等。

随着时代的发展，砖雕艺术也在不断地创新和发展。现代砖雕在继承传统工艺的基础上，融入了新的元素和技术，使其更加符合现代审美和市场需求。无论是手工制作的砖雕还是机器制作的砖雕，它们各有优势，共同推动了砖雕艺术的繁荣和发展。

第十一章　庆阳香包[①]

香包，古时称香囊，有时也叫荷包，庆阳香包绣制是甘肃省庆阳市的传统手工技艺，它以剪纸图样为蓝本，在丝绸上用彩色丝线绣制各种图案，缝制成不同造型，并填充丝绵和香料，制作成小巧精致、芳香四溢的刺绣品。香包包括填充香料的香包和不填充香料的平面刺绣品，如绣花、枕顶、绣片等。庆阳香包的独特之处在于其丰富的造型和精美的图案，它们通常淳朴典雅，富有浓厚芳香，表达着人们对图腾的崇拜、趋吉避邪、祈福平安、子孙繁衍、婚姻美满以及对美好生活的向往。2006 年 5 月，庆阳香包绣制被国务院列为首批国家级非遗。2018 年 6 月，它又被列入国家传统工艺振兴目录。自 2002 年以来，庆阳市成功举办了多届香包民俗文化节，推动了香包文化的市场发展和产业链建设，促进了香包绣制技艺的传承和发展。

一、庆阳香包的溯源和分类

香包绣制技艺在庆阳民间广泛流传，源远流长。2001 年在庆阳市华池县出土的“千岁香包”，距今至少 800 年，出土的时候，图案十分艳丽，展示了庆阳香包绣制技艺的悠久历史。

据说，庆阳香包的刺绣技艺形成于黄帝时代，成熟于舜命禹制作十二章服的时期。《黄帝内经》中记载了用草药制作药袋预防疾病的历史，这种药袋被称为香草药袋，后演变为香包。周朝时，庆阳地区已有农耕文化，《诗经》中的“织女桑”可能就是刺绣技艺普及的历史基础。战国时期，屈原的《离

① 本章内容根据甘肃非物质文化遗产保护中心副研究馆员高莉花和庆阳香包省级传承人刘兰芳、庆阳香包博物馆馆长张仁民等人访谈资料整理修改而成。

骚》中提到“扈江离与辟芷兮，纫秋兰以为佩”，可见当时香包已成为一种装饰用品。汉代《礼记》有云“男女未冠笄者……衿缨皆陪容臭”，“容臭”即香包，记载了男女佩戴香包的习俗。唐宋时期，香包演化为香囊和荷包两种形式，香囊基本上是侍女美人的专用品，荷包则为男士专用。清代时，香包已成为爱情的信物。发展到现代，香包已成为端午节的赠品，民间认为它具有祈福驱邪的功能。庆阳香包绣制技艺在20世纪80年代中期经过专家推荐走向市场，走出国门。2002年，庆阳被中国民俗学会命名为“香包刺绣之乡”。

庆阳香包绣制包括绌绌、线盘、立体刺绣和平面刺类四大类。绌绌类香包以荷包为代表，样式多样，可以根据绣娘的心意创作出各种形态，绣娘可以以布料为材料，绣出十二生肖、小鸟等多样形态，几乎任何生活中可见的形象都能通过绣制转化为香包。制作时使用柔软布料，不预设固定造型，设计图案全凭绣娘的心灵手巧和创意构思。典型的荷包有两个荷尖，一个朝上一个朝下，朝上的代表阳，朝下的代表阴，或者用颜色来表示阴阳，比如浅色的代表阳，深色的代表阴，以此表达一个人对另一个人的祝福。线盘类香包包括八卦、八角等具有传统文化内涵的设计。立体刺绣类香包要求更为精细的工艺，通过三维造型展现出生动的形象，需依托底样和样板来制作，呈现出栩栩如生的立体效果，不仅展现了刺绣技艺，更融入了丰富的文化象征和艺术表现。这类香包常以吉祥动物、花鸟鱼虫为题材，寄托对美好生活的向往和祝福。平面刺绣类香包以装饰性和实用性为主，常作为家中的挂饰或生活用品。其以图案和形状丰富见长，绣制过程中运用40多种针法，如沁阳妇女制作的鞋垫，仅锁边针法就有10多种。

人们会根据不同的使用场景制作不同的香包，香包的使用贯穿出生、婚嫁、寿辰及丧葬等人生重要节点。比如孩子满月时，亲戚会送给孩子一个立体的老虎或者狮子摆在枕头旁边。小孩出生以后，第一双鞋一定是虎头鞋，保佑他一生平安顺利，以及穿五毒肚兜，包括枕头等，都属于立体造型，以实用为主。还有装饰挂画，多是平面刺绣类，从实用上升到艺术层面。女孩子嫁妆里的绣花鞋服、云肩霞帔和盖头等的做法也是不一样的。

庆阳香包绣制技艺深植于当地文化，女孩从小学习刺绣，七八岁便开始拿针线，12 岁便能进入绣房绣制各种图案。绣制香包不仅是女孩必修的技艺，更是她们表达创造力和祝福的方式。香包上的图案是装饰，也是一种寓意深刻的艺术语言，如鸳鸯象征爱情、牡丹象征友谊。庆阳香包的一针一线都承载着绣娘的祝福和寓意，是甘肃文化中的瑰宝。

二、庆阳香包的传承和创新发展

从古至今，香包被视为一种吉祥物，象征着祝福和保护，类似于护身符。尤其在端午节，家家户户都会在家里挂上或给孩子们佩戴小巧的香包，如五毒青蛙、五毒螃蟹等，以求健康和平安。

庆阳香包这种传统手工艺品，承载着深厚的文化寓意，也随着时代的变迁不断创新发展。在庆阳香包的创作过程中，艺术家们根据时代背景和个人感悟，设计出具有特殊意义的作品。例如，在新冠疫情期间，艺术家们用绿色和红色创作了“五毒螃蟹”作品，绿色代表春天和希望，红色传递着全国人民抗击疫情的决心。作品中的小螃蟹象征着民族的生生不息和强大，火神山和雷神山的图案则代表众志成城抗击疫情的力量。随着时代的发展，庆阳香包的传承人在保持传统工艺的同时不断创新，使香包的品类和表现形式更加丰富多彩。

在甘肃非遗保护中心和庆阳香包博物馆的推动下，这些传统工艺品得以在全媒体平台上展示，让更多人了解和欣赏到庆阳香包的独特魅力。值得一提的是，庆阳香包博物馆馆藏丰富，收藏了明代至今不同时期的平面刺绣作品，这些藏品不仅展现了庆阳香包悠久的历史，也反映了香包在不同时代的文化价值和生活实用性。博物馆中的藏品如针扎（妇女做针线活时挂在腋下方便插取针的装置）、葫芦造型的香包等，都具有深厚的文化寓意和艺术价值。

庆阳香包不仅具有实用价值，更是文化传承的载体。从历史角度来看，清代及更早期的中国女性正装多为裙子，从手帕到上衣，从袖口到裙子，庆阳女性服饰上的刺绣讲究出众。其图案多样、色彩丰富，反映了女性的聪明才智和审美情趣。每一处刺绣都透露着精致与艺术，展示了女性的风情万种，还蕴含了丰富的文化寓意和社会地位的象征。现代社会，庆阳香包的制作已经成为一个庞大的产业，有 10 多万人从事相关工作，从中可以看出香包的经济价值、文化价值和社会价值。庆阳香包的传承和保护工作得益于党中央的政策和地方政府的支持与民间传承人和社会群体的共同努力，成效显著。传承人不仅保护了这门古老技艺，还通过教授技艺，帮助当地居民创造了经济价值。特别是那些不能外出工作的年轻媳妇和老年人，香包制作成为她们贴补家用的重要手段。

作为一位收藏家，庆阳香包博物馆馆长张仁民回顾了庆阳香包的发展历程，强调了地方政府在文化打造上的持续努力和女性群体在技艺传承中的积极作用。从 2001 年开始，政府通过举办培训班、提供设计支持和经费投入，尤其从设计的角度，邀请高校的专业设计人才，为庆阳香包注入新的活力，为香包技艺的传承和发展创造了条件。庆阳香包也与精准扶贫政策相结合，帮助贫困妇女实现了在家就业。

庆阳香包作为一种文化符号，不仅在国内受到人们的喜爱，也在国际上传播了中国西部地区的文化精神。这些手工艺品传递了中国人民的友爱、质朴和积极向上的精神面貌。随着文化的交流与传播，庆阳香包的传统艺术得到了更广泛的认可和尊重。

非遗要发展，必须与社会和市场相适应。庆阳香包的创新发展体现在造型、式样、色彩和用料上的变化。从最初的小香包发展到大型挂件、龙灯、凤灯、孔雀灯、屏风等多种形式，香包的题材也从传统的鸳鸯扩展到古代山水画等更丰富的内容。这些创新不仅满足了不同消费人群的需求，也使庆阳香包逐渐融入现代生活。总体来说，庆阳香包的传承和保护工作取得了积极进展。往年的端午节等传统节日，庆阳香包的制作和销售都会出现高潮，地方民俗的传承也进一步推动了这一传统手工艺的发展和繁荣。

第十二章　陇　剧[1]

在众多的戏曲种类中，陇剧以其独特的艺术魅力和深厚的文化底蕴，被列为甘肃非遗戏曲剧种的首位，承载着甘肃人民的情感和历史记忆。

一、陇剧的历史渊源与独特地位

陇剧原名陇东道情，1958 年搬上舞台，1959 年被正式命名为陇剧。相较于其他非遗剧种，陇剧显得格外年轻。然而，陇剧的历史渊源却非常久远。陇剧的前身陇东道情，起源于甘肃环县、华池、庆阳一带，最早是民间红白喜事上的表演形式。艺人们牵着驴，驴背上驮着乐器和道具，走街串巷。每当夜晚时分，便在村庄里搭起皮影戏台，为村民们带去精神上的慰藉和欢乐。这种形式被称为“一驴驮”，形象地描绘了艺人们简朴而流动的生活方式。

陇东道情起源于汉代的道情说唱，唐宋时期由宫廷走向民间。扎根于陇东的道情，逐渐汲取了地方民间音乐营养，增加了二股弦等乐器，衍化为皮影唱腔音乐。经环县民间皮影艺人解长春（清同治时人）改造唱腔后，在宁夏、内蒙古、陕北及甘肃等地广为流传。解长春被埋没了很长时间后一鸣惊人。他培养了陇东道情四位主要的传人，是陇剧发展的扛鼎式人物。

1959 年，甘肃省陇剧院成立，其开山之作《枫洛池》不仅在甘肃本土受到赞誉，更在 1959 年国庆 10 周年之际进京献礼，受到党和国家领导人的高度评价和亲切接见，周恩来、陈毅等领导人对陇剧给予了充分肯定，陇剧被誉为“陇上奇葩”。《枫洛池》以其独特的艺术风格和深刻的文化内涵，成为

---

① 本章内容根据甘肃省文化艺术研究所副所长、研究员周琦和甘肃省曲艺家协会副主席窦凤霞访谈资料整理修改而成。

陇剧的经典之作和甘肃地方戏的代表，在大江南北十几个大城市巡回演出，深受观众喜爱。这不仅是对陇剧艺术的认可，也是对这一新兴剧种的极大鼓励。自此，陇剧成为甘肃的地方戏，打破了甘肃没有地方戏的历史。新中国成立之初，甘肃迫切需要一种能够代表本省文化特色的官方剧种。陇剧的地位正是在这种背景下确立的。由党培养的第一批专业演员登台演出，他们不仅技艺精湛，更具有新时代的文艺精神。

陇剧的诞生和发展，与国家的文艺方针政策紧密相连。它不仅继承了传统戏曲的精髓，更在排演过程中贯彻了为人民服务的方针，体现了时代精神和人民大众的审美需求。这一点在《枫洛池》中得到了充分体现，它虽是一部古典剧目，却展现了新中国文艺的新风貌。陇剧的发展也是对旧社会戏曲演员地位的一种提升。新中国成立后，通过“改人改戏改制”的政策，戏曲演员的工作得到了国家的重视和保障，其社会地位空前提高，自此他们能够更好地发挥艺术才华。陇剧的传承和发展需要继续坚持创新，紧跟时代步伐，不断推出反映现代社会和人民生活的优秀作品，让这一具有深厚文化底蕴的艺术形式在新时代散发出更加璀璨的光芒。

二、陇剧的艺术特色与价值

新中国成立后，陇剧迅速发展为甘肃最具代表性的戏曲剧种之一。陇剧的表演风格极具感染力，唱腔唯美，既有北方的豪放，又有江南的细腻，能够根据不同的角色和剧目进行变化，表现力极强。唱腔有板式、曲牌、麻簧的结合体，分为花音和伤音，花音明快活泼，悦耳动听，伤音抒情委婉、清扬幽雅，尤以麻簧最富特色，一唱众和，气氛热烈，有“一句一簧，两句一帮”之说，这种艺术感染力能够迅速吸引观众的注意力，给人留下非常深刻的印象。

陇剧的艺术价值不仅体现在音乐和表演上，更体现在其深刻的社会意义和时代精神上。以《枫洛池》为例，该剧改编自明末清初朱所朝编撰的传奇剧本《渔家乐》。原剧本受限于时代背景，体现了封建社会的忠君爱国思想和一夫多妻制等陈旧观念。然而，陈文鼐老师等陇剧剧作家们，不仅是新中国成立后培养的专业人才，还拥有显赫的学术背景和艺术造诣。他们根据当时的政治形势要求，摒弃了封建色彩，突出了“人民为本”的创作导向，以人民为本，对原作进行了改编，塑造了邬飞霞这一杰出的女性形象。在原剧本中，邬飞霞嫁给了汉朝的王氏宗族，在改编剧本中去掉了这一点，这表现了人民的独立性和英雄气概。邬飞霞敢爱敢恨，敢于和东汉的权相梁冀做斗争，结局是刺死梁冀，体现了当时党要求的斗争精神，赋予了《枫洛池》全新的时代内涵和艺术生命。

《枫洛池》的创作集合了专业剧作家、导演、音乐作曲、演员和舞美等高端人才，是甘肃戏剧史上第一部具有现代意义的戏剧作品。这部剧不仅在艺术上取得了成功，更在政治上得到了国家的肯定，成为新中国成立后甘肃戏剧发展的一个标志性事件。《枫洛池》的成功，得益于优秀的剧作家团队，他们根据新时代的要求对传统剧本进行了大胆改编，使之更加贴近现代观众的审美需求。邬飞霞这样的女性形象正是新时代精神的体现。

陇剧的成功，除了其艺术成就，更在于它代表了一种文化自信和创新精神。它证明了在新的时代背景下，传统艺术可以通过创新获得新生，继续在人民的文化生活中发挥重要作用。参与《枫洛池》演出的如苏秦岚这样的第一代艺术家们，他们大多原本是秦腔演员，但为了陇剧的发展，毅然放弃了已有的成就，投身于这一全新剧种的创作。这种精神和勇气为陇剧的起点定下了极高的标准。陇剧的演出在当时引起了极大的轰动，其化妆和扮相借鉴了影视剧的手法，呈现出极高的艺术美感。1958—1959 年，陇剧的演出成为甘肃乃至全国文艺界的一件大事，其新颖的表现形式和深刻的艺术内涵，为传统戏曲注入了新的活力。

三、陇剧的传承与发展

陇剧的传承与发展，得益于一代代艺术家的不懈努力和创新。从解长春大师的改革创新，到甘肃省陇剧院的成立，再到《枫洛池》的创作和演出，陇剧在传承中不断创新，在创新中不断发展。陇剧的传承人，如甘肃省曲艺家协会副主席窦凤霞老师，不仅在舞台上展现了陇剧的魅力，更在传承中注入了新的活力。陇剧的文化传统是家族传承与师徒传承相结合的生动体现。

窦凤霞就出生在这样的梨园世家，从太爷爷到父亲，再到姐姐，代代相传的戏曲艺术在她心中深深植根。她小时候，父亲被下放到农村，每当夕阳西下，乡亲们便结束一天的农活儿，拎着小板凳聚集在窑洞门前。在那个没有电的年代，煤油灯下，窦凤霞的家成了一个临时舞台。父亲唱着李雨河，母亲扮演李奶奶，姐姐是小铁梅，一幕幕家庭戏剧给乡亲们带来无尽的欢乐，也让她立志成为像他们一样的戏曲艺术家。1992 年，窦凤霞调职到甘肃省陇剧院，开始了陇剧表演生涯。转变并非易事，从秦腔到陇剧，《枫洛池》让她深深爱上了这个剧种。2004 年，凭借《枫洛池》她冲击了第二十七届中国戏剧梅花奖，这部剧不仅让她个人的艺术生涯达到了新的高度，也让她对陇剧的传承与发展有了更深的认识。

陇剧从过去的陇东道情皮影戏，发展到能够反映时代风貌、展现时代精神的现代戏剧。甘肃省陇剧院的艺术家们，以其卓越的创作和表演，赢得了无数荣誉，成为中国戏剧界的一大骄傲。面对未来，陇剧的传承与创新是首要任务。陇剧要在舞台上展现其传统魅力，在内容和形式上与时俱进，反映现代生活，满足当代观众的需求。只有这样，陇剧才能在新时代继续发扬光大，成为永恒的艺术。陇剧的未来需要在传承中创新，在创新中传承。一方面，要保护和发扬陇剧的优秀传统。另一方面，要紧跟时代步伐，创作出更多反映现代社会和人民生活的作品，让更多人了解和喜爱这一具有深厚文化底蕴的艺术形式。

发展创新才是硬道理。如果非遗项目故步自封，裹足不前，只能进入博物馆或被时代淘汰。陇剧作为甘肃的省剧，是一种文化符号，更是一种精神象征。它见证了甘肃人民的艺术追求和生活变迁，承载了甘肃人民的情感和记忆。在新的时代背景下，陇剧的传承和发展需要更多的关注和支持、创新和实践。

扫码试听陇剧

第十三章　庆阳唢呐[①]

庆阳唢呐，这份源自黄土高原的传统音乐艺术，有着悠久的历史，早在明代就已在庆阳大地上广为流传，成为当地人民生活中不可或缺的一部分。

一、庆阳唢呐的历史追溯与传承

庆阳唢呐的历史渊源可追溯至明代，《庆阳府志》记载了当时的曲牌，如《寄生草》《红莲》《银纽丝》等，至今仍在庆阳唢呐的演奏中得以保留。这些古曲牌的流传，展现了庆阳唢呐深厚的历史底蕴，也见证了这一艺术形式数百年来的传承与发展。在庆阳，唢呐艺术与当地的农耕文化紧密相连，每一次红白喜事都离不开唢呐的伴奏。唢呐艺人通过不同的曲调，表达出不同的情感，展现出庆阳唢呐艺术的独特魅力。庆阳唢呐在清代和民国时期达到了艺术的高峰。

新中国成立后，这一传统艺术得到了新的发展机遇。特别是 21 世纪 20 年代以后，庆阳唢呐艺术迎来了一批有知识背景的年轻艺术家，他们不仅丰富了唢呐艺术的表现形式，更推动了艺术的规范化发展。这些年轻艺术家们，凭借对曲谱的熟悉和对音乐的热爱，对庆阳唢呐的曲牌进行了系统的整理和规范，使得原本各自为政的唢呐艺人能够更加便捷地组建班子，共同演奏出动人心弦的旋律。2006 年，庆阳唢呐被国务院列为国家级非遗代表性项目，这一荣誉是对庆阳唢呐艺术价值的认可，也为其保护与传承工作提供了坚实的基础。庆阳唢呐艺术从原始的社会功能，即红白喜事等典礼的演奏，发展

---

① 本章内容根据甘肃省非物质文化遗传保护中心高莉花和庆阳唢呐艺术国家级代表性传承人马自刚访谈资料整理修改而成。

到如今代表国家进行对外文化交流。

二、唢呐艺术传承人的故事

在庆阳，唢呐不仅是艺术，更是一种生活方式，每逢节假日，唢呐声一响，人们便知道有喜事，还会有好吃的。马自刚是唢呐艺术传承的佼佼者，作为庆阳唢呐艺术的国家级代表性传承人，他的艺术之路充满了生动的故事和深刻的文化传承意义。马自刚出生于1962年，他的家庭有着深厚的唢呐艺术传统，他的外祖父也是一位唢呐手。马自刚的童年就是在这样的环境中度过的。高中毕业后，马自刚面临着人生的重要抉择。鉴于家庭条件限制及个人兴趣，他没有继续升学，而是选择将唢呐艺术作为自己的职业道路。起初，他和家人一样，将唢呐艺术作为一种谋生手段。在那个时代，唢呐艺人并不像现在这样有固定收入，他们的报酬往往是一些实物礼品，但这些礼品足以维持生计。然而，唢呐并不仅仅是一种谋生手段，它更是一种艺术，一种需要天分和努力才能掌握的艺术。马自刚深知自己没有天分，即使再努力也难以成为真正的艺术家。但他凭借着自己对音乐的独特感悟和不懈努力，逐渐在唢呐艺术上崭露头角。

马自刚不仅在演奏上有着卓越的成就，更在唢呐艺术的传承和教育推广上做出了巨大贡献。在从事唢呐艺术的过程中，他拜访了众多民间艺人，学习了大量传统曲牌，并将这些宝贵的文化遗产整理成书，编纂了《庆阳唢呐演奏教程》《庆阳唢呐演奏曲目选粹》等书籍，将庆阳唢呐的优秀曲牌系统化、文字化，为唢呐艺术的学习和传承提供了宝贵的教材。他的传习所吸引了不同年龄层的学生，从几岁的孩童到成年人，形成了一支充满活力的传承队伍。马自刚的唢呐艺术不只限于庆阳地区，20世纪90年代，他首次将庆阳唢呐带到了沈阳，之后更是代表中国参与了多次对外文化交流活动。他曾两次前往埃及，将庆阳唢呐的美妙旋律带给了那里的人们，还曾在中国香港和中国台湾进行演出，让更多人了解和欣赏这一来自中国西北的传统艺术。

马自刚的艺术生涯并非一帆风顺。起初，他面临的是技艺的磨炼和生活的艰辛。但他没有放弃，40年如一日，坚持不懈地练习，将唢呐从庆阳的小村庄吹到了人民大会堂，甚至更远的地方。他凭借自然细腻、婉转流畅的演奏风格，成为国家级唢呐艺术代表性传承人。马自刚深知天分和努力的重要性。他认为，音乐和艺术七分靠努力，三分靠天分。他自己就是凭借对音乐的独特感悟和不懈努力，从一个普通的唢呐手成长为一位受人尊敬的艺术家。他的故事是庆阳唢呐艺术的生动案例，展现了一位艺术家从生活实际需要出发，通过不懈努力和对艺术的深刻理解，将传统艺术发扬光大，实现了传统精髓与现代元素的融合。这激励着更多的年轻人投身于唢呐艺术，也充分证明了非遗保护的“双赢”理念：在保护和传承传统文化的同时，也能实现个人的成长和社会的认可。这是对所有从事非遗传承工作的人的鼓舞和激励。他的生活和艺术成就让我们看到了传统艺术在现代社会中的生命力和价值，也让我们对保护和传承非遗充满了信心与期待。

三、唢呐文化的社会价值

庆阳唢呐艺术的价值不仅体现在音乐本身，更在于它作为文化符号，承载着庆阳乃至中国西北地区的民俗与历史。庆阳，这片古老而深沉的土地，是中华民族农耕文化的发源地之一。然而，尽管历史悠久，庆阳及其周边地区仍面临着贫困的挑战，人们的生活并不富裕。在这样艰苦的环境中，唢呐艺术却以其独特的方式，成为当地人民精神生活的一部分。每逢节日或庆典，唢呐的声音就会响起，为人们带来欢乐和希望。在庆阳，唢呐不仅是一种乐器，更是一种文化、一种生活。

庆阳唢呐艺术之所以能够流传至今，是因为其重要的文化地位。在庆阳，在重要的社会仪式上，唢呐是不可或缺的。“音乐响起，唢呐先行”，唢呐的声音引领着仪式的进程，表达着人们的情感，丰富着人们的精神世界。当唢呐声响起，内行人通过唢呐的声音就能感知到正在进行的生活仪式，辨识出是婚礼的喜庆，还是丧葬的哀悼，抑或是其他庆典活动。唢呐的曲牌多样，不同的曲牌在不同场合演绎出不同的情感和风格。即便是同一首唢呐曲目在不同的场合下，通过不同的演奏技巧和情感投入，也能够表达出截然不同的情感色彩。在喜庆场合，如婚礼上，演奏轻快、欢乐，给人以愉悦和高兴的感觉。而在丧葬等肃穆的场合，同样的曲目则变得缓慢、低沉，传递出哀伤和悲痛的情绪。面对现代社会的快速发展，庆阳唢呐艺术的传承与发展需要我们每个人的关注与努力。我们有责任保护和传承这一非遗，让庆阳唢呐艺术在未来继续绽放光彩。

四、唢呐文化的传承与发展

第一次外出展演的经历成为马自刚个人艺术生涯的一座里程碑，是庆阳唢呐艺术走出地域限制，向全国展示其独特魅力的重要一步。这次经历给他留下了深刻的印象，并激发了他将庆阳唢呐艺术传播给更多人的愿望。从那以后，马自刚萌生了制作磁带的想法，希望通过这种方式将庆阳唢呐艺术推广到更广阔的舞台。虽然最初他考虑的是经济收益，希望通过磁带销售来改善生计，但最终他意识到，即使在经济上有所亏损，通过制作磁带和光盘，他的唢呐曲目在网络上广为流传，已经实现了更广泛的社会效益。这次经历让他对唢呐艺术有了更深的认识和更高的追求。他开始更加积极地参与全国性的唢呐赛事和活动，不断提升自己的演奏技艺。2006 年 7 月，马自刚代表甘肃文联参加了在河北南戴河举办的“第七届民间文艺山花奖暨全国首届民歌民乐展演”，赢得了“全国吹歌大王”的荣誉。这一荣誉是对他个人艺术成就的认可，也是对庆阳唢呐艺术的肯定。

唢呐艺术的传承和发展需要与时俱进，不断创新。在庆阳，唢呐艺术曾分为大杆唢呐、铜杆唢呐、木杆唢呐三个流派，它们各具特色，各有千秋。首先是大杆唢呐，这一流派主要流传于环县地区，以其雄浑的音色和粗犷的演奏风格著称。而陕北地区的铜杆唢呐，则以其独特的铜制唢呐杆和明亮的音色受到人们的喜爱。然而，这两个流派在庆阳地区并不占主流。在庆阳，95%的唢呐艺人使用的是木杆唢呐。这种唢呐以朴实无华的外观和悠扬的音色，深受当地人民喜爱。

木杆唢呐的制作往往由艺人自己完成，每一把唢呐都凝聚着制作者的情感和心血。然而，由于缺乏统一的制作标准，这些自制唢呐在音准上存在差异，这给组织大型唢呐合奏带来了一定的困难。在组织唢呐方队时，由于音准的差异，即使是同一首曲子，不同艺人演奏出来的感觉也不尽相同。这不仅影响了唢呐合奏的整体效果，也制约了庆阳唢呐艺术的进一步发展。马自刚与师傅梁天正共同努力，对庆阳唢呐进行了一系列改革和统一，包括曲调的统一和唢呐杆的改进。这些改革在保留庆阳唢呐演奏传统的基础上，也为组织大型唢呐队伍奠定了基础。在新中国成立 60 周年大庆时，他们成功组织了百人唢呐队，在兰州体育场进行了精彩的表演。这一改革无疑是庆阳唢呐艺术发展史上的一次重大突破。

唢呐文化的传承既注重传统技艺的传授，也重视培养学生对唢呐艺术的热爱和对传统文化的尊重。马自刚的徒弟已有 70 多位，无论是出于兴趣还是职业需求，徒弟们都在他的悉心指导下逐渐成长为能够独当一面的唢呐艺术家。这样的梯级传承队伍，确保了庆阳唢呐艺术的连续性和活力。庆阳唢呐艺术的传承，得益于马自刚这样的民间艺术家的坚守和努力。他们通过自己的实践，展现了对传统艺术的深刻理解和创新精神。在现代社会，传媒技术的发展为传统文化的传播提供了新的途径，但如果没有致力于传承的人，唢呐这样的传统艺术仍然面临着失传的风险。

扫码试听庆阳唢呐

第十四章　永靖白塔乡古建筑艺术[①]

永靖隶属临夏回族自治州，是一个人口不足20万的小县。这片土地坐落于青藏高原与黄土高原交界处，主要居住着回族、羌族和藏族等民族，是一个文化交融之地。自汉朝以来，随着伊斯兰教的传入，西北地区的伊斯兰教文化得到了广泛发展。同时，汉族文化也通过历代的移民逐渐融入了这片土地。中原文化与少数民族文化在此碰撞出璀璨的火花。在这样独特的地理位置和丰富的人文环境中，诞生了西北地区的木工技艺，这些木工大师代代相传，技艺日益精湛。千百年来，永靖的木工艺术家们使用尺子、斧头、锯子等基本工具，建造了各式各样、富含民族特色的建筑，尤其是那些被列入非遗的艺术项目，它们见证了文化传承的重要性。永靖的古建筑修复技艺，正是在这种多元文化的融合中逐渐形成和发展起来的。

一、永靖古建筑艺术的历史文化背景和渊源

中国的传统建筑作为古代农业社会常见的建筑形式，具有深厚的历史渊源和独特的文化特色。从宫殿、庙宇到佛塔、民居和园林，每一种类型都承载着丰富的文化意义。中国传统建筑的特点之一是宏伟与庄严。建筑通常采用大门大窗、大进深和深屋檐的设计，形成一种视觉上的深远感。四角飞檐翘起的设计，赋予了建筑生动而富有灵性的外观。此外，建筑的雕梁画栋，以及色彩上的富丽堂皇，都是通过精心选择的建材和匠心独运的工艺实现的。我国地域辽阔，民族众多，各地的建筑风格也呈现出多样化的特点。这些地

① 本章内容根据兰州文理学院文学院副院长叶淑媛和永靖古建筑修复国家级非遗项目代表性传承人胥元明访谈资料整理修改而成。

域特色不仅反映了当地的文化和建筑需求，也展现了人民群众对建筑功能和艺术的独到理解。正如各地方言存在差异一样，各地的建筑特色也是地域文化多样性的体现。

古建筑的营造和修复技艺，是中国古代匠师在几千年的建筑实践中形成的精湛艺术。从材料选择、结构设计、尺寸计算到节点处理、施工安装，每一步都有其独特而系统的方法。特别是木结构建筑中的榫卯结构，它通过精巧的连接方式，使建筑构件紧密稳固地结合在一起，这种技术至今仍被广泛使用。宋代是中国古代建筑发展的一个高峰，当时的《营造法式》一书，系统地总结了古代建筑营造技艺的经验，为后世留下了宝贵的知识财富。到了明清时期，古建筑的营造法则更加成熟，一些经典建筑成为历代工匠学习的典范。如今，从非遗的角度审视古建筑的修复和营造技艺，我们会发现，它们不仅是中国传统文化遗产的一部分，更是一种需要我们继续传承和发扬的珍贵技艺。2009 年，中国传统木结构营造技艺被联合国教科文组织列入人类非遗名录，这标志着中国传统建筑艺术的全球价值得到了认可。

在甘肃，特别是永靖地区，古建筑修复技艺尤为突出。永靖的古建筑主要分布在白塔川地区，工匠大部分来自北乡白塔寺川。这里原是刘家峡水库所在地，黄河谷地的一片沃土，历史悠久，文化积淀深厚。1967 年，由于水库的建设，白塔寺川的居民不得不离开他们的家园，迁往永靖县三元镇、盐锅峡镇和西河镇等地。这些居民的迁移使得永靖的木工技艺得以传播和发展。

永靖古建筑艺术的发展，离不开这里深厚的木工技艺基础。从近代的炳灵凌空栈道到唐代的炳灵大佛阁，这些著名的建筑都是永靖木工技艺的见证。元代，随着藏传佛教的兴起，西北地区大兴寺院，大量的回族百姓也集中到西北修建清真寺。在元明两代，由于民族杂居和战争频繁，许多建筑遭到破坏，需要不断修建和修复，永靖的古建筑艺术得到了进一步的发展和创新。

白塔寺川的工匠们建造的古建筑类型多样，有汉式的、回族式的，还有汉回结合式的，这些建筑兼具实用性和艺术价值。以白塔寺为代表，这种独特的建筑风格体现了北方流派的特点，还融入了当地草原游牧民族和信仰伊斯兰教的少数民族文化，形成了一种具有地方特色的建筑风格。同时，工匠的技艺也在实践中得到了传承和发展，创造出一些诸如“无梁殿”“天落散”

“凤凰展翅”“一点落地”等新的建筑形式。永靖古建筑艺术以其悠久的历史和深厚的文化底蕴，成为甘肃乃至全国非遗的重要组成部分。古建筑修复工作，不仅是简单的修补，更是一种艺术的再创造，修旧如旧，让古建筑焕发新生。永靖古建筑艺术的发展历程，是一段充满创新与传承的历史，展现了工匠们巧夺天工的技艺和永靖地区多元文化的融合与发展。

永靖的古建筑艺术是多元文化的融合，是历代工匠智慧的结晶。从这些古建筑中，我们可以看到永靖人民对美的追求，对传统的坚守，对未来的希望。2008 年，永靖白塔乡古建筑艺术入选甘肃省非遗名录，标志着这一传统艺术得到了更广泛的关注和保护。2014 年，永靖县古建筑修复技艺入选国家级非遗代表性项目名录，这是对永靖古建筑艺术的认可以及对其核心技艺的保护和传承。从那时起，永靖古建筑艺术开始受到更多的关注和支持，从地方政府到国家级机构，都在为这一传统艺术的保护和发展做出努力。保护和传承这些古建筑艺术，是我们每个人的责任，也是我们对历史的尊重，对未来的承诺。

二、永靖古建筑修复案例

永靖古建筑艺术的传承，得益于一代代工匠的坚守和创新。在这里，有一句谚语“白塔的木匠，五屯的画匠”，这体现了人们对永靖工匠技艺的认可。永靖，作为中国西北地区著名的干旱县之一，其农业条件并不理想，俗语“十种九不收”形象地描述了这里的农业困境。然而，正是这样的环境孕育了独特的工匠文化，虽然农业条件较差，但这里的工匠以他们的智慧和勤劳，创造出了独特的建筑艺术，在古建筑修复和营造方面积淀了丰富的经验。在白塔寺川，工匠技艺以家族传承的方式代代相传，形成了一种深厚的工艺传统。这一技艺在黄河地区和周边地区都有着深远的影响，属于中国古建筑的北方流派。

永靖古建筑修复技艺的发展，得益于这里广阔的市场需求。许多家族，如国家级非遗项目代表性传承人胥元明所在的家族，都有着一两百年的悠久历史，并且技艺代代相传。在古建筑的营建和修复中，有一个非常重要的角色被称为“掌尺”。在现代社会，掌尺相当于工程师或测量师。他们不仅负责设计和施工，而且要全面掌握建筑的每一个细节。在古代，工匠们没有现代这样的分工，掌尺需要同时具备设计、规划、安装等多方面的技能，是建筑项目的灵魂人物。胥元明从1979年开始从事这一行业，至今已有40多年的经验，是家族中的第七代传人。40多年间，他的修建和修复工作从未间断。

在最近几年中，他的团队主要负责承建拉卜楞寺的修复工程。拉卜楞寺是一座具有汉藏佛教特色的古建筑。在古建筑领域，拉卜楞寺的建筑风格与众不同，其修复工程是国家文物保护工作中的一项重大任务。在修复过程中，他们遇到了一些有趣且具有挑战性的情况。特别是在2016年，他们对“马头明王殿”的建筑进行了维修。尽管这座建筑的历史并不算久远，但其内部结构颇具特色。建筑内部有四根主要承重的大柱子，被称为“通天柱”。这些柱子上装饰有名为“嘎楞珠”的宝石，每颗宝石直径约50厘米，非常珍贵。这四根柱子的高度超过13米，是整个建筑屋面的主要承重结构。

在修复过程中，胥元明团队发现其中两根柱子的损坏非常严重，几乎到了倒塌的边缘。面对这种情况，他们提出了一个创新的解决方案。原本的修复方案是将整个屋顶拆除重建，这不仅会破坏原有的文物建筑，还会大大增加维修成本。胥元明经过仔细勘查和评估，决定采取“抽梁换柱”的方法，只替换损坏严重的两根柱子。这样既节约了成本，又保护了文物的原貌。他们还注意到建筑内有一尊高达6米的佛像，佛像上镶嵌着大量宝石和珍珠。在施工过程中，这些珍贵文物必须得到妥善保护，不能有任何损坏。因此，他们在制定修复方案时，特别强调了对这些文物的保护措施。

经过胥元明团队的精心策划和施工，最终成功完成了拉卜楞寺的修复工程。原计划造价高达100万元，通过精心策划，最终实际花费为10万元左右，仅为原计划的1/10，实现了成本的大幅度节约。而且整个修复过程仅用了一个多月，相较于通常需要3个月的修复周期，效率显著提升。胥元明团队在整个修复过程中特别注重文物维修的原则——修旧如旧，尽可能地复原和保存历史上留下来的宝贵遗产，且采用了创新的技术，将损坏的柱子替换，而不是简单地拆除重建整个结构。这种方法不仅节省了时间和成本，而且最大限度地保护了文物的历史价值。为了保存和传承这项技术，他们从施工开始到结束，详细记录了整个过程。这成为胥元明团队宝贵的经验，也为文物维修领域提供了学习和参考的资料。

三、永靖古建筑修复技艺传承的文化价值

古建筑的修复工作非常重要，它不仅涉及技术层面，更是一种文化的传承。在历史上，永靖的工匠们在营建和修复方面有许多著名的代表作。例如，拉卜楞寺和雷音寺的部分建筑，以及临夏大拱北等都是他们的作品。这些建筑在历史上可能遭受过火灾或破坏，但经过工匠们的巧手，得以重新修复，焕发新生。修复工作体现了工匠在古建筑修复领域的专业技能，也展示了他们在面对挑战时的创新思维和解决问题的能力。通过这些工程，他们为保护和传承这一珍贵的文化遗产做出了贡献，也促进了地方民族关系的和谐发展。

古建筑的建造和修复技艺及其传承发展具有深远的文化价值，这主要体现在以下几个方面：首先，古建筑的建造和修复是历史文化的记录与传承。古建筑是历史的见证，它们承载着文化的灵魂，传承着民族的记忆。它们是过去的记录者和历史与当下的交汇处，是民族文化自信的体现。古建筑作为民族文化自信的实物见证，展现了中国古代工匠的精神和技艺。这种精神和技艺是民族文化自信的基石，值得我们肯定和尊重。其次，古建筑为我们提供了研究历史的实物例证。它们在一代代工匠的传承与保护下，留存了历史的遗产，凝聚了一种精神，这种精神既是记忆的传承，也是创新和发展的动力。最后，古建筑还为现代设计与艺术创作提供了灵感。古建筑为现代建筑设计和艺术创作提供了重要的借鉴。它们的历史价值和文化价值为我们今天的创新提供了丰富的灵感和深刻的内涵。

和所有文化遗产的传承一样，永靖古建筑修复技艺的传承也面临着一系列挑战，特别是传承人缺乏的问题。这是一个需要全社会关注的问题。我们应该认识到，无论是建筑技艺还是其他非遗，都具有不可替代的价值。作为非遗传承者，胥元明认为社会需要做出更多的努力。这包括但不限于提升社会对非遗重要性的认识，鼓励更多人参与到传承工作中来；培养对古建筑修复技艺感兴趣的年轻人，确保技艺得以代代相传；争取政府和相关机构的支

持，为非遗的保护和传承提供必要的资源和条件。总体来说，传承发展这项文化遗产的目标不是为了追求短期的前景，全社会应该继续努力，确保这些宝贵的遗产能够得到有效的保护和传承，为后代留下宝贵的财富。

第十五章　秦　腔[①]

作为中华民族五千多年文明史的一部分，中国戏曲形成了拥有300多个剧种的丰富体系，展现了多样化的表现形式。从元杂剧到现代剧种，中国戏曲经历了一个漫长的发展阶段。

一、秦腔的地域特色与群众基础

秦腔的群众基础广泛，其历史渊源深厚，特别是在秦陇地区和关中地区，人们自幼对秦腔耳濡目染，秦腔深受各个年龄层的喜爱。秦腔甚至传播至宁夏、青海、新疆等地，成为一种跨越地域、深入人心的表演艺术。在其发源地陕西地区流传着这样一句话“三天可以不吃面，一天不能不吼秦腔”，体现了秦腔在当地人民生活中的重要地位。值得一提的是，新疆地区的秦腔发展尤为突出。新疆作为一个多元文化交汇的移民城市，秦腔在当地得到了新的发展和创新。秦腔不仅在传统剧目中占有一席之地，在现代文化中也展现出新的活力。例如，谭维维的歌曲就采用了类似秦腔的演唱方式，引起了广泛关注，让更多的人了解到秦腔的魅力。

在甘肃，秦腔同样有着深厚的基础。无论是武威、酒泉等地的秦剧团，还是省级、市级的秦腔演出，都展现出了秦腔艺术的繁荣景象。在兰州，秦腔剧团常常在社区中演出，吸引了众多观众；黄河两岸的茶楼、酒肆、公园和绿地中，经常有群众自发组织的自乐班子进行秦腔的演唱表演。秦腔的艺术形式已经深入人心，成为当地文化的重要组成部分。

---

① 本章内容根据兰州文理学院教师孟少雄、刘宗龙访谈资料整理修改而成。

二、秦腔的流派与艺术特点

秦腔被誉为“百戏之祖”，其历史源远流长，从先秦时期开始萌芽，到明代中期成名，秦腔见证了中华民族五千多年的文化发展历程，承载着深厚的文化意义。秦腔起源于先秦时期，与农耕文化紧密相连，是民族精神的一种表达。秦腔的成名可追溯至明代中期，当时也被称为“秦剧”。秦腔是陕西方言剧目，作为中国戏曲宝库中的瑰宝，因流行区域的不同而演变为四大流派，尽管在表现形式上保持了基本的一致性，即所谓的大同小异，但在诸多细节上，如唱腔处理、人物表现等方面，各流派展现出独有的特色。

秦腔的传承与文化背景、地域特色密切相关。秦腔分为主要流传于蒲城、大荔、渭南的东路秦腔，在宝鸡、陇县，甘肃的平凉、庆阳、天水的西路秦腔，关中地区的中路秦腔和汉中地区的南路秦腔等不同流派，每个流派都有其独特的地域特色和艺术风格。

当我们聚焦中国戏曲的服装会发现，现存剧种的服饰设计大多源自明中期，如蟒袍、披风、靠旗、箭衣以及头饰等。其中服饰风格普遍以秦腔为蓝本发展而来。拥有 200 多年历史的京剧，其服装同样沿袭了秦腔的传统。秦腔的服装和脸谱对很多剧目产生了深远的影响。

秦腔的服装色彩有着特定的象征意义，如红色代表忠诚、黑色象征勇猛、灰色和白色常用来表现奸诈。同样，秦腔的脸谱设计具有固定的模式，通过不同的颜色和图案来展示角色的性格特点。而京剧的脸谱艺术，正是在秦腔脸谱的基础上进一步发展和完善的。京剧根据人物性格的多样性，对秦腔脸谱进行了创新和提升，形成了今天我们所见的京剧脸谱。这种发展不仅体现了秦腔对京剧的影响，也彰显了秦腔在中国戏曲中的重要地位。

秦腔之所以被誉为“百戏之祖”，不仅因为它在服装和脸谱上对其他剧种产生了深远的影响，更因为它体现了西北地区独特的人文魅力。秦腔给人们的印象通常是粗犷和激昂的，这种表现形式能够生动地传达人物的心情和情感。秦腔最显著的特征便是其独特的“吼”，这种吼唱是一种演唱方式，更是一种情感的释放，一种通过日常劳动累积下来的疲乏与劳累的宣泄。它高亢激昂、酣畅淋漓，体现了西北的地方特色。

虽然许多人对秦腔有着先入为主的看法，认为它只是粗犷的吼唱，而常将昆曲视为极具雅致的戏曲形式，认为听昆曲需要借助字典来理解每一个字的深意。以至于在清朝末年至民国时期，一个受过教育的人若不熟悉昆曲，似乎不能被视为一个具备完整文化素养的文人。但秦腔亦有细腻、悦耳、雅致之处。中国戏曲的每一种表现形式都旨在传递正能量，弘扬忠、孝、礼、智、信等传统道德和文化价值，引导观众树立正确的价值观、人生观和世界观。秦腔作为“百戏之祖”，在这方面更是承担着先锋和代表的角色，传达着中国的传统社会价值。

在众多剧目中，秦腔同样能够展现出多样化的情感深度，如《打神告》《墙头马上》《窦娥冤》等，这些剧目能与观众产生强烈的情感共鸣。随着剧情的悲喜起伏，观众的情绪也随之波动，或感动落泪，或欢喜雀跃。以《搜孤救孤》这一跨越多个剧种的经典之作为例，其中褒扬的正直和忠诚，以及人与人之间的信任和情谊等，共同构成了这一感人故事的核心。通过秦腔的艺术表现形式，展现了人物性格的转变和剧情的高潮，传递了深刻的道德观念，也展现了秦腔在表现人物内心世界和情感变化方面的独特魅力。

三、秦腔的传承与现代发展

随着改革开放的推进，国家对文艺事业，特别是戏曲事业的发展给予了巨大的支持。国家提出“戏曲进校园”政策，进一步推动了戏曲艺术的普及，该政策要求孩子们不仅要学习诗歌、唱段，还要掌握一种乐器，这些措施为戏曲艺术的传承和发展打下了坚实的基础。国家层面的支持让戏曲工作者迎来了春天。秦腔的传承也由此前的口传心授，转变为更加系统化、专业化的教育模式。如今，从中专到大专各个层次，都开设了秦腔表演的专业课程，旨在培养学生的艺术技能和文化素养。

秦腔的发展也面临着传统与现代的融合问题，如何在保持传统特色的同时，创新发展，吸引更多年轻观众，是一个值得思考的问题。改革开放以来，京剧等剧种通过创新，如京歌等形式，将戏曲与现代音乐相结合，取得了较好的效果。秦腔也出现了许多新创剧目，以更加通俗易懂的方式呈现给观众，拉近了戏曲与人民群众的距离。在社区中，经常可以看到老年人在散步或消食时，通过收音机收听秦腔。秦腔的传承非常重要，尤其是对于年轻一代来说，虽然他们可能知道秦腔，但由于语言的隔阂，对秦腔的具体内容和意义了解较少。这与文化的渊源和结构以及我们生活的区域有一定的关系。

戏曲的发展是一个不断继承与创新的过程。老一辈艺术家创造了宝贵的文化遗产，我们应该如何继承这些文化遗产呢？兰州文理学院教师孟少雄经常在课堂上强调，先继承再发展，没有继承就无从谈发展。在继承和发展的问题上，甘肃的做法值得肯定。2024 年，他考察了周边省市的艺术教育，发现为了实现将甘肃打造成文化大省的目标，早在 2014 年，甘肃就率先成立了戏曲大专班，培养戏曲人才。2014—2018 年，甘肃已经培养了三届学生。目前，这些学生已经成长起来，能够加入剧团承担角色和演出任务。孟少雄提出，目前的文化环境为大家提供了一片广阔的土地，我们需要在这片土地上深耕细作，种好艺术的庄稼。在继承的问题上，首先要确保秦腔这一伟大古老剧种不在我们这一代失传，不出现断代。我们要努力使秦腔这一伟大的民间戏曲艺术发扬光大，让更多人了解和喜爱。这需要社会共同努力，不断探索和创新，让秦腔在新时代焕发出新的生命力。

扫码试听秦腔

第十六章　临夏松鸣岩花儿会[①]

花儿这种民歌主要在甘肃、青海、宁夏等中国西部的五省（区）流传，它跨越了汉族、回族、藏族、东乡族、保安族、撒拉族等10多个民族，是一种共同传唱的文化遗产。20世纪40年代，张亚雄先生编写的《花儿集》中提到，临夏，旧称河州，是花儿的兴盛之地，是花儿的故乡。特别是每年农历四月二十六至二十八举行的花儿会，因其持续时间长和参与人数多，被称为“龙华盛会”，这也是“龙华歌会”名称的由来。

据文献记载，花儿至少自明代起就已存在，至今已有600多年的历史。因其流传时间长、地域广、流派多，2006年5月20日，花儿被列入中国第一批国家级非遗代表作名录。2009年9月，又被联合国教科文组织列入人类非遗代表作名录。2004年8月，甘肃临夏和政县的松鸣岩被授予“中国花儿传承基地”的荣誉称号。2005年，西北民族大学将其确定为民俗民间文学的教学科研基地。

一、跨地域的民间音乐艺术

甘肃的三大花儿会包括和政县的松鸣岩花儿会、康乐县的莲花山花儿会以及岷县的二郎山花儿会，它们在2006年首批入选国家级非遗名录。2009年，以松鸣岩花儿会为主要内容的甘肃花儿，更是入选了联合国教科文组织的非遗代表作名录。

松鸣岩风景名胜区是“河州八景”之一，位于临夏和政县南端陡石关口，

---

① 本章内容根据兰州文理学院文学院徐凤教授、松鸣岩花儿会省级代表性传承人马君雯、兰州城市学院音乐学院院长刘锦，以及河州花儿歌手市级代表性传承人孔维芳等人访谈资料整理修改而成。

是国家4A级旅游风景区。松鸣岩花儿，也被誉为“龙华歌会”，这一名称背后有着丰富的文化内涵。松鸣岩花儿会的形成可以追溯到明代，最初是与佛教活动相关的浴佛节龙华会。这个节日原本在农历四月初八庆祝释迦牟尼诞辰，但松鸣岩的庆祝活动推迟20天，通常于农历四月二十六到二十八举行。这个时间点的选择与当地的气候和自然条件有关，此时正值农忙结束，自然风光宜人，非常适合举行大型活动。随着时间的推移，这项活动逐渐从佛事活动演变成商品交易的集会，并最终形成了花儿会，逐渐成为当地地方文化非常重要的一部分。这个传统已经延续了600多年，成为大西北文化的重要组成部分。

关于松鸣岩花儿，有一个美丽的传说。很久以前，一个猎人在山中打猎，途经正宁县南面的小峡村时，听到一位姑娘在唱歌。猎人被歌声吸引，试图找到唱歌的人，但始终未能见到那位女子。他在山间奔跑，试图捕捉那美妙的歌声。最终，他在松鸣岩学会了这首歌。当他回到村子里唱给村民们听时，大家都非常喜欢。由于女子在歌中反复唱到“花儿”，所以人们就将这首歌称为“花儿”。

山歌是花儿的来源之一，是田间地头的劳动人民在劳作之余自娱自乐、放松心情的方式。演唱内容通常非常写实，反映了日常生活中最原始和真实的场景，如当天的活动和饮食，这些生活细节被融入歌词中，以简单直接的方式表达出来。花儿的曲调优美，歌词贴近生活，深受各族人民的喜爱，成为跨越地域和民族的音乐典范。在日常生活中，花儿的运用十分广泛，尤其是情歌，它们构成了花儿的主要内容。在山区，花儿的传唱尤为普遍。

二、花儿的流派与特点

花儿作为一种民间音乐艺术形式，在十多个民族中广泛传唱，并形成了不同的流派。其中，河州花儿和洮岷花儿是两大主要流派，每个流派中还包含不同的分支。河州花儿以其丰富的曲令著称。洮岷花儿主要流传于康乐、莲花，以及岷县的二郎山等地，其特点是即兴演唱，歌词随着演唱者的心意而变化。

以前，花儿并没有得到足够的重视，甚至被视为低俗文化。但随着时间的推移，人们开始意识到花儿的音乐价值和文学价值，对它的重视程度也逐渐提高。近年来，随着国家对民间艺术的支持，花儿已经可以走上舞台，而不再仅仅是山野间随意吟唱的歌谣。现在的花儿歌词更加文雅，虽然情歌依然存在，但比过去数量有所减少。

花儿主要用临夏方言演唱，对于非本地人来说，学习和理解的难度较大。临夏方言与其他西北方言有相似之处，但同时也有其独特性，使得外地人即使觉得花儿的曲调优美，想要学习传唱也相当困难。花儿的歌词中存在一些倒装句，据研究，这种句式与藏族的倒装句有关联。这种独特的语言结构，加上使用当地特有的发音，使得花儿对于非本地人或非本民族的人来说较难理解。然而，花儿的曲调极为优美，吸引力十足，即便是初次听到的人也会感到心旷神怡。

在花儿的创作过程中，曲令、调词以及衬词、衬句的运用非常丰富，反映了老百姓的智慧和创造力，令人体会到民间声乐艺术的感染力和吸引力。鉴于河州花儿的影响力，在宁夏、青海、新疆以及中亚地区，尤其是吉尔吉斯斯坦的东干族，人们所唱的虽会因地域不同而有所变化，但都是河州花儿的曲令。目前已记录的河州花儿曲令多达 150 余首，每首曲令中又包含多个分支，展现了其丰富的分类和多样性。不同的曲令是花儿不同风格和流派的体现。遗憾的是，这些曲令中有些已经失传，但包括河州大令、二令、三令、二梅花令、白牡丹令、浪三浪令等在内的一些古老曲令，仍然为大家所熟悉。

这些曲令中，有表达深切悲伤的，也有传达欢快情绪的，形式多样，情感丰富。其中河州大令是河州花儿中最著名的曲令之一。歌词“上去高山望平川，平川里有一朵牡丹；看去容易摘去难，摘不到手里枉然”，通过比喻和起兴的手法，表达了男子对姑娘心生爱慕，却无法与她结为连理，这种无法实现的爱情让他感到深深的遗憾和失落。尽管如此，他的情感通过歌词得以更好地表达。歌词的前两句用于起兴，后两句则深入抒情。

这些曲令的演唱不仅因地区而异，还会根据演唱者的心境和方法有所不同，体现了“十唱九不同”的特点，即便是同一曲令，由不同的人演唱，也会呈现出细微的差异。这是因为花儿的歌词中包含大量的衬词、衬字和衬句，这些衬词实际上是虚词，它们的加入并没有固定的规定，而是演唱者根据自己的声音特点、当时的心境和演唱风格进行个性化的演绎，无论节奏是几拍，都顺其自然，体现了花儿作为一种民间艺术的自由性。虽然曲令的基本结构和主要句式保持不变，但演唱者的情感和表达方式会使每一场演出都具有独特性。这种灵活性和个性化的诠释，正是花儿这一艺术形式的魅力所在。

值得一提的是，在花儿的演唱中，也衍生出一些独特的伴奏乐器。其中以和政咪咪最为典型。咪咪是一种源自羌笛的传统乐器，是一种保留至今的民间自制乐器。这种乐器在松鸣岩地区尤为流行。咪咪通常由当地特有的细毛竹制成，其哨子部分则采用柳枝、白杨树枝或麦秆等植物最嫩的部分制作，这些天然的材料赋予了咪咪独特的音色。咪咪不仅能够吹奏出花儿音乐中的多种曲调，而且它本身既可以作为伴奏乐器，也可以作为独奏乐器使用，为花儿歌手的演唱提供音乐支持。

三、花儿的艺术价值

花儿歌词也富有文学性，是音乐与文学相结合的产物。对于现代人来说，花儿是一个值得借鉴的音乐和文学资源宝库。它的文学价值体现在它运用了多种修辞手法和歌词结构，比如比兴手法和其他文学技巧。花儿的研究价值在于它承载的历史和文化信息，它反映了中华民族五千余年文明史中的社会变迁和人民生活。在现代社会，尽管人们可能更多地被电子产品和网络文化吸引，但花儿等民间艺术仍然具有不可替代的文化意义和艺术价值。

在讨论花儿的结构时，我们发现它有几种不同的形式。首先是结句式，如河州大令，它由四句组成，分为上下两段，每段两句，上段起兴，下段抒情。第一、三句通常是四字动情，第二、四句可能是单字或双字词结尾，形成不同的停顿效果。除此之外，还有折腰式结构，即在一、二句之间或三、四句之间加入半句，形成特殊的韵律和节奏。根据半句加入的位置，折腰式又分为双折腰和单折腰两种形式。如《曼苏尔》中的唱段："上去（嘛）高山望东海，亮闪闪，好一条美丽的彩带，告诉给白云捎过来，浪花里，放羊的曼苏尔穿戴。"花儿的结构还包括连缀式，即将四句式或折腰式的结构连起来演唱，常见于男女对唱中，形成一组完整的花儿。这种连缀式结构使花儿的表现形式更加丰富、多样。

松鸣岩花儿会不仅在音乐性和文学性方面具有重要价值，它还拥有不可忽视的心理价值，为人们提供情感上的慰藉。河州花儿包含多样的曲令，有的悲伤、有的欢快、有的高亢、有的平缓，通过不同歌词表达内心的情感，起到宣泄和心理调节的作用。花儿会的另一个显著特点是它在促进民族团结和社会和谐方面的贡献。在花儿会上，不同性别、民族和年龄的人们齐聚一堂，共享欢声笑语，增进了人与人之间的交流与理解，有利于民族团结、社会和谐。

花儿作为一种口头传唱的民歌，是传统民间音乐的组成部分，更是劳动人民在长期生活实践中创造的智慧和文化的结晶。每一句歌词、每一个故事都反映了人们的心声，展现了人们自由表达情感的方式。花儿的艺术价值在于它的自然、真实和情感的直接表达。随着信息技术的飞速发展，人们的生活方式发生了变化，对传统文化的关注可能会减少，保护和传承花儿不仅是为了保存文化遗产，也是为了维护民族文化的多样性和丰富性。

四、花儿传承的重要性与挑战

随着国家对民间艺术的支持，花儿艺术逐渐走向舞台化和正规化。通过教育和文化活动，花儿正在被更多的年轻人和不同民族的人群认识和欣赏。与此同时，尽管花儿艺术有着丰富的价值，但其传承仍面临挑战。

花儿曲令的传承在很大程度上依赖于口头创作和口头传承，直到 20 世纪 20 年代以后，人们才开始用笔记录歌词。到了 20 世纪 50 年代，一些老艺术家到民间采风，将这些曲令收集整理成曲谱。即便如此，花儿曲令流失现象依然严重。目前能够良好传承的曲令不足五十种，这需要我们给予更多的关注和努力。

花儿歌谣最初被用来表达爱情，尤其是男女之间最真挚、珍贵的感情，但随着网络时代的到来，层出不穷的新鲜事物分散了人们的注意力。许多年轻人更倾向于追求流行文化，缺少学习和传承传统民歌的兴趣，这导致了花儿传承的困境。这种困境主要表现在两个方面：首先是创作环境的变化。花儿作为乡野民歌，原本是在田间劳作时即兴创作的，其歌词随情感和环境的变化而变化。然而，现代生活节奏和环境的改变给这种即兴创作的方式带来了挑战。其次是后继乏人的问题。花儿的传承往往依赖老一辈的口传心授，但现在的年轻人可能只是听过花儿，却不会唱，这使得传承链条出现了断裂。

尽管如此，人们依然在努力通过一些方式传承花儿。例如，部分花儿歌手在快手等网络平台上进行直播，推广花儿。为了提高花儿的国际竞争力，需要更多的人参与到花儿的传承和保护中来。通过网络和其他现代传播手段，尝试将花儿的魅力传递给更广泛的听众，从而增强人们的民族认同感和文化自信。此外，学校教育也在花儿传承中扮演着重要角色。甘肃部分学校已经开始将花儿纳入音乐课程，教授学生关于民歌的知识和演唱技巧。这样的课程不仅教授甘肃地区的花儿，还涵盖全国各地的民歌，以此提高学生对民族音乐的认识和兴趣。在教学过程中，花儿的歌词多用方言演唱，外地人或年轻人可能难以理解。因此，一些教师尝试用普通话来教授花儿，以降低学习难度，提高接受度。这样的方法有助于花儿在现代社会中的传播和普及。

花儿的活态传承是一个复杂的过程，它需要多方面的努力和策略。首先，政府的引导和支持至关重要。政府可以通过组织花儿的创作和演出活动，来鼓励更多的传承人参与到保护和传承的工作中来。这样的活动不仅能够提升花儿的社会认知度，还能够激发公众对这一传统艺术形式的兴趣。其次，上文已提到，校园是花儿传承的重要场所。为了更好地保护和传承这一宝贵的文化遗产，需要从基础教育做起，将花儿引入校园，让孩子们从小接触并学习花儿，培养下一代对花儿艺术的热爱和保护意识。这方面虽然已经开展了一些活动，但目前大众对花儿这一传统艺术形式的认知还不够深入，需要政府和社会各方面投入更多时间和精力来改变。首要任务之一是编写适当的教材，以教育下一代。我们必须思考应该给孩子们教授哪些内容。显然，不能一开始就让孩子们学习情歌，需要对教学方法和内容进行改进，以更好地传承花儿的曲令和调式，同时传授那些富有表现力的艺术手法。

传承人的作用不容忽视。花儿的传承人不仅是艺术的传播者，更是创新的推动者。他们通过演唱和教学，在保持原有艺术特色的基础上，对花儿的歌词、曲调进行适当的改编，将花儿的传统魅力与现代社会风尚相结合，创作出适合不同年龄段观众的新作品。这有助于花儿的传播，且能够增强其艺术表现力。

扫码试听河州花儿

第十七章　漳县井盐手工熬制技艺[①]

漳盐源自古老的井盐工艺，是将地下的卤水提取至地面后，经精心熬制而成。这一过程能产出四种不同的产品：火盐，水分含量少，便于外地销售；水盐，呈锥形，当地人称为岩头，主要供应本地市场；盐娃娃，因熬制时间过长或锅破后意外形成，形状独特；盐呱呱，当锅完全破损后，黏附其上的盐块。

一、漳盐的历史渊源

据《中国盐业史》记载，漳盐的历史可追溯至秦代，距今已有2000多年。在汉代，因盐井的存在，官方设立了漳县，该名称取自该区域方圆都是崇山峻岭，形成了一个自然的屏障，它见证了中国盐业的发展。在唐代，漳盐的生产已有一定的规模。从彰县设县的早期记载，到唐代因盐铁重要性而由武则天改名为武阳县。漳县的武阳路便是对这段历史的纪念。唐代诗人杜甫的诗作《武阳》生动描绘了当时烧制食盐的盛况。诗中描述了草木被白烟覆盖，井边碎鼓声声，以及车水马龙的繁忙景象。这不仅反映了当时盐业的繁荣，也显示了官方对盐业的严格控制。杜甫的惊叹和对自然物理的感悟，凸显了漳县作为自然之县的独特地位。

明代，漳盐发展更是达到了鼎盛时期。当时，有六七十户家庭投身于漳盐的熬制工艺之中。漳盐的影响力逐渐扩散至周边地区，包括陇西县、迭部县、岷县、临潭县、卓尼县、舟曲县等，促进了区域经济的繁荣和商业的兴盛。漳县盐业在新中国成立过程中也做出了显著的贡献。首先，漳县盐业历

---

① 本章内容根据漳县非遗办副主任蔺双喜访谈资料整理修改而成。

史悠久，自古以来就是重要的盐产地，其盐业的发展为当地经济的繁荣和社会稳定提供了重要支撑。新中国成立初期，漳县盐业不仅满足了当地居民的生活需求，还通过其产品支持了国家的建设和发展。特别是在 1936 年，红军长征途经漳县时，漳县盐业为红军提供了重要的物资支持。红军在漳县休整期间，利用当地的盐资源有效地解决了部队和群众的需求，同时也为部队筹措了经费。在那个特殊的历史时期，漳盐为保障人民健康和支持革命事业发挥了重要作用。

二、漳盐与社会文化的交融

漳盐悠久的历史和广泛的分布范围彰显了其深远的社会文化影响力。漳盐在当地文化艺术、民间传说、人生礼仪以及民俗性格等方面扮演着重要角色。盐井镇因漳盐的繁荣而发展成商贸要镇，盐商的马队在将盐运往外地的同时，也带回了秦腔、高山戏、陇剧等各地文化，为漳县的文化生活增添了多样性。这种文化的交流使得漳县成为多元文化的汇聚之地，其社火、秧歌等民间艺术也因融合了多元文化而别具一格。

漳盐在当地经济和文化中占据着举足轻重的地位，其产品本身也因其独特的品质而受到珍视。据甘肃省科学院在 20 世纪 80 年代初的研究，漳盐的卤水中含有 108 种对人体有益的微量元素，如锌、钠等。这使得漳盐相较于海盐，味道更为中性，特别适合腌制咸菜、腌肉等，成为当地农家乐的招牌菜品。随着手工盐业在改革开放后逐渐淡出历史舞台，漳盐的传统熬制技艺亟待保护。2017 年，漳盐的熬制技艺被成功申报为省级非遗项目。

随着盐业生产规模的扩大，漳盐逐渐渗透到了漳县人民的日常生活中，包括民间传说、人生礼仪以及谚语等。例如，当地人会根据盐的溶解情况和湿度来预测天气，这种传统习俗展现了盐与日常生活的紧密联系。漳县的盐文化影响深远，从明清时期的盐务局、盐税，到以盐命名的地名和教育机构，如盐长沟、盐井小学和盐井中学等。盐还与当地的民间艺术和文化有着深刻的联系，比如省级非遗项目中的民间传说，讲述了漳县供奉的盐神严爷爷和严婆婆的爱情故事。相传，烧盐师傅们曾发现盐井的卤水莫名其妙地下降，导致盐的产量减少。人们猜测这可能是两位盐神私下相会所致。为了证实这一点，他们询问了李县的人，得知那里也出现了同样的情况。于是，两个地方的人们共同商议，决定为两位盐神设定一个相会的时间，即每年的农历五月十八。到了这一天，漳县人民会举行盛大的仪式，将严婆婆请到漳县，让两位盐神公开相聚，并为他们上演五六天的戏剧。这个传统让盐的产量恢复了稳定，也成为当地人文景观的一部分。

随着时间的流逝，人们开始担心两位盐神在不被监视的情况下偷偷相会。于是，他们决定在两位盐神相聚时，用铁锁将盐神锁住，确保仪式的庄重和神圣。到了农历五月十七和五月十八这两天，人们会打开锁链，让盐神自由相会。这个爱情传说丰富了当地的民间文化，体现了东方特有的浪漫与神秘。每年的农历五月十八，漳县都会举行盛大的庆典，人们通过唱戏、欢庆等方式，表达对盐神的敬仰。这个传统一直延续至今，成为漳县文化的重要组成部分，展现了当地的民风民俗。漳盐还渗透到了文化艺术领域，如盐画艺术，一种使用盐进行创作的绘画形式，其特点是立体感强。盐画已经成为漳县的一种特色艺术，并且申报了专利。

漳盐是漳县的经济支柱，也是当地文化和生活的重要组成部分。漳盐在漳县人民的生活中占据了极其重要的地位，是文化和情感的载体。漳盐文化塑造了当地人民豪爽、好客、善良以及细腻包容的性格。漳盐还被发现具有美容、沐浴等多种用途，其健康价值得到了进一步的开发和应用。漳盐因其独特的制作技艺和矿物质含量，被认为是一种非常奇特的产品。

在漳县，盐不仅是日常生活的调味品，也是人生礼仪中不可或缺的一部分。例如，在小孩的百日庆典上，盐作为一种特殊的祝福，被赋予了健康成长和生活有滋有味的寓意，这种习俗在其他地区并不常见。当人生走到终点，丧葬礼仪成为对逝者最后的告别。在漳县，丧葬仪式中的唢呐演奏作为一项非遗，会持续数日，以表达对逝者的哀悼和纪念。唢呐的吹奏贯穿整个丧葬过程，其中包含迎祭礼、出殡礼、点曲礼等多个环节，这些仪式都是通过唢呐来表达和传承的。漳县的丧葬礼仪之所以规格高，与当地历史上的名门望族——汪世显家族有关。汪家曾有三王十国公，他们将宫廷中的纸火匠和唢呐匠带到漳县，使得漳县的丧葬礼仪具有了皇家气派。汪家在云南和四川进行了军事活动后，选择在漳县安家，成为当地著名的盐业家族，被尊称为“盐内之尊”。汪家的盐业不仅带来了经济上的繁荣，也促进了当地文化的兴盛。唢呐、丧葬礼仪以及盐画等文化形式，都与盐业的发展密切相关。这些文化形式的传承得益于像汪家这样的历史名人的推动和保护。

三、漳盐的现代价值与传承保护

漳县位于秦岭与黄土高原的交界处，拥有独特的地理优势，漳盐景观被环绕在两座山峦之间，形成了天然的屏障和宜人的环境。这里有喀斯特地貌和丹霞地貌，这些地貌特征共同塑造了漳盐独特的文化和品质。漳盐在现代社会有了更丰富的价值，包括相关产品的开发，以及对旅游业和地方经济的贡献。

在漳县，游客不仅可以亲眼见证漳盐的生产过程，还可以品尝到自己亲手腌制的盐制美食。游客造访漳县盐井遗址时，将亲眼看到两口古老的盐井——上井和下井，尽管时光荏苒，但井水的品质未曾改变，依旧保留着它原始的风貌和味道。虽然游客无法完全深入井下进行参观，但仍可在井口周边绕行，一睹这古老卤水的真容。游客甚至有机会亲自体验古法取水的过程：将绳索系于下井中，汲取这 2000 年之久的卤水，并得以品尝其独特的滋味。遗址旁设有非遗工坊，供游客体验传统的熬盐工艺。如今，工坊不再使用传统的柴火，而是改用煤炭和现代的鼓风设备，使得盐晶逐渐形成并最终得到成品。这样的改进大幅缩短了熬盐时间，从原来的七八个小时缩短至三四个小时。在熬制过程中，游客还可以尝试将当地的洋芋（土豆）放入盐水中烹煮，制作出美味的盐洋芋。这种传统吃法不仅味道可口，而且据说对胃病有良好的疗效，这是由于漳盐中丰富的矿物质成分，远非海盐所能比拟。

漳县文化馆每天晚上开设夜市，演出与盐有关的代表性剧目，如《十二月牡丹》和《汪哥拔胡马》，这些剧目都与盐有着密切的联系。此外，也促进了其他非遗文化的传承和展示，通过组织非遗小曲展演等活动，吸引了众多游客参与和体验。漳盐的创新发展带来了多样化的产品，其产品线已经不仅限于食用盐，更扩展到了个人护理领域。例如为女性设计的美容盐，为全身护理设计的沐浴盐等，这些产品非常受欢迎。漳盐的历史渊源和文化价值吸引了众多游客前来体验。游客们不仅能享受到这里的自然风光和新鲜空气，还能亲口品尝到漳盐的美味。漳盐的运输和保存都相对容易，游客在当地体验后，可以将这份美味和健康作为礼物带回家。

第十八章 庆阳剪纸[①]

庆阳剪纸艺术的起源可追溯至原始社会。庆阳是周祖农耕文化的发源地，古代的居民利用黄土高原的地势挖掘窑洞，以适应居住的不便。窑洞的居住环境具有特定的特征，如门旁紧邻的窗户为窑洞提供了唯一的自然光源。这种采光方式为剪纸艺术提供了灵感，妇女们常在窗前利用自然光线进行剪纸创作。《诗经》中提到的“陶复陶穴”即指窑洞，反映了这种居住形式与剪纸技艺的密切联系。

一、庆阳剪纸的来源

庆阳地区的人民非常爱美，这种审美情趣在节日庆典、婚礼或其他重要场合表现得尤为明显。由于受到生活条件的限制，早期的剪纸材料相对简单，通常使用红纸和绿纸，因为这两种颜色鲜艳夺目，能够为居室带来活力和欢乐。在窗户上贴上红绿色的剪纸，不仅美观，也象征着吉祥和幸福。随着时间的推移，剪纸艺术逐渐融入了庆阳人民的日常生活，成为他们文化传统的一部分。

从唐代到宋元明清，剪纸艺术代代相传，不断发展和完善。剪纸艺术作为文化传承，体现了庆阳人民对美好生活的向往。在庆阳，剪纸主要是女性在闲暇之余，或剪窗花或剪纸装饰美化炕围和顶棚等。剪纸艺术的发展与当地妇女的智慧和创造力密切相关。她们将日常生活中的观察和想象融入剪纸创作中，通过剪纸表达对美好生活的向往和对生命延续的信仰。剪纸作品中

① 本章内容根据甘肃省非物质文化遗产保护中心高莉花和庆阳剪纸艺术省级非遗代表性传承人吉彩琴访谈资料整理修改而成。

常见的图案，如生命树、喜鹊立莲等，都蕴含着深厚的文化象征意义，体现了庆阳人民对生命、自然和社会的崇敬。改革开放以后，随着社会的发展，庆阳剪纸艺术仍然保持着其独特的魅力和生命力，继续在现代社会中展现它的传统魅力和文化价值。

二、庆阳剪纸的社会功能和文化价值

庆阳剪纸这种艺术形式具有一定的社会功能和文化价值，它反映了当地社会的历史发展和民众的生活理念。剪纸作品中常见的图案，如喜鹊立莲和生命树，一般是在生了男孩后用喜鹊代表喜事，喜鹊踩在莲花上，表示喜事到了；生命树则是对生命的崇拜和生命延续的美好寄托，都蕴含着深厚的文化象征意义。在创作过程中，庆阳妇女将内心的愿望和对生活的感悟融入剪纸艺术中。劳动妇女在农闲时期进行剪纸创作，她们在窗前剪纸时，有时会哼唱当地的民间小调，这种自娱自乐的方式也是庆阳文化的一部分。她们通过手中的剪刀，将对生活的期待和对自然的理解转化为纸上的艺术作品。这种艺术创作是技艺的展示，也是非遗保护工作的核心——对人的保护和文化传承。

庆阳剪纸艺术省级非遗代表性传承人吉彩琴自小接触剪纸艺术，她设计的剪纸作品内容极为丰富。比如她设计的用于刺绣的剪纸图案，特别是为孩子们设计的服饰，她可以剪出十几种不同的马甲和肚兜样式。马甲和肚兜都是传统的儿童服饰。肚兜是一种保护儿童腹部不受凉的服饰，上面常绣有吉祥图案，如莲花、蝴蝶、钱币和石榴等，寄托着对孩子的美好祝愿和保护。此外，肚兜上有时还会绣有五毒图案，如蝎子和蟾蜍等。五毒图案在传统信仰中被认为具有辟邪的作用，能够保护孩子免受疾病和邪恶的侵扰。这些图案既美观，又承载着父母对孩子健康、平安和幸福的期望。

肚兜是为那些民间刺绣艺人准备的，他们可以根据剪纸的模板进行刺绣，因而剪纸和刺绣是紧密相关的。过去，农村妇女制作鞋子和衣物时也离不开剪刀，因为她们需要先用剪纸的方式剪出鞋样和衣服模板。

上文提及，庆阳剪纸的创作过程通常与刺绣艺术相结合，二者相辅相成，共同创造出丰富多彩的民间艺术品。剪纸作品常作为刺绣的底样，刺绣艺人会根据剪纸的图案在布上进行刺绣。由于纸比布便宜，所以先用纸剪出图案，然后将其转移到布上。这些艺术作品中，每一种图案都蕴含着丰富的文化内涵，象征着吉祥、富贵和平安，这种对美好生活的追求和积极向上的生活态度，构成了当地文化的重要组成部分。

三、庆阳剪纸技法

剪纸艺术的表现手法和内容丰富多样，剪纸技艺是熟能生巧的过程，初学者的作品往往粗糙不完整，他们会觉得图案设计和剪法非常复杂，尤其是那些繁复的纹路。但对于技艺熟练的艺人来说，他们能够在短时间内用一把剪刀剪出非常细腻、连贯且栩栩如生的作品，展现出他们的高超技艺和创造力。

在讨论庆阳剪纸的技法时，首先应关注剪纸材料的使用，剪纸最初以红色和绿色为主，因为这两种颜色对比鲜明，给人以强烈的视觉冲击。随着时代的发展，庆阳剪纸也采用了更多的颜色，包括黄色、黑色和蓝色等，使作品更加丰富多彩。庆阳剪纸艺术与中国传统的哲学观念紧密相连，特别是阴阳结合的理念。这种文化内涵体现在剪纸艺术中便是剪纸核心技艺之一的阴阳剪纸，即阴剪和阳剪。阴剪指留下图案的轮廓，阳剪则是剪去轮廓，留下背景。在每一幅剪纸作品中，都能看到这两种剪法的结合运用。此外，庆阳剪纸还特别注重对称性，剪纸艺人通过折叠纸张来创作对称的图案，使用这种方法，一次可以创作出多幅相同的作品。

在庆阳剪纸中可以看到多种传统纹样，如田禾纹、锯齿纹、月牙纹、点纹、水纹、云纹和梅花纹等。这些纹样不仅美观，而且往往与自然元素紧密相关，例如，梅花纹因其形状类似梅花而得名，水纹则模仿水的流动形态。这些纹样的设计反映了人们对自然界的观察和理解。剪纸艺人在创作时，通过不同纹路的结合使作品既细腻又生动。例如，传统的生命树剪纸将十二生肖等元素融入其中，里面就用到了多种剪纸纹路。

庆阳剪纸艺术家擅长传统题材，也能灵活运用剪纸技艺来表现现代主题。

例如，艺术家可以根据所见所闻，创作出反映当代生活的作品。他们能够迅速根据要求创作出符合特定文化背景的作品，如在埃及剪金字塔、在法国剪维纳斯等。剪纸艺术家的技艺在于他们能够快速而准确地使用剪刀，无须预先画图，因为他们已经将剪纸的技法内化于心。他们的作品展示了他们对剪刀的精准控制和对艺术的深刻理解。庆阳剪纸艺术的表现手法体现了传统技艺的传承，以及艺术家对新材料、新主题的探索和创新。这些手法的多样性和灵活性，使得庆阳剪纸艺术能够不断适应时代的变化，保持其活力和魅力。

四、庆阳剪纸的传承和教育

在庆阳，有句俗语“二八闺秀学针线，巧剪花样百家传”，表明剪纸艺术在当地的传承方式通常是女性之间的代际传承。在庆阳的传统文化中，剪纸是每个女性自幼便要学习掌握的生活技艺。不需要专门的学习传授，女孩子到了五六岁，手能握针拿线时，就该开始学习针线活。这是因为在传统的性别观念中，女性被期望擅长烹饪和缝纫，她们的手艺无论是刺绣还是剪纸，都是衡量其身份地位的标准之一。在这样的传统观念下，一个手艺灵巧的媳妇更受欢迎，能嫁得好，生活也更幸福。因此，剪纸艺术这种技艺承载着丰富的文化内涵。

尽管当代文化对传统文化产生了冲击，但庆阳剪纸艺术的传承仍然保持良好。随着教育的普及，女孩们有了更多学习的机会，剪纸艺术家也有机会进入学校，将这门艺术传授给更多的学生。吉彩琴就是这一传承的生动例证。她不仅在传统环境中成长，在 50 多年的剪纸生涯中，还将剪纸艺术带入校园，使之得到新一代的认知和喜爱。通过各种活动和课程，剪纸艺术得以在社区和学校中继续流传。在现代社会，庆阳剪纸艺术的保护和传承是一项重要的文化工作，它关乎技艺的保存，更关乎文化的连续性和社区的认同感。通过教育和社区的努力，庆阳剪纸艺术将继续作为一种活生生的文化实践，在未来的岁月里绽放光彩。

第十九章　河西宝卷[1]

河西宝卷是源自敦煌变文的说唱文学形式，它在清代末年随着大量东方文书的发现而逐渐为人所知。这些文书中包含许多佛经故事，如《伍子胥变文》《昭君变文》等。河西宝卷在这些变文的基础上发展成为一种独特的说唱艺术形式。2006 年，河西宝卷被国务院列为国家级非遗。

一、河西宝卷的起源与特点

河西宝卷在甘肃省河西走廊地区备受瞩目，首先是基于其创作的地域特色。河西宝卷是河西人民自己的创作成果。这些作品不仅记录了河西人的生活和情感，而且随着时代的发展，新的宝卷不断被创作出来，以反映社会的变化和进步。例如，明代的《敕封平天仙姑宝卷》就是早期河西宝卷的代表，它通过 19 个既独立又相互关联的故事，展现了从汉武帝时期到明朝崇祯年间的历史脉络。河西宝卷包含河西人创作的作品以及那些在河西地区流传和抄写过程中融入了河西自然风光、人文特点和方言等地方特色的宝卷。这些作品在流传中不断被赋予河西文化的元素，成为河西宝卷不可或缺的一部分。

河西宝卷的创作一直持续至今，从民国时期的《遭劫宝卷》到当代农民宋文轩创作的《武松杀嫂宝卷》和《胡玉翠骗婚宝卷》，再到抗击新冠疫情的《战瘟神宝卷》，以及农民自己创作的《红西路军征战河西宝卷》，河西宝卷一直在记录时代的变迁和社会生活。河西宝卷的内容与当地居民的日常生活紧密相关。它们起源于佛经故事，但在河西地区流传过程中，宝卷被赋予了浓厚的生活情趣，与家庭生活紧密相连，如《遭劫宝卷》中的生活琐事描

① 本章内容根据甘肃省张掖市社会科学界联合会副主席任积泉访谈资料整理修改而成。

写，体现了宝卷的生活化特征。

河西宝卷在传承过程中逐渐演变成一种娱乐形式，原本严肃的佛经故事变得富有传奇色彩，听起来更加吸引人。宝卷的娱乐性体现在故事内容上，也体现在其丰富的曲牌和曲调上。河西宝卷的曲牌和曲调来源多样，包括民歌、古诗词以及戏曲，这些曲调的融合使得宝卷的演唱更加多样化和有趣。据文本统计，目前已知的河西宝卷曲牌有 90 多种，曲调有 30 多种，这种多样性增强了演唱的娱乐性和互动性。在宝卷的演唱过程中，需要听众和接卷人的参与与互动。在主唱者领唱时，听众不仅要聆听，有时还需和声或接唱，这样的互动性使得宝卷的传承更加活跃。

最初，宝卷源自佛经故事，但随着在河西地区的流传，它的形式被保留，内容却根据当地文化进行了调整。这种淡化体现在仪式上，原本佛经诵读时的严格仪式感在宝卷中被简化，更贴近民间的习俗和信仰。

二、河西宝卷的演唱技艺与时代价值

河西宝卷的基本表现形式是散文与韵文的结合，即散韵结合的形式。韵文部分又细分为诗词和大段的韵文，其中以七个字的句子最为常见。这种形式能够表现人物的喜怒哀乐，通过不同的曲牌和曲调来表达不同的情感。以反映中国人民在中国共产党的领导下战胜新冠疫情的历史过程的《战瘟神宝卷》为例，该卷共四品，以高文亮一家欢天喜地准备过大年、“瘟神”突降肆虐人间造成巨大灾难、全国人民团结一心奋起抗疫并最终战胜“瘟神”为叙事主线，依据内容分别用《拔胡麻》《清江引》《哭五更》《十炉香》《浪淘沙》《方四姐》《十里亭》《孟姜女》八支曲牌，展现河西宝卷在表现人物喜怒哀乐时的不同特点，使其成为一种能够传递复杂情感和故事的艺术形式。在宝卷的演唱中，不同的曲牌和曲调被用来表达不同的情感和故事，如《浪淘沙》曲牌用于叙述事情，《方四姐》曲牌则用来表达忙碌中的撒娇心情。

在演唱中，歌手尽量使歌唱风格、情感与宝卷内容吻合，达到以歌唱强化内容之目的。《拔胡麻》开篇唱出了一片冰封的景象，以及国泰民安的欢乐。这首宝卷需要听众参与接唱，特别是在最后一句“全民欢唱祖国颂”，大家齐声合唱，营造出一种喜庆祥和的氛围。这首曲子的曲调源自民间的民歌，它传递了一种非常欢喜的情绪和自豪感。例如，当主人公带领朋友游览张掖城，他怀着兴奋和自豪的心情介绍当地的风情和人文景观时，使用的是一种古老的曲牌《清江引》“金张掖有一座钟鼓楼呀，飞檐翘角镇北方呀”，唱出了对这片土地的热爱。

然而，宝卷的表现形式并不总是欢快的。在面对灾难和苦难时，宝卷会采用更加深沉和悲伤的曲调来表达人们的心情。例如，当讲述一位医生在武汉因疫情牺牲，他的母亲听到这个消息后感到非常伤心时，宝卷中则使用了《哭五更》这样的曲牌来表达痛苦和哀伤的情绪：“哎，我的天爷叫人如何活呀，爱叫人如何不断肠”。宝卷的第四部分描述了成功战胜瘟疫的情景，其中包含武汉人民送别各地支援医疗队的依依不舍。使用的曲牌《十里亭》表达了这种情感，歌词中充满了对离别的不舍和对未来的希望。宝卷的结束通常具有回忆性质，反映了人们对过去事件的思考和感受。例如，使用《孟姜女》这一古老曲牌，歌词中描绘了女子在日常生活中的辛劳和对未来的期待。《战瘟神宝卷》以传统河西宝卷的形式反映当前的社会事件，是传统文化时代价值的体现。在反映河西地区民俗风情的同时，成为当地人民精神生活的重要组成部分。

三、河西宝卷的传承与创新

河西宝卷的传承与创新是一个不断发展的过程。自诞生以来，河西宝卷已经形成了包括抄写、练唱、接唱、街环表演和创作在内的文化生态圈。目前，河西宝卷国家级和省级的传承人以及众多民间爱好者等构成了其传承的核心力量。自 1992 年以来，河西学院的方伯和等学者对河西宝卷进行了深入研究，至今已出版了 18 套 59 本宝卷，总计约 1500 万字，收录了 210 多种不同的宝卷。

在创新方面，河西宝卷也在不断适应时代的变化。除上文提及的《战瘟神宝卷》外，张掖非遗中心还将宝卷内容编排成《宝卷印象》和《千古传奇》等舞台剧，以新的形式在舞台上呈现宝卷的故事。此外，利用网络传播宝卷也成为一种时下流行的方式。自 2018 年 4 月以来，古浪县的闫福斌等多位农民宝卷爱好者，通过快手等平台直播念唱宝卷，吸引了大量的在线听众。春节期间，每天的听众人数可达 2000 多人。这种传播力度在传统宝卷文化中是难以想象的，打破了以往农户炕头小范围的表演形式。这种现象表明，河西宝卷文化本身具有随着时代进步的特性，它的传统基因中蕴含着优秀的文化元素，使其能够不断地适应新环境，吸引新观众。

第二十章　裕固族天鹅琴[①]

在裕固族的神话故事中，天鹅琴占据着特殊的地位。这把琴的传说通过口口相传的方式在裕固族人民中流传，没有文字记载。故事讲述了一位牧羊少年与一只天鹅的深厚情谊。他们在湖畔共同歌唱，生活和谐而美好。不幸的是，一只嫉妒天鹅美貌与歌声的尖嘴鸟攻击并吞噬了天鹅。少年悲痛欲绝，他抱着天鹅的遗骸哭泣，从夜晚直至黎明。偶然之间，他发现抚摸天鹅的白骨时，骨头发出了悦耳的声音。少年带着这份慰藉入睡，并梦见白骨化作一把美丽的天鹅琴。当他醒来时，发现梦想成真，他拥有了这把神奇的天鹅琴。少年弹奏天鹅琴，琴声能够驱散乌云，引来彩虹，为草原带来美好的景象。他的歌声和琴声感动了天鹅仙女，仙女降临人间，与牧羊少年坠入爱河，共同在天鹅湖畔过着幸福的生活。这个湖泊因此得名，至今仍然存在，如同月牙泉一般。这是一个非常美好的故事。甘肃省歌剧院导演张程曾亲自探访天鹅湖畔，被那里的美景吸引，感叹它如同神话中描述的那样美丽。他提到了湖畔的自然风光，包括滩涂、芦苇和羊群，这些都与歌词中描绘的景象相吻合。

天鹅琴在裕固族的迁徙历史中有记载，但后来失传了。近10年来，经过老人们的口述和对故事的挖掘，以及裕固族文艺工作者的努力，天鹅琴被成功“复活”。鉴于其独特的文化地位和历史价值，天鹅琴在裕固族文化中占有非常重要的位置。因此，天鹅琴被视作非遗，具有重要的文化价值和意义。

---

① 本章内容根据西北师范大学音乐学院陈虎、甘肃省歌剧院导演张程及裕固族文化传承人瑙尔姬斯等人访谈资料整理修改而成。

一、《天鹅琴》的舞台演绎

“裕固族姑娘就是我，我心中的珍宝，头上戴着闪光的饰品，美丽的童年，裕固族的骄傲”，这首歌在甘肃乃至全国的少数民族中都非常流行，几乎每个人都能哼唱几句。在挖掘音乐历史的过程中，发现这首曲子是裕固族音乐传统中非常重要的一部分，在天鹅琴音乐中也能找到它的影子。不太了解裕固族民歌的朋友可以通过这首曲子来了解裕固族音乐的代表性和独特性，以及它的历史背景。

西北师范大学音乐学院的陈虎教授对裕固族的音乐文化非常感兴趣，他与学院的王文澜教授决定以裕固族的神话故事为基础，创作一部音乐作品《天鹅琴》。最初的想法是创作一部组歌或组曲，王教授在短短 3 天内就完成了歌词的初稿，为后期合唱剧提供了蓝本。该剧以裕固族语言朗诵为故事主线，由《牧羊少年》《天鹅湖畔》《尖嘴子鸟》《天鹅罹难》《神奇之琴》《爱情祥云》等八个乐章组成，每个乐章都以音画的方式呈现戏剧发展脉络，从最初的设计到最终的呈现，都围绕特定故事情节展开。它不仅是一部合唱剧，也可以说是一种歌剧，或者更准确地说，是一种以民族音乐元素为渊源的跨界融合合唱剧。

这种合唱剧包含了丰富的表达形式，从舞台展现来看，不仅有器乐、声乐，还有舞蹈。设计者还特别运用了裕固族的传统乐器以及大提琴来表达对天鹅的深情。在编排过程中，他们尝试让合唱队动起来，这是一项挑战，因为传统合唱队通常是站在台上不动的。但合唱剧有故事性，且演员的表演是流动的，每个人都是剧中的人。不仅要有听觉的感受，更需要视觉的冲击。在创作过程中，设计团队发掘裕固族特有的动作，通过服饰和天鹅主题来展现合唱队的造型。这样的跨界融合和创新能够让更多人接受和欣赏裕固族的音乐和文化。

一般认为音乐剧的核心是用音乐来讲述故事和表达情感。在该剧的后期编排过程中，在某些情感的表达方面语言也显得苍白，所以剧组简化甚至略去了许多歌词。比如在表达悲伤时，仅通过哼鸣来传达情感。在《尖嘴子鸟》

乐章使用了裕固族语言中的两三句祈福语，以此呈现音乐的画面感。音乐创作主要围绕主人公天鹅的主题，以及裕固族姑娘的形象。在第三段中天鹅出现时，有一大段唱段，其中一部分是裕固族姑娘的形象展现。还有一段非常重要的《牧羊少年》乐章，这部分采用了裕固族的敬酒歌旋律。裕固族有句谚语："会走路的就会跳舞，会说话的就会唱歌。"裕固族人民热情好客，每个人都能歌善舞。敬酒歌虽然只是清唱，但那种热情和对客人的好客之情表现得淋漓尽致。裕固族的音乐是开放性的、原生态的，一听就能让人不由自主地被带入裕固族文化的语境中，让人不得不唱，不得不品尝美酒。裕固族的音乐和歌声不断，酒也不断，让人沉醉其中。

二、《天鹅琴》与裕固族文化之美

将天鹅琴这样的音乐元素呈现在舞台上，需要从视觉角度出发，层层深入，让它变得更加美丽。这个过程就像抽丝剥茧，逐步揭示裕固族内在文化的美。

首先，我们从服饰开始探讨裕固族的文化特色。裕固族的服饰不仅是文化传承的重要载体，而且具有鲜明的民族特色。裕固族的服饰中红缨帽是一个显著的标志，红缨帽顶部装饰有天鹅的形象，它不仅是文化的象征，也是裕固族的图腾。这种帽子由羊羔毛制成，既实用又美观，由于它防潮的特性，过去放羊的时候可以用作盛水的容器。当前，这种制帽工艺几近失传，急需抢救这项宝贵的文化遗产。

裕固族女性的头饰被称为"头面"，在过去是绑在头发上，起到固定头发的作用，已婚妇女通常会梳三个辫子，并在辫子上绑上这些头饰。头饰的设计中还包括一串由 22 节骨头或海螺壳组成的链子，象征着人的脊梁骨，代表着坚强和力量。在盛装时，已婚女性胸前会佩戴两个装饰有丰富图案和宝石的袋子，这些图案和宝石都富含深厚的文化寓意。裕固族的服饰从头顶延伸至脚跟，展现了裕固族先民对美的追求和对传统文化的尊重。

其次，在创作《天鹅琴》这部舞台剧时，剧组采用了多层次的艺术手法来丰富演出效果。除了服饰的包装，还考虑了如何让合唱队在表演中更加生动。合唱队的优势在于歌唱，为了增加表演的美感，团队聘请了一位有芭蕾舞基础的女舞者，她在剧中扮演天鹅的角色。舞蹈演员的加入为剧中的天鹅形象增添了动态美。

在音乐创作上，采用了立体的三维概念，并用大提琴来表现天鹅的形象。大提琴的独奏部分非常优美，让观众能够从听觉上感受到天鹅的优雅。这是剧中用来展现天鹅形象的第一层，通过音乐的力量让观众沉浸在天鹅的故事中。此外，花腔女高音的运用进一步提升了音乐的丰富性和表现力，使天鹅的形象更加立体和生动。大提琴、花腔女高音、芭蕾舞三个元素巧妙地融合，让观众能够全方位地感受到天鹅的优雅与美丽。

在舞台剧的音乐创作中，作曲家不仅负责音乐的创作，也在很大程度上承担了导演的角色，通过音乐来引导整个剧目的视觉效果和情感表达。在音乐的编排上，最初采用了钢琴伴奏，但为了使音乐更加丰富和立体，剧组引入了双钢琴的配置。双钢琴不仅增强了音乐的厚重感，还与其他乐器和人声交相呼应，使音乐成为一个不可分割的整体。

最后，在舞台设计方面，剧组注重合唱队的队形和造型，以此来呼应剧中的神话故事和文化传承。通过提取裕固族传统服饰中的元素，为合唱队设计了具有仪式感的造型，使整个演出更具民族特色。灯光设计也是演出中不可或缺的一部分。通过创意性的灯光布局，如在天鹅被尖嘴鸟蚕噬后的场景中使用发光体来模拟星空，营造出天鹅在草原上空飘荡的视觉效果。此外，剧组还利用不同颜色的灯光来渲染氛围，如蓝色、红色和橙黄色，以此来增强舞台的视觉效果和情感表达。

整体而言，通过这些精心设计的艺术元素，《天鹅琴》这部舞台剧在视觉和听觉上都给观众带来了深刻的艺术体验。合唱剧在国内获得了认可，还参加了全国合唱比赛并荣获金奖，甚至在敦煌文博会上进行了展示。在这样的传播过程中，天鹅琴这一元素的表达不再囿于单一的文化符号，而是串联起了裕固族文化的整体。

三、《天鹅琴》的文化传承与创新发展

《天鹅琴》的编排使裕固族的传统音乐通过现代艺术形式进行了创新发展，让传统文化更加生动和多元。该剧受国家大剧院邀请，参加全国各地艺术类学校的节目展示。演出后，中央电视台制作并发布了演出视频，一周内观看次数接近 50 万。喜爱这项艺术的人们即使不能亲临剧院，也有机会通过中国新闻网等平台欣赏到这场演出。为了更好地传承这项艺术，剧组计划未来举办更多公演，包括公益性演出，甚至考虑将其打造成文化旅游驻场演出，以更好地传承和展示裕固族文化。

《天鹅琴》以唯美的爱情故事吸引了众多观众，也使裕固族文化的传承和发展得到更多人的重视。然而，随着时间的推移，一些传统工艺如毡帽制作等若无人继承，可能会逐渐失传，因此，保护和发扬这些宝贵的文化遗产迫在眉睫。在创作过程中，基于音乐丰富性的舞台要求，一些原生态的民歌得以重生，体现了裕固族文化的多样性和魅力。例如，该剧第六段中的一部分特别唯美的旋律便是根据裕固族民歌改编而成的。

《天鹅琴》得到社会各界的高度评价，随着这部作品的传播，希望更多人了解裕固族文化的独特魅力。

扫码试听《天鹅琴》片段

第二十一章　甘州古乐[1]

甘州古乐，亦称《甘州》大曲，源自甘州地区，唐时被引入宫廷，是一种历史悠久的音乐形式。安史之乱后，《甘州》大曲随着宫廷乐师的流亡而传入民间，得以保存至今。这种音乐形式包括词乐、礼乐、器乐、戏曲音乐、宗教音乐、民间祭祀音乐、散曲、曲艺、民歌和宝卷音乐等多个部分，是中国古代音乐传统的重要遗产。

一、甘州古乐的历史渊源

“大曲”这一名称最早见于蔡邕的《女训》中，与小曲相对，用以区分琴曲的规模和长度，是古代音乐体系中最复杂、最难掌握且艺术性最高的曲种，代表了唐代音乐文化的最高成就。甘州古乐已有1300多年的历史，关于其命名，据《新唐书·礼乐志》记载，唐代天宝年间的乐曲多以边疆地名命名，如甘州曲目称为《甘州》，凉州曲目则称为《凉州》，体现了以地名为乐曲命名的惯例。《旧唐书》还记载了《甘州》大曲传入宫廷的过程：“盖嘉运遂赴疆任，献《甘州》大曲，玄宗大喜，命教坊演出，盛行于廷，后流传益广，至日本。”

据说，盖嘉运将军是一位勇猛的将领，因在西域与突厥作战中屡立战功，受到唐玄宗的赏识，被任命为河西陇右节度使。但他居功自傲，沉溺于长安的酒色之中，迟迟不赴任，最终遭到左丞相裴耀卿的弹劾。唐玄宗因此督促他尽快上任。盖嘉运到任后，为了讨好唐玄宗，收集了甘州当地的民间曲子献给宫廷。虽然他的初衷是达到个人目的，但无意中促使甘州音乐进入宫廷，

---

① 本章内容根据张掖市音协副秘书长、甘州古乐市级传承人张晓琴访谈资料整理修改而成。

进而传播至全国乃至日本，成为影响后世音乐文化的重要元素。根据文献资料分析，盖嘉运献给宫廷的曲子很可能是甘州地区长期积累、广为流传的民间音乐。由于这些曲子当时或无名或名称繁杂，为了方便宫廷的统一演奏和演唱，被统一命名为《甘州》大曲。唐代安史之乱后，宫廷音乐和文化逐渐衰弱，许多梨园弟子，也就是宫廷乐师，带着珍贵的曲谱逃往全国各地。他们在民间传承教习宫廷的歌舞，使得《甘州》大曲的子曲在道教乐班、戏曲等领域广为流传，对中国后世的音乐文化产生了深远的影响。

二、甘州古乐的流传与演变

甘州古乐的子曲遍布全国，形成了多种变体，对后世音乐文化产生了深远影响。据目前所收集到的资料，以《甘州》命名的曲谱共有 616 首。其中《甘州歌》和《八声甘州》占甘州古乐总曲目的 80%。它们不仅数量众多，而且遍布我国多个省（区、市），包括安徽、福建、甘肃、广东、广西、河北、湖北、湖南、吉林、江苏、江西、宁夏、陕西、四川、云南、浙江、山西、内蒙古、上海等地。甘州古乐的一些曲目还流传到了日本。目前的日本音乐中可以看到唐代宫廷音乐的影子。这是因为在唐玄宗时期，日本遣唐使来唐朝学习，并将唐朝的音乐文化带回了日本，一些乐谱一直保存至今。这种文化的交流和融合，使得日本音乐与中国唐代音乐在曲调上有着相似之处。

《甘州歌》和《八声甘州》作为甘州古乐的核心曲目，以多种形态保存至今。例如，陕西省艺术研究所的李健正在其著作《大唐长安音乐风情》中，收录了西安古乐中保存的《甘州歌》半字谱。这些曲谱由唐代文学家符载填词，词意凄凉而唯美，“月里嫦娥不画眉，只将云雾作罗衣。不知梦逐青鸾去，犹把花枝盖面归”，展现了一种超凡脱俗的美感。《甘州歌》因其咏唱性强，旋律和题材深受民众喜爱，成为人们喜闻乐见的时调，出现在器乐演奏、民歌演唱、戏曲、曲艺等多种艺术表演形式中。新定九宫大成南北祠公谱教义中记载的《甘州歌》曲谱，以及甘肃省张掖市甘州区安阳乡贺家场村贺胜道教唢呐班祖传的古曲《甘州歌》等，都是这一曲目在不同地区、不同文化背景下的传承和演绎。

词牌《八声甘州》出自《甘州》大曲，因其全词前后共有八韵而得名，是唐代的边塞曲。它代表了另一种风格，通常表现失落文人的心境，如宋代词人柳永的《八声甘州·对潇潇暮雨洒江天》中所描绘的“对潇潇暮雨洒江天，一番洗清秋。渐霜风凄紧，关河冷落，残照当楼”，透露出一种仕途失意的凄凉感。这种曲目通过音乐表达了文人对个人命运和社会现实的深刻感悟。

《甘州歌》和《八声甘州》，这两首源自《甘州》大曲的曲目，在时间的流转中各自发展出了独特的风格，反映了不同的情感和审美取向。《甘州歌》随着时间的推移，逐渐形成了一种充满活力、节奏明快且铿锵有力的曲风。这种风格的《甘州歌》，如唢呐演奏的版本，展现了一种积极向上的精神面貌，其鲜明的节奏和有力的演奏给人以强烈的听觉冲击。与《甘州歌》形成鲜明对比的是，《八声甘州》走向了一种更为凄凉、悲怆的曲风，往往用来表达古今文人对于命运的感慨和诗意的悲伤，给人以深刻的情感体验。这种差异丰富了甘州古乐的艺术内涵，也展现了音乐在不同文化和历史背景下的多样性。

三、甘州古乐的构成与特点

甘州古乐的结构通常由散序、中序和破组成。散序相当于现代演奏中的前奏；中序类似于抒情慢板；而破相当于激昂的快板，类似于歌曲中的副歌，是最激烈、最激昂的部分。

上文提到，甘州古乐在不同地域和环境中生长，融入了当地的地域风格和人文特点，迎合了不同地方人群的审美习惯，形成了许多同名但曲调不同的变体。例如张掖市甘州区安阳乡贺家城村的道教唢呐演奏团队——贺胜唢呐班，他们演奏的《甘州歌》就是从家族族谱中流传下来的古老民间音乐，它是《甘州歌》民间流传下来的版本。与诸如“月里嫦娥不画眉”这样曲调清雅婉约的宫廷版本相比，这个版本节奏更加铿锵有力，主旋律更加轻松，体现了民间音乐的欢快特性。甘州古乐流传至今，人们发现众多以“甘州”命名的乐曲。尽管这些乐曲的曲调和风格各异，但它们共同被称为甘州古乐，这背后必有其深刻的原因。与我们所知的其他古乐不同，如纳西古乐，通常不会以地名命名。唯独甘州古乐以河西走廊的甘州为名，表明了其地域特色，也进一步证明了甘州古乐从古代流传至今的演变过程。

四、甘州古乐的现代传承

在一些传统的戏曲班子、甘州古乐爱好者和相关研究者的努力下，甘州古乐在现代得到了新的生命力，使其在当代社会中继续传承和发展。

贺胜唢呐班是甘州地区非常有名的非遗传承组织，他们保留了古老的音乐，其传承方式主要是父子或师徒相传，至今已有 400 多年的历史。主要在民间的红白喜事、祭祀、老人过寿、孩子留头、新房上梁、迁坟、社火等活动中演奏，传承着祖上流传下来的民间音乐。在搜集和整理曲谱的过程中，发现他们演奏的《甘州歌》，是一首非常活泼欢快的曲子。这首曲子后来被提炼出来，录制成古筝版本，成为其代表性曲目之一。此外，甘州地区的一些音乐爱好者也做出了巨大贡献，他们自发组成了甘州古乐团，致力于保护和发扬甘州古乐。该乐团成立于 2018 年 10 月，对家乡文化的热爱不受年龄限制，乐团成员年龄跨度较大，从 10 岁到 75 岁不等。

甘州古乐的研究者任积泉先生自 2009 年起就开始广泛搜集曲谱、翻阅历史资料，并进行学术研究，为甘州古乐的保护和传承做出了重要贡献。在他的指导下，甘州古乐团自筹资金制作了一台名为《穿越千年的回想》的甘州古乐专场演出，进行不定期表演。这样的舞台实践无疑将甘州古乐推向了一个新的阶段。甘州古乐是河西走廊地区人民在 4000 多年的民族融合、文化融合过程中积淀的艺术精华。它在河西民间以各种形态活态传承，是中华文化的一个重要根脉。

扫码试听甘州古乐

第二十二章　古　琴[①]

"竹林七贤"之一的阮籍创作了一首名为《酒狂》的曲子。据说，这首曲子是他在饮酒后，为了表达自己的醉态而创作的。乐曲的前部分给人以闲庭信步的感觉，而后节奏逐渐加快，阮籍仿佛已经达到了醉酒的极致，手指在琴弦上的拨弄也变得凌乱。大多数中国音乐作品都是四二拍或四四拍的节奏，而《酒狂》采用了四三拍的节奏，这在古琴曲中是罕见的。这种节奏的难度在于它模仿了醉酒时脚步踉跄的感觉，通过琴弦的振动来表现这种状态。

古琴艺术与现代快餐文化相比，似乎有些距离，但它的独特魅力和深邃内涵仍然吸引着人们。古琴的声音不仅是声音本身，更是一种精神气质的体现。古琴的音色浑厚而充满力量，像大海一样表面平静，内在却蕴含着强大的精神力量。这种力量与其他乐器直接的表现方式不同，需要我们在平静中感受其内在的波澜。

一、古琴的历史与文化价值

目前，考古发现的早期古琴实物有在湖北随州擂鼓墩出土的曾侯乙墓中的琴，距今 2300 多年。还有出土于郭家庙的琴，更为古老，距今约 2700 年。这些古琴的形制与现代古琴有所不同，因此学术界对此存在一些争议。我们采用王国维先生提出的"二重证据法"，即结合地下出土文物和地上文献记录相互印证的方法考证古琴的历史。从文献记录来看，目前已知的关于古琴的文献记载中，最早提到"琴"字的是《诗经》，如"窈窕淑女，琴瑟友之"

① 本章内容根据兰州文理学院非智库副主任刘忠和青年古琴人李学峰访谈资料整理修改而成。

等，这些都是关于古琴的记载。汉代的蔡邕和桓谭也有相关记载，蔡邕在《琴操》中提到伏羲造琴，桓谭在《新论》中提到神农氏时期的琴。虽然这些记载属于传说时代，但反映出古人认为琴的历史非常悠久。

目前我们所见的古琴，其形制与唐代的“九霄环佩”一致，这把古琴已有 1254 年的历史。这把琴的制作工艺极为精细，现收藏于故宫博物院。在后面的内容中，我们将探讨古琴的审美价值，它代表了中国文人审美的高峰。尽管外观看似简单，但其文化内涵和制作工艺极为复杂。

从大量琴曲的出现来考证，古琴至少在西周时期就已经存在。因此，学术界普遍认可古琴的历史至少有 3000 年。这些信息为我们了解古琴历史提供了宝贵资料，也让我们对这一古老乐器有了更深入的了解。

在先秦时期，古琴已在《诗经》中有所记载。进入两汉时期，除《诗经》对古琴有描述外，还涌现出许多著名的古琴爱好者，其中最为人所熟知的是孔子。孔子不仅是古琴爱好者，更是六艺的提出者，其中“乐”即指音乐教育，包括古琴。孔子的故事在许多古琴曲中得到体现，这些曲子通过音乐传达了孔子的哲学思想和生活故事。我国目前发现最早的一首琴曲《幽兰》据说也与孔子有关。这首曲子原本以文字谱的形式传世，现存最早的文字谱保存在日本的博物馆中。幸运的是，通过版权购买，这首曲子的复制版得以回归国内，为古琴艺术的传承和发展提供了宝贵资源。

《幽兰》这首曲子在演奏和研究方面，不仅在国内，在国际舞台上也备受关注，占有一席之地。尽管现代古琴演奏依然使用传统的曲谱，但《幽兰》的回归为我们提供了新的研究和演奏视角。关于《幽兰》的创作背景，学术界有多种说法，其中一种观点认为它反映了孔子的个人感慨。相传孔子在周游列国时，曾路过一个山谷，看到崖壁上的兰花，感叹其美丽却无人赏识，这与他自己的境遇相呼应，因此有人认为《幽兰》是孔子对自己一生未被赏识的感慨和隐喻。

古琴的形制与多位历史人物紧密相关，形成了多样化的风格。例如，孔子的琴式被称为仲尼式，这与孔子本人的名字紧密相连。伏羲和神农等传说人物也与特定的琴式相关联，他们的琴式反映了他们对音乐的不同理解和风格。除了这些历史人物，还有以自然景观命名的琴式，如“鹤鸣秋月”和

“落霞”，前者可能寓意着宁静与高远，后者则可能象征着晚霞的波光粼粼，形制是波浪形状的。另外，还有“蕉叶”式，模仿了芭蕉叶的形状，这种小巧精致的设计往往受到女性的青睐。蔡邕，一位历史上著名的文学家和音乐家，因一款名为“焦尾”的古琴而闻名。相传，蔡邕在乡间农舍偶然听到了木材燃烧时发出的清脆声响，他立刻意识到这是制作古琴的上好材料。于是，他急忙从灶火中抢救出这块木材，并与农舍主人商议后，将其带回家制作了一架古琴。由于木材的一部分已经被烧焦，因此这架古琴被称为“焦尾”，它被列为历史上四大名琴之一。

伏羲的传说也与古琴的起源有关。传说伏羲的母亲华胥氏在雷泽游玩时，无意中踩到了一个巨大的脚印，之后便怀孕生下了伏羲。长大后的伏羲对自己的父亲充满好奇，他的母亲告诉他自己的经历后，伏羲便前往雷泽寻找父亲。在那里，他发现了一棵名为“建木”的通天树，这棵树象征着天地之间的联系。伏羲在天界目睹了许多奇异的景象，包括一棵梧桐树上散发的神奇光芒和两只大鸟——凤凰。凤凰的雄鸟为“凤”，雌鸟为“凰”。伏羲被这些景象深深吸引，决定制作一架古琴，以表达对父亲的思念和对天地间神奇联系的感悟。然而，他多次尝试都未能成功制作出古琴。直到有一天，他的父亲在梦中告诉他，制作古琴的木材应遵循五行相生相克的原则。这启示了伏羲，也体现了古琴在中国传统文化中的重要地位，它不仅是一种乐器，更是中国传统音乐律制的体现。

二、古琴的演奏与艺术特色

古琴的演奏需要双手的配合，通常使用食指、中指、无名指和小指，而小指通常不参与演奏，被称为“禁指”。右手主要负责拨弦，使用四根手指，通过向身体方向和身体外方向的运动，产生八种基本的指法。古琴指法包括抹、挑、勾、剔、擘、托、摘等，其中“擘”是指大指向外拨弦，“托”是指无名指向内拨弦，“摘”是指食指向外拨弦。左手的技巧更为复杂，除基本的抹、挑、勾、剔之外，还包括通过按压琴弦到琴板上来改变音高，以及通过细微的位置变动来产生不同的音色。例如，“吟”是指在琴弦上轻轻滑动手指，产生类似细雨的声音，“猱”则是模仿猿猴的啼叫声，是一种特殊的演奏技巧。

古琴的音色虽因形制不同而有所差异，但总体上保持了一致性。古琴的音色分为泛音、散音和按音三种。泛音的声音空灵，仿佛天上飘来的仙音；散音更为实在和浑厚，象征着大地的稳重；按音灵活多变，体现着人的灵活性和情感表达，仿佛有人在讲述故事。这三种音色共同构成了古琴音乐的丰富性和表现力。古琴与古筝虽然在音色上可能给未接触过的人一种相似的感觉，但实际上它们之间有着显著的差异。古筝的音色通常更为华丽，而古琴则带有一种古朴的气质。

古琴的外形有其特殊的象征意义。古琴的长度为三尺六寸五，象征一年365天，琴身上有13个徽位，代表一年的12个月加上一个闰月，其中最大的徽位代表闰月。古琴的背面有两个共鸣槽，较大的称为“龙池”，较小的称为“凤沼”，它们代表了黄河流域的龙文化和长江流域的凤文化，是中国龙凤文化的象征。从外形上看，古筝的琴弦下方有所谓的“雁足”，也就是琴码，俗称“琴马”，它们支撑着琴弦，而古琴则没有这样的结构，这是两者明显的区别。此外，古筝的琴身在水平方向上呈现轻微的抛物线形，而古琴则相对平直。在琴弦的数量上，古琴最初是五根弦，现在常见的是七根弦，而古筝的琴弦数量则远多于此，通常有21~25根弦。

在古代文献中，如《诗经》中提到的“琴瑟和鸣”，很多人对古琴和瑟的音色可能比较陌生。瑟的演奏现在较为少见，但感兴趣的朋友可以在故宫或孔庙的表演中见到。瑟的宽度甚至超过了古筝，因为它拥有50根弦，琴弦数量众多，面板上设有双层琴码，而古筝则只有一排。此外，古琴的设计和制作也与中国传统的五行思想紧密相关。最初的五根弦分别代表金、木、水、火、土，反映了古人对世界万物由五行构成的认知。

在古代，有一则关于周文王的故事。周文王姬昌曾被纣王囚禁，他的大儿子伯邑考为了救父，前往商朝的都城。不幸的是，伯邑考被妲己陷害，惨遭杀害，其肉被制成肉汤。妲己这样做是为了测试姬昌是否为传闻中的圣人，因为据说圣人不会食用自己子女的肉。姬昌明知真相，但为了不暴露自己，强忍悲痛吃了三口，后来吐出了三只小白兔。纣王因此相信姬昌并非圣人，便释放了他。姬昌在得知儿子的死讯后，内心极度悲痛，但他不能表现出来。于是，他在古琴上增加了一根弦，这根弦被称为“文弦”，象征着忧思。后来，当周武王准备讨伐纣王时，姬昌认为仅有忧思是不够的，还需要表现出雄壮和杀伐之气，于是又增加了一根弦，这根弦被称为“武弦”。因此，古琴的琴弦由最初的金、木、水、火、土五根弦，加上文、武二弦，共七根弦。虽然古琴外形简单，但是它几乎把中国文化的精髓都包含在了其中。

三、古琴的非遗传承与保护

中国是入选联合国非遗代表作名录项目最多的国家之一，但在非遗研究和理论方面并非处于世界领先水平，国际上普遍认为日本和韩国在非遗研究方面更为先进。在非遗保护方面，中国面临着文化传承和保护的挑战，非遗文化不仅需要宣传，还需要培养专家和传承人。非遗保护既要关注文字公约，还要注重社区参与和伦理原则，以及非遗与可持续发展的关系。

古琴艺术作为一项非遗，于 2003 年被联合国教科文组织列入人类口头和非遗代表作名录，这标志着其在全球范围内的重要地位。2006 年，中国启动了国家级非遗代表性项目名录的工作，由中国艺术研究院负责申报。在甘肃省，与古琴相关的非遗项目有两个，均在 2017 年被列入第四批甘肃省非遗代表性项目名录。这些项目分别由甘肃颐真古琴研究院和白银市群众艺术馆申报，名为“甘肃古琴艺术”，属于传统音乐类别。此外，天水市秦州区文化馆也主持申报了“传统古琴制作技艺”，属于传统技艺类别。

古琴艺术的传承在现实中遇到了从业人员数量少、水平参差不齐的问题。许多从业人员对古琴的文化认知有所欠缺，导致在传承过程中出现了一些误解。古琴更受成年人的喜爱，因此在传承过程中需要专业学者的指导。相关专家在传承和培养人才方面发挥着至关重要的作用，只有通过专业的学习和实践，古琴艺术才能得到更好的发展和传承。

第二十三章　琵　琶[1]

在中国的艺术长河中，有一种古老的民族乐器，它不仅赢得了唐代杰出诗人白居易的诸多赞誉，还在甘肃敦煌的莫高窟和天水的麦积山石窟等世界文化遗产中留下了不可磨灭的印记。这种乐器就是深受人们喜爱的中国民族乐器——琵琶。

琵琶，融合了中国传统和西域传统的精华，经过千年的相互吸收和融合，发展成为具有中国特色的弹弦乐器。琵琶的表现力丰富，擅长表达人们内心复杂而深沉的情感。在流传和发展过程中，琵琶在民间广受欢迎。唐代有诗云："凉州七里十万家，胡人半解弹琵琶。"当时的凉州即现在的甘肃武威，诗句反映了当时甘肃武威琵琶艺术的盛行。琵琶不仅在宫廷受到帝王的宠爱，对佛教文化也产生了影响，并传播到了日本、朝鲜、越南等国家。

一、琵琶艺术的历史发展

琵琶的历史可以追溯到东汉时期，距今已有2000年之久。在这漫长的岁月里，琵琶经历了显著的演变。从形态上看，琵琶从早期各式各样的大小和形状，逐渐演化成现代的半梨形。演奏姿势也从横抱变成了竖抱。演奏技巧方面，从早期的拨弹发展到了现代的指弹，琴弦从丝弦进步到了金属弦。琵琶的音域也从最初的四个音位扩展到了现在的十六个音位，即二十四品，可达到三个八度的音域极限。琵琶演奏技法从简单弹拨发展到了现在的近百种复杂指法。

---

① 本章内容根据甘肃省音协琵琶专业艺术委员会会长张岚和青年琵琶演奏家李嘉阳访谈资料整理修改而成。

自汉唐时期起，琵琶艺术在演奏技巧、乐器制作、演奏方式的革新以及作品创作等方面均有显著成就，历代诗词和石窟艺术都记录了这些变化。白居易在《琵琶行》中对琵琶进行了高度的概括和卓越的艺术描绘，“大弦嘈嘈如急雨，小弦切切如私语。嘈嘈切切错杂弹，大珠小珠落玉盘”。敦煌和麦积山的石窟中，琵琶的形象随处可见，形态各异，展现了琵琶丰富的发展历程和文化交流。在敦煌壁画中，琵琶是出现次数最多的弹弦乐器，莫高窟中就有700余幅描绘琵琶的壁画。

在谈论琵琶时，人们往往会联想到中国的古琴。那么，这两种乐器在音色上有何不同呢？琵琶的音色通常更为明亮，正如白居易在诗中所描述的“大珠小珠落玉盘”，形象地描绘了琵琶音质的清脆和明亮。而古琴的声音则更为低沉、古朴，给人一种厚重的感觉。但琵琶演奏技巧中也会融入古琴的指法，比如“辍”与“柱”，使得琵琶在演奏时能够展现出古琴特有的韵味。如今，琵琶以其典雅的造型、明亮的音色、丰富的曲目和多样的流派，成为文化交融的重要载体。琵琶音乐的多样性和丰富性展现了中华器乐艺术的博大精深和美感。2008年6月7日，琵琶艺术被国务院批准列入第二批国家级非遗名录。

二、甘肃琵琶艺术的特色与贡献

甘肃琵琶艺术与中国其他地方的琵琶艺术同属一个大家庭，形制和演奏方法也保持一致。自新中国成立，尤其是改革开放以来，许多来自上海、沈阳、北京、西安等地的琵琶艺术家们会聚于此，为甘肃琵琶艺术的进步做出了巨大贡献。甘肃琵琶艺术的发展与全省文化艺术的繁荣同步，多年来，在专业教育、理论研究、乐器制作、音乐创作等方面，都紧密围绕敦煌、丝绸之路以及本土各民族音乐，融入了陇原地区的文化特色，传承了丰富的历史文化。

在探讨甘肃琵琶艺术时，有几个话题值得深入讨论。1979年，甘肃省歌舞团推出了一部民俗舞剧《丝路花雨》，该舞剧巧妙地将敦煌壁画中的静态图像转化为舞者优雅而生动的舞姿。特别是其中的“反弹琵琶”舞段，借鉴了敦煌壁画从初唐到五代的琵琶艺术形象，舞者背着琵琶舞动，展现了琵琶的古典之美。这一创新的表演形式令国内外观众耳目一新，琵琶的典雅形象深入人心。音乐方面，该舞剧采用了琵琶古曲，由著名琵琶演奏家贾佩赫老师主奏，使得音乐与舞蹈的结合更加完美。《丝路花雨》是敦煌舞的杰作和琵琶艺术史上的华章，对于推广琵琶艺术有着不可磨灭的贡献。1981 年，随着《丝路花雨》剧组出访，琵琶作为主奏乐器参与演出，该剧目走向了国际舞台，在朝鲜、意大利、法国、日本、泰国、苏联以及中国香港、澳门等地区演出，进一步扩大了琵琶艺术的影响力。甘肃琵琶艺术工作者们通过琵琶这一载体，弘扬了中华民族的传统文化，在国际舞台上给外国友人留下了深刻的印象。

在琵琶的改革与仿制方面，1986 年 10 月，在武汉举行的第二届全国发明展览会上，西北民族学院艺术系孙涛教授研发的雕漆脱胎琵琶荣获国家发明银牌奖，这是甘肃省在该领域获得的唯一一个奖项。雕漆脱胎琵琶由国产生漆、硅粉等材料制成，是一种新型民族弹拨乐器，它外形美观、音色甜美，不受气候变化影响，具有防水防潮、抗腐蚀的特点。这种琵琶制作技艺简化了制作流程，降低了成本，为我国民族乐器制作工艺的改进提供了新思路，对其他民族乐器如琴、筝、胡琴等的制作也具有重要的参考价值。1986 年 3 月 6 日，《光明日报》刊登了关于孙涛教授发明雕漆脱胎琵琶的专访。随后，《甘肃日报》也对此进行了报道。雕漆脱胎琵琶在参加全国文化科技成果展览会时，受到了音乐界和民乐界的广泛好评。西北民族学院艺术系孙涛教授在琵琶研制成功后，也参与了实际的演奏和录音工作，其音色、音质、音量及稳定性均能与高档琵琶相媲美。

甘肃省有两次敦煌琵琶仿制的重要尝试。1992 年，敦煌研究院与北京乐器厂合作，成功仿制了 54 件不同种类的乐器，其中最引人注目的是七种不同造型的琵琶。2018 年，甘肃省文化产业发展集团与敦煌研究院再次携手，将敦煌古乐器从壁画中带入现实，使它们成为公众可以近距离欣赏和体验的艺术品。2018 年的第二次仿制工作中，依据敦煌壁画中的乐器图形，制作了能够实际演奏的乐器，共涵盖了弹拨、拉弦、打击、吹奏四大类，总计 97 种。这次复原工作会聚了来自上海、扬州、苏州、北京、河南、河北等地的民族乐器制作大师，他们共同完成了这些形式多样、工艺复杂的乐器。特别是那些出自敦煌莫高窟第 112 窟的方头琵琶，它们在第三届敦煌文博会上大放异彩，引起了社会各界的广泛关注。2019 年 9 月 23 日，中央电视台的《探索·发现》栏目播出了关于敦煌乐器仿制的专题片，详细介绍了整个仿制过程，这是琵琶艺术领域的一个重要项目。

此外，敦煌古谱的研究也是一项重要工作。在众多敦煌遗书中，有一部分古代留下的乐谱，通常被称为敦煌古谱，具体来说就是古代的琵琶谱。这些乐谱虽然数量不多，但它们的历史价值极高，被认为是中国乃至全世界最早、最完整的乐谱之一。这些古谱反映了古代音乐的发展历程，也展示了乐谱的产生和记录方式，以及乐器的形成、发展和变化过程，对研究古代音乐及其记录方式具有极其重要的价值。敦煌古谱曾被称为“天书”，难以解读，但甘肃省歌舞团的习仲观先生花费 10 年时间，最终成功解读了全部乐谱。1992 年 9 月，敦煌文艺出版社和甘肃省音像出版社联合出版了习仲观的研究成果《敦煌古乐》。当时的中国音乐家协会主席为该书作序。1992 年 10 月 5 日，《新闻出版报》以头版头条报道了《敦煌古乐》的出版，宣布敦煌乐谱研究和破译的重大突破。数十年来，中外学者未能解读的敦煌学之谜，最终由中国甘肃的学者解开。《敦煌古乐》荣获了中共中央宣传部精神文明建设“五个一工程”奖和中华人民共和国广播电影电视部的特别奖，这是甘肃琵琶理论研究方面的重要成果。

目前，甘肃省内各级文艺团体都配备了专业的琵琶演奏员，业余文艺团队和学生乐团中也不乏琵琶演奏者的身影。多数设有艺术专业的高等院校均开设了琵琶课程。西北师范大学和西北民族大学在过去几十年内，培养了众多琵琶硕士研究生。甘肃省音乐家协会成立的琵琶专业委员会，近年来开展了一系列活动，使得琵琶艺术在专业音乐会、业余文艺会演以及各级学校的艺术展演中频繁亮相，呈现出一派繁荣的景象。甘肃琵琶艺术家们创作的作品、音像制品、专业书籍、教材、期刊论文、乐器改革等成果不断涌现，演奏人才层出不穷，艺术水平日益提高。在全国性的专业比赛和展演中，甘肃选手屡获佳绩，部分作品在国内外也赢得了良好的声誉。

三、甘肃琵琶艺术作品的创作与出版

甘肃的琵琶工作者以敦煌音乐为素材，创作了一系列作品，展示了甘肃琵琶艺术的丰富性和多样性。到目前为止，共有 7 首乐曲公开出版。例如，由甘肃省著名琵琶演奏家贾培浩老师于 1993 年创作的独奏曲《陇上歌》，发表在《琵琶曲集》第三卷中。另一首曲子《丝路花雨主题幻想曲》在 2003 年刊登于《中国琵琶名曲荟萃》，由上海音乐出版社出版，于 2004 年获得了中国音乐家协会琵琶研究会的二等奖。西北民族大学音乐学院的赵静教授创作了一首琵琶独奏曲，名为《山歌》，这首曲子融合了花儿风格和西部风情，展现了琵琶音乐的多样性。她的另一首作品《西部风情录》与《妙音反弹》《黄河放筏》《秦腔主题随想曲》一起被收录在《琵琶曲集》第三卷和第四卷中，由人民音乐出版社出版。《中国琵琶名曲荟萃》等刊物在当时代表了琵琶音乐出版的最高水平，反映了甘肃琵琶艺术家们高超的艺术水平和创作能力。除了曲集，还出版了一些琵琶音乐的光碟，例如贾培浩的《敦煌古韵新韵》，由甘肃音像出版社于 2014 年出版。冯笑河，一位甘肃省歌舞团的琵琶演奏家，他的《阳关遐想》琵琶协奏曲专辑于 2004 年由中国唱片出版社出版。蒙古族琵琶演奏家萨仁花的《雪域情韵》琵琶独奏专辑由民族音像出版社出版。赵震霄的《山歌秦腔主题随想曲》在兰州举办的第四届中国艺术节专场晚会上演出，反响强烈。西北师范大学康建东教授创作的《琵琶与明月》由中央音乐学院民族乐团协奏，并由中央人民广播电台录音，该作品也在甘肃省的音乐比赛中获得了大奖。西北师范大学青年作曲家孔庆丹的《梦回敦煌》琵琶与乐队作品是国家艺术基金年度艺术创作人才资助项目，该作品在甘肃省的学校和美育活动中演出，广受好评。

四、甘肃琵琶艺术的保护与推广

在甘肃文化艺术界，琵琶艺术具有重要的历史地位和价值，为敦煌艺术、丝绸之路文化以及甘肃民族民间音乐的传承与发展做出了重要贡献。在甘肃，与琵琶密切相关的一项重要活动是文县的琵琶弹唱。文县琵琶弹唱的形式源于唐代，其制作工艺独特，琴身采用泡桐木或松木制成，简单而古朴，音色清亮。文县的琵琶仅有三根弦和八个品位，演奏时横抱，弹唱的音乐结构紧凑，唱词内容丰富，包括爱情故事、地理风情、劳动生活等，展现了鲜明的地域特色。2017 年，文县琵琶弹唱被甘肃省政府列为省级非遗。

近年来，甘肃省音乐家协会琵琶专业委员会开展了一系列活动。2017 年 1 月 24 日，甘肃琵琶艺术微信公众平台成立，用于及时发布与琵琶相关的活动信息。每年与兰州大学艺术学院的田娣老师合作举办琵琶教学实践系列音乐会，与西北师范大学音乐学院共同承办中国民族器乐专场音乐会。此外，还多次邀请国内著名琵琶演奏家，在甘肃省内的部分高校进行公开课和讲座。同时，甘肃的琵琶教师被推荐参加全国中青年琵琶骨干培训班，组织甘肃琵琶同行参加在甘肃高校举办的音乐舞蹈文化与教育学术研讨会。积极参与了四届“敦煌杯”中国民族乐器民族舞蹈艺术周活动，并承办了全国音乐小金钟琵琶展演甘肃遴选活动。为庆祝中华人民共和国成立 70 周年，甘肃省琵琶专委会开展了琵琶艺术进校园活动，并举办了“琵琶起舞颂祖国”专场音乐会，这是甘肃琵琶史上首次举办此类专场音乐会。这些活动内容丰富、形式多样，培养了一批批琵琶艺术家，他们在国内外的专业院校、演出团体、基层文化单位和众多艺术活动中频繁亮相。

第二十四章　张家川皮活制作技艺[①]

张家川回族自治县位于甘肃省东南部，天水市东北部。张家川皮活制作技艺以牛皮、羊皮、狗皮、兔皮等为原材料，通过72道精细的工序加工成熟皮。这一复杂的制作流程被称为“泡皮子”或“熟皮子”。这些熟皮被用来制作各种皮制品，如皮鞋、手套、帽子、褥子、马甲、褂子、大衣和护膝等。

一、张家川皮活制作技艺概述

在张家川，从事皮活制作的工匠被尊称为“毛毛匠”或“匠人”。该项技艺的省级非遗项目传承人马木沙就是一位来自龙山镇马河村的匠人。张家川的皮活制作技艺在该地区分布广泛，不仅在西部，在东部的龙山镇、关门镇等地也有众多匠人从事这一行业。2017年10月，张家川的皮活制作技艺被省政府列为第四批甘肃省级非遗，这是对其文化价值的一种认可。

张家川皮活制作技艺的发展与生皮的发展紧密相连。鸦片战争后，美国、俄国、德国等将皮毛业务扩展到张家川，并在此建立了多家皮毛洋行。在这之前，当地的皮货商都是自己找渠道外销，对于张家川皮毛商人而言，洋行的设立降低了运输成本，促进了当地皮毛行业的发展。清同治年间，一些陕西回民被安置在张家川，他们也开始从事皮毛加工业。陕西回民善于经营，以商业补充农业，带动了张家川本地回民的手工制造业。

民国时期，大西北地区在张家川建立了皮毛市场，使其成为继天津之后北方重要的皮毛集散地。当时西北地区向东部运输皮毛主要通过两条路线，

① 本章内容根据张家川回族自治县文化馆杨玉凤和省级非遗项目传承人马木沙访谈资料整理修改而成。

一条是陆路，另一条是水路。陆路经过新疆，穿越甘肃省的河西走廊，接着经过兰州、天水、西安，最终到达包头和天津。水路运输线从兰州出发，沿着黄河顺流而下，最终到达天津。水陆运输线上，张家川是关键的转运点，对于皮毛集散地的形成和发展起到了重要作用。

在早期，运输主要依靠人力和驼队，他们负责将皮毛从一个地方运输到另一个地方。随着时间的推移，运输方式也发生了变化，1934 年陕甘公路的建成，使皮毛运输从脚户的马驼、肩挑转变为汽车运输。运输路线和方式的变化，不仅促进了张家川皮毛产业的发展，也对整个地区的经济和文化交流产生了深远的影响，极大地方便了外部商户，吸引了大量外地客商来到张家川，使皮毛行业发展尤为迅速。

抗日战争爆发后，尽管国内贸易环境恶化，但由于张家川距离战场较远，当地洋行一直持续运营至战争时期。然而，随后受到战争的波及，这些洋行最终撤离。外销中断后，内销开始增长，本地交易发展迅速。

抗日战争结束后，皮毛外销得以恢复，张家川的皮毛行业再次迎来了发展的机遇，内销市场也随之扩大。由于西北气候较为寒冷，皮毛的需求量很大，促进了本地皮毛产业的快速发展。随着生皮销路的打开，熟皮的市场也随之好转，两者相互促进，使得成本降低。当地建立了许多小型作坊和大型加工厂，皮毛加工的作坊数量也随之增多。这吸引了来自河北、天津、山东、河南以及甘肃本地的临夏、武威、平凉、庆阳等地的客商来到张家川做皮毛生意，带动了周边地区的发展。张家川的皮毛市场逐渐扩大，小商人和大商人都拥有了自己的商号。尽管生意不如前几年，但民国时期建立的一些商号至今仍在运营，那些大商号依然保持着一定的业务量。

1984 年，龙山镇南城壕皮毛市场建立以后，张家川的皮毛发展达到了鼎盛时期，皮毛加工业的发展也进入全盛时期，皮毛加工厂相继建立。1987 年 4 月，县城中心建立了阿阳皮毛厂，至今仍然在生产加工高端皮毛产品，如汽车坐垫、沙发坐垫和羊剪绒等。2000 年前后，当地仍有回族商人收购羊皮和牛皮，但现在这样的场景已不多见。目前，主要从张掖等大型皮毛集散地收购皮子，因为那里成本较低。收购的皮子被运到龙山镇的大型皮毛货站，再分发到各个加工厂进行加工。当地的加工厂包括小型作坊和大型工厂，工厂加工后的皮毛产品会被运往东部大城市进行更精细的加工。

张家川的皮毛生意经历了从传统的手工收集和加工，到现代化的工厂生产和销售的转变。一些传统的工艺和技能，如温度控制和皮料处理，仍然是手工操作完成的，这些初步加工技艺的传承对于保持皮毛产业的活力至关重要。这些工厂主要进行粗加工，加工完成后，产品会被温州等浙江地区的大厂收购进行更精细的加工。从内销到外销，从手工作坊到现代化工厂的发展，尽管技术更新方面还有待提高，但张家川整体的皮毛产业仍然保持着活力和发展潜力。

二、张家川皮活制作技艺的工艺流程

张家川的皮货生意多为小规模的加工，其中大约80%是来自宁夏的滩羊皮。滩羊皮因其特有的九道弯纹理而闻名，是众所周知的优质羊皮。此外，还有新疆的西门塔尔牛皮、狗皮和狐狸皮等。

加工过程从宁夏的中卫开始，银川、平罗、吴忠、灵武等地都有收购点。清洗皮料是制作皮货的第一步，涂抹皂角或者洗衣粉，以脚踩棍捶来清洁，把皮料彻底清洗干净。小米面，也就是谷子磨成的面粉，是用来处理皮料的传统材料。将小米面与适量的水混合，形成糊状，均匀地涂抹在皮料上，软化皮料。处理过程中将一两斤的小米面，加入约30℃的温水中，确保水温适中，过高或过低都将影响皮料的质量。将皮料放入缸内浸泡在这种糊状物中进行泡发，这个过程需要一周时间，并需要适时加热以促进泡发。泡发完成后，进行进一步的清洁和处理。即手工去除皮料上的肉和脂肪，这是一个细致且费力的过程。清理干净的皮料会被拉伸，使其均匀。这一步骤通常在特制的双扇门上进行，通过拉伸来改善皮料的质量。接下来，晒干皮料，使其柔软有弹性。晒干后的皮料可以用来制作各种衣物。

整个皮活制作技艺包括72道工序，每道工序都至关重要，且需要丰富的经验和精湛的技艺。尽管现代技术的发展为皮料加工提供了新的方法，但传统手工技艺仍然具有其独特的价值和魅力。其中，最关键的步骤是控制温度，这决定了皮料能否成功加工。如果温度过高，皮料可能会烧焦。掌握好温度是多年经验积累的结果，通常依靠手感而非科学仪器来控制。在加工过程中，将皮料放入容器进行蒸煮，通过加热使皮料变软。这个过程需要持续 7 天，其间要不断翻动皮料，确保受热均匀。之后经过 6 天的熟化，生皮转变为熟皮。在清洗皮料时，会使用小米面、洗衣粉以及硫黄进行消毒。这些步骤都是为了确保皮料的清洁度，去除杂质和细菌。清洗完毕后，皮料就可以用于制作衣物了。

张家川的皮活制作技艺对全国的皮货市场有着不小的影响。虽然只是初步加工，但实际上这一步骤非常关键，也是最具挑战性的。张家川没有先进的机器或科技，依靠的是纯手工技艺、长时间的实践和丰富的经验。制作好的皮货大部分会销售给浙江温州、海宁，河南开封，天津，内蒙古，北京，河北等地的客户。人们根据需要定制不同类型的皮衣，如大衣、单衣、马褂、女袄、背心、护膝和皮裤等。他们会根据毛的长短来分类加工，长毛适合做大衣，短毛则适合做单衣或马褂。

三、张家川皮活制作技艺的社会价值

张家川的皮活制作技艺程序复杂，经济价值也很高。每个小作坊每年加工上千件成品，一张羊皮的价格在 100~150 元，一件皮大衣的价格在 300 元上下。如果加工成纯皮，价格可能在 500~1000 元。对于当地居民来说，经济价值是可观的。纯手工制作的皮子成本相对较高。但如果在商场里买成品，价格就要翻倍。可见，加工技艺的局限性在一定程度上影响了利润。

龙山镇马河村有 800 多户人家，几乎家家户户从事皮活制作。尽管近年来生意有所下滑，但仍有七八十人坚持这一行业。马木沙本人已经从事这一行业多年，在他的经营下，他的孩子们都考上了大学并参加了工作。他所承接的业务主要是为四川成都的客户加工皮衣。成都的人民商场每年都会向他们采购，通常采用货到付款的方式进行交易。他们会按照订单量来安排生产，这样的生意模式已经持续了多年。除了务农，通过加工几千张皮料，他们的年收入可以达到 10 万~20 万元。

皮活加工业务为当地百姓带来了额外的经济收益，也成为他们生活中重要的一部分。通过这样的方式，传统的手工艺与现代市场需求结合起来。可见，皮活制作技艺不仅是张家川地区的一项传统手工艺，也是当地居民致富和奔小康的重要途径。当地村民们通过这一技艺，不仅传承了文化，也改善了生活，改善了家庭和社区面貌。尽管面临新冠疫情等挑战，但他们依然坚守这一行业，每年都会前往北京等地进行销售，延续着这一传统手工艺的生命力。从文化价值上讲，张家川的皮活制作技艺体现了张家川人民，特别是回族人民吃苦耐劳的精神。这门手艺是全家老小都能参与的活动。妇女老幼可以在家里制作，男人出去销售。

张家川因其皮毛市场而闻名，尤其是龙山镇的市场规模之大，使得张家川成为一个标志性的地方。它与河北辛集、新疆、内蒙古以及天津等地的皮毛市场一样，都是行业内的重要集散地。皮活制作技艺在当地也是一个比较有名的文化名片，对张家川的地方宣传是非常重要的。

四、张家川皮活制作技艺的保护与传承

如今马木沙已是高龄，他的家族世代从事皮货生意，他从小就接触了这门手艺。从 1951 年开始，他这一生都在从事皮活制作，至今还在继续这项工作，粗略计算，他已经制作了成千上万张皮子。马老师也在积极培养下一代，将技艺传授给他的长子及其他村民。他的长子也继承了这项事业。马老师不仅教授技艺，还帮助他们开拓销路，确保这门技艺能够继续传承下去。通过努力，张家川的皮活制作技艺得以保留并发扬光大，成为当地文化的重要组成部分。

张家川回族自治县文化馆的杨玉凤分享了文化馆为保护和传承皮活制作技艺所做的努力。自 2017 年张家川皮活制作技艺被列为省级非遗以来，文化馆作为保护单位，开展了一系列工作。每年夏天，文化馆都会在马木沙所在的村庄举办培训班，由马老师等经验丰富的工匠授课，教授年轻人如何加工皮料，包括水温控制、皮料处理、缝制和裁剪等环节。培训班旨在培养新一代的传承人，确保这门技艺不会失传。除了培训，文化馆还利用文化和自然遗产日等活动，组织销售和展示展演，提高公众对皮活制作技艺的认识和兴

趣。在张家川镇和龙山镇的集市上，文化馆举办展销会，通过现场拍卖和宣传推广皮活制作技艺。这些活动促进了销售，也激发了工匠和消费者的积极性。文化馆还收购了一些珍贵的皮活制品，如宁夏的滩羊皮等，作为文化馆的展品，供人们参观学习。每年，文化馆还会邀请学生和专家参观交流，提高年青一代对这一传统技艺的认识和兴趣。

第二十五章　凉州贤孝[1]

凉州，即今天的武威地区，贤孝也被称作“凉州劝善书”，是一种以三弦弹唱为主要表现形式的艺术，旨在劝化人们行孝行善。凉州贤孝的表演者主要是视力受损的艺人，他们手持三弦，自弹自唱，因此也被称作“瞎弦”。这种艺术形式在民间广为流传，以其独特的表演方式和丰富的内容成为河西走廊流传千年的民间艺术。

一、贤孝的艺术特色

凉州贤孝的故事内容多取材于古今英雄贤士、烈女孝子等，通过讲述这些故事来惩恶扬善，传播孝道。凉州贤孝的开篇词“天有道，出的是甘霖细雨。地有道，尽出的五谷耕苗。朝有道，出的是忠臣良将，家有道，出的是孝子贤孙”，强调孝道和贤德，体现了中国传统文化中天人合一的哲学思想。这种艺术形式在2006年被列为国家级非遗。

凉州贤孝的源头可以追溯到明代，据历史学家张澍的《凉州府志备考》记载，早在1446年，凉州就已经有盲艺人演唱贤孝。这种艺术形式的形成与敦煌变文密切相关，变文在宋代被禁后，和尚们在市集讲唱通俗佛经，这些讲唱内容逐渐演变成宝卷，所以宝卷又被称为真经。凉州贤孝则在此基础上发展而来。学术界普遍认为，河西宝卷产生于宋元时期，而凉州贤孝产生于元末明初，由此推算，凉州贤孝在河西地区已经流传了600多年，这显示了其悠久的历史和深厚的文化底蕴。尽管历经时代变迁，凉州贤孝依然得以传承，这在很大程度上得益于盲艺人们的不懈努力和坚持。

---

① 本章内容根据河西学院音乐学院党总支书记王文仁访谈资料整理修改而成。

凉州贤孝还深受画本小说和戏曲等文化艺术形式的影响。它的内容融合了儒释道三教的交流与发展，形成了鲜明的中国传统文化特色。在凉州贤孝中，我们可以发现大量关于非宗教的历史人物、民间神话传说和戏曲故事等，这些都是中国文化根脉的重要组成部分。此外，人们普遍认为凉州贤孝讲述的是二十四孝的故事，这些故事主要强调孝道的重要性。我们在探讨凉州贤孝时，实际上是在挖掘中国传统文化的精髓，这些内容涵盖面极其广泛且值得我们深入研究。

宝卷与凉州贤孝有紧密联系，又各有特点。宝卷的结构特点是说唱相间，即说与唱相结合，这与凉州贤孝的表演形式相似。河西宝卷流传至今有上百种，涵盖了神话传说、历史人物等内容，旨在惩恶扬善和传播仁爱。每年在农闲或春节前后，都会有不同规模的说唱演出，这显示了宝卷在当地文化中的重要地位。我们可以把敦煌变文比作“母亲”，把河西宝卷比作“哥哥”，把凉州贤孝比作“妹妹”。凉州贤孝在河西走廊已经流传了千百年，至今仍然在传唱。所以说它是河西历史文化长河中最具原生态、最有生命力，保存最完整、影响最深厚的民间艺术形式之一。其中隐含着很多悲天悯人的人文情怀，是一种典型的人民艺术。

在田野调查中，我们了解到了凉州贤孝的盲艺人王月老人对宝卷的看法。他认为宝卷是宝卷贤书中的故事，由“明眼人”念给盲艺人听，盲艺人通过反复听记，然后用贤孝调唱出来。王月老人的经历表明，凉州贤孝的传承往往是通过口头传唱的方式，由师傅一句句地教给徒弟。凉州贤孝的表演者多为盲艺人，这是这种艺术形式的一个显著特点。过去，凉州贤孝是盲艺人谋生的一种手段，但随着社会的发展，城市规划不断完善、市容管理日益加强，盲艺人们不能在文化广场等繁华地带演唱，这在一定程度上削弱了他们的谋生能力。冯兰芳，一位杰出的凉州贤孝艺人，她的家族中有多位盲人，包括她的两个哥哥和她的儿子许长辉。冯兰芳的儿子许长辉也继承了这一艺术，成为凉州贤孝的传承人之一。现在，凉州贤孝在冯兰芳家族中得到了很好的传承。目前，像冯老师这样的艺术家，由于不能在文化广场等地带演出，已经转向在家中通过互联网平台如快手进行直播，以此来传播凉州贤孝，并获取一些收入。

二、凉州贤孝的传承

盲艺人在传统文化技艺和传统音乐技能的传承上，遵循着师傅向徒弟直接传授的方式。这种直接传承的特点使技艺得以原汁原味地传递。凉州贤孝的表演通常由盲艺人手持三弦、二胡或四胡进行，其中永昌地区倾向于使用四胡。凉州贤孝的表演形式以自弹自唱为主，艺人通过手中的乐器，边弹边唱边说，这种表演形式非常接地气，深受人们喜爱，形成了一种独特的曲艺艺术。

在河西走廊的历史上，社会经济发展相对滞后，特别是在改革开放以前，凉州及河西地区的经济条件并不发达，物质生活极度匮乏。在这样的背景下，凉州贤孝的盲艺人们使用的三弦、二胡、四胡等乐器，大多数是在家人的帮助下自制的。这些艺人通过自制乐器，走街串巷去卖唱或者表演，以此来谋生。实际上，自制乐器的过程也是一种艺术创作。这些艺人通过自己的智慧和努力，克服了物质条件的限制，传承和发展了凉州贤孝这一传统艺术形式。

凉州贤孝的省级传承人，盲艺人王月的故事和技艺传授方式颇具代表性。王月的师傅甘正也是一位盲艺人，生于清光绪二十六年（1900 年），是凉州贤孝传承谱系中的一员。王月生于 1936 年，1957 年拜甘正为师，学习凉州贤孝。由于家境贫寒，买不起三弦，甘正师傅便与王月一起用土块和麻纸自制三弦。制作三弦的过程是先将土块削成三弦音箱的形状，用麻布擦去表面的沙子，制作出音箱的雏形。然后将麻纸泡水搅拌成纸浆，涂抹在土坯上，直到不再吸水，形成音箱的外壳。在纸浆干透后，两端留出一大一小的圆孔，用于安装弦轴和琴弦。接着，再用松木棍削成三弦琴杆的形状，钻出三个小孔用于上弦。最后，将三弦的各个部件组装起来，上好琴弦，一把自制的三弦就制作完成了。这种自制乐器的方法成本极低，体现了民间艺人的智慧和创造力。尽管现在的生活条件有所改善，但这些艺人依然保持着对传统艺术的热爱和对技艺的精益求精，使凉州贤孝得以在现代社会继续传承。

元明时期，盲艺人们就开始了他们的艺术传承，一代代地将凉州贤孝传唱至今，历经数百年甚至上千年。对于最早的盲艺人如何学会这些技艺，有一种观点认为，最初是由视力正常的“明眼人”传授给他们的。后期凉州贤孝的传承主要在盲艺人之间进行，这个过程极其艰难。艺人在学习技艺时，拜师是一个重要的环节，通常要签订一份师徒契约，也就是一种师徒之间的合同。例如，王月在拜师学艺时，他的师徒契约是这样规定的：王月拜甘正为师，学习期限为一年，其间每月需向师傅甘正支付四元钱以及四十斤面粉作为学费。作为回报，当王月学成出师时，师傅会赠送他一对碰铃作为礼物。这对碰铃是三弦演奏时使用的配件，也是艺人表演时的重要工具。

学艺的过程通常是在师傅家中进行，或者在条件允许的情况下，师傅会被请到徒弟家中进行一对一的教学，类似于现代的私人辅导。对于初学贤孝的艺人来说，掌握三弦的演奏技巧是第一步，而这通常是一个充满挑战性的过程。师傅教授徒弟三弦的过程是非常亲密的。师傅会将徒弟抱在怀里，手把手地教他们如何弹奏三弦。王月在学习三弦时，他的师傅甘正首先教他三弦的把位和对应的音高，使用特定的符号来代表不同的音符，这些符号与简谱中的音符相对应。接着，师傅会教授他如何根据这些音符来演奏特定的曲调，这个过程需要徒弟通过反复练习来记住每个音符的位置和对应的把位。

在学习过程中，师傅会使用一种叫作“工尺谱”的记谱方法，这是一种传统的记谱方式，通过特定的唱腔来记忆和演奏音乐。王月的师傅教他如何将这些音符和唱腔结合起来，通过反复练习，直到他能够熟练地演奏和记忆这些曲调。随着技艺的不断熟练，徒弟最终能够根据听到的音高找到三弦上相应的位置并进行演奏。这个过程不仅考验了徒弟的记忆力，也考验了他们的音乐感知能力和技巧。盲人艺术家通常具有非常强的记忆力，师傅教授的内容通常能够通过几次重复就记住，这一点在他们的学习过程中尤为重要。

接下来，师傅开始教授他们唱段，这标志着他们开始学习如何通过唱故事来表达内容。以王月学习三弦为例，他首先学会的是《萧姑贤》，这是关于贤惠小姑子的故事。王月通过三弦弹奏八步工尺谱，逐步掌握了基本的演奏技巧。甘师傅每天都会要求他背诵前一天教的唱段。王月会在早晨起床后，到师傅的床前小声询问师傅是否醒来，以准备开始一天的学习。如果师傅已经醒来，他会询问王月是否已经背会了前一天的唱段。如果王月背会了，师傅就会让他重复背诵，并继续教授新的唱段。如果王月没有背会，师傅会非常严厉地惩罚他，体现了严师出高徒的教学理念。

凉州贤孝的传承是一个充满挑战和艰辛的过程。师傅的耐心和徒弟的勤奋练习是学习过程中不可或缺的部分。盲人眼虽盲，但心灵和思维敏捷。对于艺人们而言，他们从制作乐器开始，到学会贤孝的表演，都是在艰苦的环境中度过的。凉州贤孝的艺人们有一首顺口溜，描述了他们的生活状态：“走了东头走西头，走了南头走北头，东西南北都不收贤，三弦饿成个空壳了。”这反映了他们背着三弦四处奔波，通过表演换取食物的艰难生活。盲艺人们学习艺术的过程充满了艰辛，但他们凭借坚韧不拔的意志和吃苦耐劳的精神，成功地掌握了凉州贤孝的表演技艺。他们的成功故事告诉我们，无论面对多大的困难，只要有坚定的决心和毅力，就有可能实现目标。每一位在凉州贤孝领域取得成就的盲艺人，都展现了坚强的意志力和不屈不挠的精神。

三、凉州贤孝的文化魅力与社会价值

凉州贤孝，这种艺术表演形式，不仅能带给观众强烈的震撼力，也具有一种独特的吸引力。在武威的街头，尤其是在凉州，我们经常可以看到盲艺人们弹奏着三弦，唱着古老的曲调，这就是凉州贤孝的表演现场。凉州贤孝是一种结合了说唱和音乐的艺术形式，艺人们自弹自唱，在表演时，他们手中的三弦既是乐器也是表达故事的工具，这样的表演形式构成了凉州贤孝的一大特色。凉州贤孝的音乐不仅仅是唱，它还包含了说唱的元素，艺人们在弹唱时会加入自己的语言，使得表演更加生动。这种边说边唱的形式使得凉州贤孝的表演既有音乐性也有叙事性。艺人们通过这种方式来讲述故事，传递情感。

明人聂谦的《凉州风俗录》中翔实记载：“州城俗重娱乐，虽无戏而有歌曲，古称‘胡人半解弹琵琶’者今犹未衰，而此时最盛行无如‘瞎弦’……其音苍凉粗猛，殆为塞上古音，听之令人凄然。”聂谦描述了凉州地区的娱乐活动，提到了“瞎弦”自弹自唱，且曲调丰富，表达了各种情感。这些表演者使用的乐器已不再是琵琶，而是三弦、胡琴、唢呐等，其音乐风格苍凉而粗犷，给人一种边塞古音悲凉的情感和粗犷的感觉。这种音乐风格原本源自胡乐，通过艺人们的悲调说唱来表达故事内容，使得音乐与叙述紧密结合，形成了凉州贤孝独特的艺术魅力。

凉州贤孝的表演者们通常以行艺卖唱的方式来谋生。这实际上是一种类似乞讨的方式，但与一般乞讨不同，他们凭借艺术表演获得他人的赠予。艺人们在表演时，会弹奏三弦并唱出悠扬的曲调，以此吸引听众的注意和同情。当他们表演完毕，听众往往会因为欣赏他们的艺术和辛勤表演而给予一些食物或衣物。这种表演不仅是艺术的展示，也是他们生存的一种手段。这种情况在历史上一直存在。例如，贤孝艺人王月曾描述，他们过去在农村挨家挨户地敲门演唱，在各个家户说一些祈福的吉言，以换取米、面、馍馍或其他食物，他们称此为“敲庄子”。在一村一户敲庄子的过程中，经常风餐露宿，忍饥挨饿。盲艺人们常说：“瞎子难，瞎子处处有难关。”

这种通过表演换取生活物资的方式，不仅是他们生活的来源，也把凉州贤孝的种子撒播在了河西大地。在城市中，艺人们会在商铺间游走，通过表演来获得一些零钱。虽然每个商铺可能只能得到很少的钱财，但累积起来，一天的收入也能解决一些生活问题。在那个时代，即使是几分钱也是宝贵的，能够用来购买基本的生活必需品。这种传统的表演和生活方式，虽然在现代社会中已经逐渐减少，但仍然是凉州贤孝不可或缺的一部分，也是非遗的重要组成部分。

四、凉州贤孝的传承现状与挑战

在当代，当我们漫步在武威的街头，仍然有机会遇见那些以表演艺术为生的盲艺人们。与过去相比，他们现在表演凉州贤孝不再仅仅是为了换取基本的生活物资。如今的表演更多的是为了在传承这一传统艺术的同时，增加一些额外的收入，因为国家提供了最低生活保障，他们的基本生活需求得到了满足。

在2010年以前，有近百名盲艺人在街头巷尾表演凉州贤孝，而2010年以后，这一数字减少到了大约10人。贤孝艺人大多年事已高，多数住进了敬老院，有的和家人一起生活，在家安度晚年。著名的凉州贤孝盲艺人张天茂于 2015 年去世，目前仍在传承这一艺术的盲艺人包括王月、冯兰芳、徐常辉等。冯兰芳是国家级传承人，她的儿子许昌辉和徒弟刘宇也是盲艺人，他们经常一起在公共场合进行表演。随着时代的变迁，凉州贤孝的表演场所也发生了变化。

过去，武威文化广场是盲艺人们表演的热门地点，但现在它已经变成了繁华的商业区。尽管仍有一些地方如武威的核桃园可以表演，但由于人气不足，艺人们难以通过表演获得收入。因此，一些盲艺人如徐常辉、王雷中、冯杰元、王菊新等开始尝试线上表演。董永虎是另一位在凉州贤孝领域活跃的盲艺人，作为当代唯一活跃在凉州及周边地区表演场所、参与各类文艺活动以及有组织的线上表演的凉州贤孝艺术家，他自 20 世纪后期起便师从著名的凉州贤孝艺人王月，学习并传承这一艺术形式。他不仅在各种文艺活动中表演，也参与有组织的线上表演，成为这一艺术形式的重要传承人。他的故事和表演，不仅为凉州贤孝的传承做出了贡献，也为其他艺人树立了榜样。如今，他已成为凉州贤孝艺术的重要传承人之一。董永虎不仅自己致力于凉州贤孝的表演和传承，还带领新一代的徒弟，使他们也能够在凉州贤孝的舞台上一展才华。

凉州贤孝的传承现状反映了它在物质基础薄弱、经济发展滞后、社会保障体系不完善的时代背景下，曾是盲艺人们谋生的手段。但随着时代的发展，人们的生活方式发生了变化，国家的社会保障体系也日益完善，使得这些艺人不再需要通过卖唱来维持生计。在新时代，许多凉州贤孝艺人能够获得社会的救助和生活保障。尽管如此，凉州贤孝作为一种独特的曲艺艺术，仍然需要得到社会的更多关注。

扫码试听凉州贤孝

第二十六章　两当号子[①]

两当号子，作为中国民歌宝库中的一颗璀璨明珠，被誉为“陇南乐府”，主要流行于嘉陵江以南深山林区的站儿巷、云屏、泰山、广金等乡镇。两当号子的曲调优美、高亢，音域宽广，节奏明快，展现出粗犷而又细腻的音乐特色。属于甘肃省两当县非遗之一。

一、两当号子的分布与历史起源

两当号子的分布区域广泛，不仅在两当县境内广为流传，在陇南市民众中也有着广泛的影响。两当县的南部地区位于秦岭南麓，这里的山谷深邃，水流湍急，森林茂密，地形复杂，交通极为不便。在这样的自然环境中，两当号子，尤其是花号子，得到了丰富的传承和发展。花号子主要流传于云屏镇、广金工作站、站儿巷镇以及泰山乡等偏远山区。这些地区的居民无论男女老少都擅长歌唱，他们喜欢唱山歌、哼小调、喊号子。与花号子相比，排号子的分布范围更为广泛，它不仅在两当县境内广为流传，也在周边的林区、市区、市县等地有所分布。尽管各地的表演形式和唱词可能存在差异，但排号子的基本旋律和风格大体相同。

两当号子作为一种传统音乐形式，其根源可以追溯到古代的民间音乐和口头文学。根据历史资料，自明清时代起，在两当县东南部广金乡附近的广阔山林中，外地商人便建立了众多炼铁和采矿的工厂。清朝乾隆末期湖南、贵州的苗民起义，嘉庆元年湖北的白莲教起义，以及后来的太平天国三次大

---

① 本章内容根据甘肃省音乐家协会名誉主席、甘肃省民族音乐研究中心主任孔庆浩以及两当号子传承人马荣、袁小琴访谈资料整理修改而成。

规模农民军起义失败之后，为了逃避清军的追捕，大规模的移民潮和数万名士兵陆续进入了陕甘川交界的荒野山林中。他们伐木建棚，挖掘土坑，架设吊罐做饭，围绕火塘取暖，大多数人从事农耕、狩猎、挖煤和炼铁等生计，形成了“棚民”文化。这里的“棚民”指居住在两当县南部深山林区及秦岭南麓、嘉陵江上游一带的农民。这些人的祖先大多是从他处迁移而来的客家人。在长期的生活和劳作中，他们创造了丰富多彩、充满趣味的特色文化，成为两当独有的地域文化品牌，也是影响陇南历史的重要文化之一。

“棚民”文化具有几个鲜明的特点：独特的湖广语言、高亢粗犷的号子、风格奇异的服饰、淳朴自然的风俗民情、欢快的农作场面、奇妙有趣的婚嫁习俗以及独具特色的建筑风格。两当号子便是“棚民”文化的重要组成部分，随着时间的推移，两当号子具备了独特的艺术特色，并在民间得到了广泛的传播和传承，反映了当地人民的生活习俗和情感表达，是研究当地历史文化的重要窗口。

二、两当号子的演唱形式和文化价值

两当号子的演唱形式多样，根据演唱内容和形式的不同，主要分为花号子和排号子两大类。花号子是一种没有固定唱词的表演形式，调式基于五声音阶，演唱时仅包含吆喝和“咦、哟、哎、咳、啊、嗬、呀”等虚词，整首歌没有一个实际的歌词，完全依靠歌唱者用吆喝完成固定的曲调，通过不同的曲调来表达丰富的情感和传递信息。例如，《万年花》号子通过其曲调传达人们离开家乡，踏上漫漫长路的惆怅和无奈以及对安定幸福生活的向往。花号子可分为唢呐号子和鸡公号子。唢呐号子就是歌手用声音模仿唢呐吹奏的音调而演唱的号子，比如《大唢呐号子》《画眉鸟儿跳架上》等曲目。鸡公号子则以模仿鸡鸣来召集人们进行集体活动，经典曲目有《大鸡公号子》《生鸡公号子》等，演唱形式欢快，歌词诙谐幽默富有哲理。演唱时，男女对唱，将生活中的喜怒哀乐、调侃、逗趣融入其中，营造出活跃的气氛。

花号子的独特性在于其调式并不遵循严格稳定的正调节奏，这恰恰展现了它古老和原始的特性，它是未经雕琢的原生态音乐。在演唱时，多名歌手会轮流接唱，一声未落，另一声即接上，这种演唱方式被称为“接气”。这种方式使得演唱过程中没有任何停顿，形成了一种连贯流畅的效果。其真、假声转换平顺，曲调优美高亢，音域宽广，具有很强的穿透力，在绵亘的秦岭山脉中回荡。1957 年，甘肃代表队带着花儿、羊皮鼓舞、两当号子等曲目到北京参加全国第二届民间音乐舞蹈会演。最后在怀仁堂为毛主席、朱德、宋庆龄等中央领导演唱，得到了中央领导的亲切接见。《万年花》就是其中的表演曲目之一，两当号子随即崛起，这是一段难忘的历史。

排号子是两当号子的另一种形式，它包含唱词和较为固定的曲牌，唱词通常由七个字组成，在结构上讲究对仗，节奏明快，曲调优美，允许即兴变化。排号子多为劳动号子或山歌号子，是人们在生产实践活动中创造的。排号子中最具有代表性的有《打锣鼓草》《箱夫子号子》《滑竿号子》等。演奏时，一般会有一名到两名歌手身背锣鼓边敲边唱，其他人则统一步调从事各种劳动，这使人们忘记劳作疲劳，提高了生产效率。

两当号子属于典型的“棚民”文化，承载了“棚民”的历史，反映了他们的生活方式和道德习俗。两当号子弥补了“棚民”研究中史料的不足，且具有极高的艺术审美价值和研究价值。此外，两当县的旅游资源丰富，传统音乐结合旅游开发，对实施乡村振兴战略和巩固拓展脱贫攻坚成果，推动当地生态特色旅游，促进农民增收起到了积极的作用。

两当号子是多民族文化融合的产物，增强了区域各民族之间的凝聚力。对两当号子的学习和研究有助于人们加深对地方音乐的理解，促进音乐文化的发展，特别是音乐生态文化的发展，这也对两当号子的传承起到了非常重要的作用。

三、两当号子的传承与发展

两当号子的传承主要依靠师徒间的口口相传，这种传统的学习方式确保了两当号子代代相传。在农闲或节日期间，老一辈会向年轻人传授号子的演唱技巧，这种传承方式被称为“丢学”。年轻人学到了，就是“捡到了”。老一辈艺术家和民间艺人对两当号子怀有极大的热情。20 世纪 80 年代以前，云屏、广金等地非常盛行号子。不可否认的是，随着社会的发展、人们生产生活方式的变化以及信息化的冲击，学习唱号子的人越来越少。年青一代对这种艺术的兴趣减少，加之老艺人们相继离世，两当号子一度濒临失传。这不仅是两当号子，也是许多传统音乐普遍面临的问题。

为了保护和传承两当号子，当地政府已经采取了一系列有效措施。两当县文化馆制订了 5 年的传承保护计划，包括强制性记录保护、采集数据、编印教材、集中培训、以演带训、年度调研、县内展演、班社代培创作排演、对外交流等多种形式，以确保两当号子得以传承。

通过大力地宣传和保护，两当号子的传承状况有所改善。2008 年，在政府和保护单位的共同努力下，两当号子被列为省级非遗项目。2015 年，两当县成立了两当号子艺术社，目前已有 52 名社员，其中 22 名为独立演唱歌手。他们在省、市、县的演出已超过 200 场。2016 年，云屏镇建立了两当号子传承所，致力于培养新一代的传承人。此外，云屏小学和湘泉中学被甘肃省民族音乐研究中心认定为传统音乐实践基地，这标志着传统音乐教育在校园中得到了进一步的推广。2019 年，云屏小学正式成为两当号子传承教学基地，由兰州城市学院挂牌。每周都有当地传承人教授两当号子，传承人教授的学生超过 100 人。自 2019 年 5 月起，线上文化馆组织两当号子艺术社在云屏三峡景区开展每周两次的展示推广及演出活动。此外，当地还不定期举办两当号子培训班，通过这些措施，两当号子传承人数量逐年增加，两当号子及其周边市县的爱好者也在逐年增加。传承人通过收徒的方式，进一步确保了这门艺术的传承。这些活动对提升两当号子的影响力起到了重要作用。

扫码试听两当号子

第二十七章　通渭彩绘①

中国古建筑的色彩主要通过彩绘来展现。古建筑外露出的所有木结构部分通常都会被彩绘覆盖。“雕梁画栋”和“金碧辉煌”等词汇，都是对中国古代建筑彩绘艺术的生动描述。除了大家耳熟能详的山西彩绘，从四川传入的通渭彩绘也是具有地域特色的彩绘艺术之一。

一、通渭彩绘的历史渊源

从春秋到明清，中国的建筑彩绘艺术经历了从单一到多元的发展过程。这些变化源于人们对美的追求和对传统技艺的不断革新。

春秋时期，彩绘艺术已经出现并逐渐发展。古代文献中的“山节藻悦”等词汇都表明了当时斗拱等建筑构件上已经绘制了山状纹样和水藻纹样。这些纹样还被赋予了防火的象征意义，尽管它们并不能真正防火，但体现了古人对防火的重视和祈愿。自西汉时期起，中国的建筑装饰艺术开始广泛采用各种花纹题材，这些装饰手法从柱子和门窗扩展到墙壁、天花板等建筑构件。在西安的西汉建筑遗址中，我们可以发现当时使用朱红色和紫色粉刷边框的痕迹。在辽阳的汉墓壁画中，我们也能看到建筑结构上的色彩运用。这些遗迹为我们提供了宝贵的历史证据，让我们窥见古代建筑的风貌。

南朝时期，随着佛教的传入和发展，佛教艺术对建筑装饰产生了深远的影响。莲花纹、火焰纹、飞天和卷草等佛教元素被融入彩绘中。这些纹样至今仍被使用，如西番莲纹样，它起源于佛教艺术，草纹则源自佛教中的忍冬

① 本章内容根据西北民族大学美术学院王晓珍教授和市级非遗代表性传承人连民胜访谈资料整理修改而成。

草纹样。

隋唐时期，彩绘技艺日臻成熟，人们开始偏爱鲜艳华丽的装饰风格。敦煌的唐代石窟，如第 57 窟、第 158 窟、第 360 窟等，都保留了大量的以红色为主调的彩色花纹，这些色彩至今仍然鲜亮夺目。这一时期的彩绘不仅注重色彩的华丽，在构图上也出现了“晕”的技法，即色彩渐变。它的来源其实就是光晕，通过在同类色中从深到浅的过渡来营造立体感和深邃感。这种技法在明清时期得到了更广泛的应用。从早期对凹凸花纹的尝试，到后来在建筑装饰中的保留，我们可以看到中国古代建筑装饰艺术的演变，感受到其丰富性。

随着时间的推移，彩绘技艺不断发展和演变，形成了丰富多样的装饰风格。彩绘最初并不是直接画在木结构上的，而是使用纺织品或金属来装饰和保护木结构。这种做法除了美化建筑，还增强了其稳固性。后来，随着彩绘技艺的发展，这些装饰性的图案和纹饰逐渐演化为彩绘的形式。例如，宋代的彩绘中会使用草叶纹样，在包袱式彩绘中，会在方形的区域内绘制锦布纹样。这些纹样最初来源于纺织品的图案，后来被彩绘师以绘画的形式再现。

彩绘的制作方式随着时间的推移而发生变化，部分原因是为了降低成本。最初使用织物包裹木结构的方法成本较高，但随着技术的发展，中原地区的建筑逐渐不再采用这种方法。然而在藏式建筑中，仍然保留着用织物包裹木结构的传统，如在藏传佛教寺院中的柱子上使用纺织品或毛毡进行装饰。在古代，木结构建筑的维护也是一个重要的考虑因素。一般使用植物油刷涂木结构，以保护木材免受裂缝等问题的影响。尽管这种方法成本较高，但它的耐用性使得建筑能够经受时间的考验。

北宋时期，建筑装饰艺术富丽堂皇的风格得到了延续，到了南宋，这种风格逐渐转变为更加精致细腻的趋势。北方的建筑在吸收了南方的精致感的同时，也保留了一些豪放的元素，但整体上，精致化成为这一时期建筑装饰的主要发展方向。北宋时期，李诫编写了《营造法式》，这是一本由官方颁行的重要著作，书中收集和整理了宋代及其之前的彩绘制度。《营造法式》不仅涵盖了彩绘，还详细记载了古建筑的木结构等其他方面，强调了建筑规范的重要性，确保了建筑质量和艺术风格的统一，是研究中国古代建筑不可或缺的重要文献。虽然该书并未涵盖所有彩绘样式，但它为我们今天研究宋代以前的彩绘艺术提供了极其重要的文献资料。在《营造法式》中，李诫规范了六种基本的彩绘形式，包括“五彩遍装”“碾玉装”“青绿叠晕棱间装”“解绿结华装”“丹粉刷饰”“杂间装”。这些式样是对之前彩绘艺术的归纳和总结，实际并非仅限于这六种形式。

《营造法式》中包含了彩绘的线描图，但没有色彩，这为我们理解当时的彩绘风格提供了基础，但具体的上色方法和细节则需要结合其他史料来推测。20 世纪 90 年代出版的《营造法式》现代版本中，包含了一些古代人想象中的神兽图腾，这些图腾带有一些彩色，为当时彩绘色彩的运用提供了线索。宋代的建筑彩绘以其独特的色彩搭配而闻名，主要采用青、绿、朱、白、黑五种颜色，很少使用金色。这一特点部分源于宋代的一项政策，即禁止民间私自熔炼黄金，此政策直接影响了彩绘中金色的使用。这在后来的明清时期有所变化。这个时期还出现了一种名为“旋花”的彩绘风格，经过规范化，被称为“旋子”。这对明清甚至当代的彩绘艺术产生了显著影响。

旋花的样式多变，包括如意纹、石榴纹、莲花纹等。这些纹样与旋花组合，创造出丰富多彩的装饰效果，寓意富贵连绵和吉祥如意。主要用于楼台、走廊、牌楼、门楼等建筑的彩绘装饰。随着时间的推移，旋花的绘制越来越规范化。最初，旋花的绘制类似于蜗牛的形状，从中心向外延伸。这种形状的命名也是根据其外观而来。兰州市政府的门楼就采用了这种风格，整个门楼的彩绘呈现出一种美感。在这些彩绘中，也夹杂了一些非常规的旋子纹样，这在龙凤等图案中尤为常见。

在明清时期，彩绘进一步规范发展，官方对彩绘的样式和使用做了明确的规定。明代开始在彩绘中使用金色，但用量较少，称为“点金”。到了清代，随着《工程做法则例》的颁布，彩绘艺术达到了高度成熟和规范化的水平，彩绘的绘制必须遵循官方规定的样式和规范。清代的彩绘中，金色的使用变得更加普遍和显著，形成了“大点金”风格。这种风格的彩绘在故宫等重要建筑中得到了广泛应用，其维修和保护至今仍遵循着清代的传统方法。

在传统彩绘中，地域性特征曾非常明显。如今，这种地域性主要体现在一些小地方的寺庙建筑上，这些地方的彩绘使用较为频繁。随着时代的变迁，彩绘中的等级制度也逐渐消解，现代的彩绘艺术不再受到严格的等级限制。无论是小店铺、小庙宇还是小牌楼，都可以根据自己的喜好和需求使用金色或其他颜色进行装饰。这种变化反映了社会的发展和审美观念的演变，彩绘艺术也由此变得更加多样化和个性化。

二、通渭彩绘的传承价值

通渭彩绘具有保护建筑木结构免受潮湿、腐蚀和虫蛀的侵害，装饰古建筑，使建筑看起来更加美观、精致，以及彰显建筑的等级三大功能。无论是在寺庙的宁静氛围中，还是在官方建筑的庄严环境中，彩绘都以其独特的方式讲述着当地的故事，传递着人们的愿望和信仰。

在古代中国，建筑彩绘的使用有着严格的等级制度，建筑上使用的色彩和图案与其等级和主人的身份密切相关，这些规定十分严格，不可随意更改。到了现代，彩绘的等级功能已经逐渐弱化，但其文化价值日益凸显。通过建筑的彩绘，我们可以了解到一个地区或城市的文化特色和历史信息。根据《礼记》记载，“楹，天子丹，诸侯黝，大夫苍，士黈（tǒu）”。天子可以使用朱红色，这是一种非常鲜明的红色，而诸侯则限于使用黑色和白色。大夫可以使用苍色，士则通常使用黄色。随着时间的推移，黄色逐渐成为皇家的专用色。在古代，普通百姓是不允许使用红色柱子的。从历史的角度来看，中国的建筑彩绘与建筑本身一样源远流长。随着时间的推移，彩绘艺术不断演变，不仅反映了不同朝代的审美趣味，也展现了各地文化的多样性。

2015 年，甘肃省人民政府宣布了一批省级代表性名录，其中就包括通渭彩绘。通渭彩绘的传承价值主要体现在四个方面：首先，是它们的实用价值。在传统工艺中，有一种被称为“桐油”的技术，它在保护木结构方面发挥着至关重要的作用。桐油能够为木材提供一层保护膜，防止木材的风化和腐蚀。因此在对古建筑进行维修时，桐油被广泛应用。实质上，彩绘也具备保护建筑的作用。其次，通渭彩绘具有较高的审美价值。同时，木结构若缺少颜色和图案的装饰，会显得较为单调。历史上，通渭彩绘的装饰性一直非常重要，它为建筑增添了色彩和活力。再次，在古典建筑上，我们可以通过寻觅千百年前的彩绘痕迹，了解到当时西北地区的文化观念和技术工艺水平。这些彩绘不受主流意识的影响，因此能够从侧面客观反映历史。最后，通渭彩绘具有深厚的文化底蕴，融入了很多具有地方特色的民俗、名胜古迹和文化特色，反映了当地居民的生活期望和状态。例如，地方的彩绘可能更注重反映当地的民间信仰和文化传统，如八仙过海、佛八宝等佛教、道教的图案。它们不仅在寺庙等宗教建筑中使用，在一些官方建筑中也有体现，但官方建筑的彩绘往往更加规范，而地方建筑的彩绘则更接地气、贴近当地人的生活。

在现代社会，人们面临着“千城一面”的同质化审美，保护和传承地方特色是至关重要的。类似通渭彩绘这样的地方彩绘能够体现出每个城市的独特性。国家已经将这些非遗进行了分类和保护，对于后代了解和学习自己的地方文化至关重要。因此，传承人的角色变得尤为重要，他们需要好好地传承这些技艺，确保地方文化的延续。

然而与能够保存上千年的壁画不同，彩绘通常暴露在户外，受到风吹日晒的影响，其保存期限通常只有 100~200 年。即便是使用了优质材料和技艺的彩绘，也往往有一定的时间限制。相比之下，室内的彩绘由于受到的外界影响较小，能够保存得更久，有些甚至能够达到 500~600 年。例如，故宫钟粹宫一些室内彩绘已有 600 年的历史，而甘肃、青海等地的明代古建筑内的彩绘也接近 600 年。这些彩绘能够保存至今，实属不易。彩绘的材料选择和工匠的技艺水平对于其保存状态至关重要。如果材料和技艺不佳，即使是新的彩绘也可能在短短十几年内就出现脱落。因此，通渭彩绘的传承对古建筑的保护尤为重要。如果这些技艺失传，古典建筑可能很快就会在自然环境的影响下损坏，需要定期翻新或重绘。

三、通渭彩绘技艺

中国古建筑彩绘已经发展出了多种风格，包括皇家官式、地方风格等，整体上分为三大体系：官式彩绘、苏式彩绘（也称包袱彩绘）以及地方杂式彩绘。地方杂式彩绘融合了各地的特色，形成了丰富多彩的地方风格。不同地区根据其文化和历史背景，形成了各自独特的彩绘体系。这些风格是在长期的历史发展中逐渐形成的。在当代，通渭彩绘主要应用在寺院、园林以及仿古街等地方。兰州的城隍庙就是一个人们熟悉的彩绘建筑，游客在参观时可以留意并欣赏这些彩绘的细节。此外，兰州古镇的建筑也采用了彩绘手法来展现其特色。

今天所保留下来的通渭彩绘多为官式彩绘，套用宋代、明代、清代包式传统侑画及纹饰蓝本，又吸纳了部分地方杂式彩绘。在绘制技法上，吸收各民族建筑装饰艺术之精华，注重建筑环境及使用功能的统一。在通渭彩绘工艺中，颜料是至关重要的组成部分，也是完成精美彩绘的关键。通渭彩绘传统的彩绘颜料多为矿物颜料。这类颜料因其复杂的制作工艺，需要加入骨胶等材料，使其能够保存很长时间。例如，西藏的唐卡至今仍在使用矿物颜料，这些作品历经岁月仍能保持鲜艳的色彩。现代的地方彩绘为了降低成本，可能会选择使用化工颜料。化工颜料价格低廉，但往往不如矿物颜料耐用，容易褪色和剥落。矿物颜料的制备过程更为复杂和耗时，需要精心研磨和调配，这无疑增加了制作成本。因此，在没有明确规定的情况下，一些彩绘师傅也可能因为考虑成本而选择使用化工颜料，在成本和质量间权衡。

通渭彩绘中，群青、佛青、炭黑等颜料因其稳定性和色彩饱和度而被选用。其中黑色扮演着至关重要的角色。我们通常使用优质的墨来表现黑色，这种墨不仅用于书写，也是彩绘中不可或缺的颜料之一。墨被誉为“五色之精”，意味着在传统色彩体系中，墨色是最为珍贵和基础的颜色。它不仅仅是一种单一的黑色，而是所有颜色中最为关键的一种，尤其在古建筑彩绘中，墨色的线条和白、粉等色的配合使用，能够产生鲜明的对比和视觉冲击力。墨色的稳定性是其最大的优势之一。与其他颜料相比，墨色更加持久，即使其他颜色因时间推移而褪色，墨色依然能够保持其原有的色泽。

在颜料的选择上，除了传统的矿物颜料和化工颜料，还使用了如钛白粉、氢氧化铝等现代颜料。钛白粉因其良好的覆盖力和稳定性，在彩绘中常被作为白色颜料。氢氧化铝则以柔和的色调和耐候性，被广泛应用于彩绘艺术中。立德粉等化工颜料也因其色彩鲜艳、易于操作的特点，被现代彩绘工艺采用。这些颜料的引入不仅丰富了彩绘的色彩表现，也提高了彩绘的工作效率和艺术效果。

过去在农村地区，寺庙等建筑的彩绘颜料往往就地取材。传统的黑色颜料可能来源于烧锅的锅底灰，这是一种非常自然且环保的方法。人们会将锅底下的黑煤扫下来，然后混合食盐进行研磨，这个过程非常费工，但制作出的颜料质量上乘，颜色非常纯正和深邃。白色则使用石灰，通过研磨细化来制作。今天，工匠们更倾向于使用钛白粉，因为它使用起来更加方便，且易于调制。

在颜料的调制传统中会使用骨胶条，这是一种动物胶，需要在火炉上加热以保持液态，以便与颜料混合。这种方法受气温影响较大，需要现场煮制，现煮现用。随着技术的发展，现代彩绘工艺开始使用氢漆和汽油进行颜料调制，这种方法相对简便，能够快速地调和出所需的颜色，且易于大面积施工。近年来，丙烯颜料因其良好的化学稳定性和快干特性，也越来越多地被用于彩绘中。无论是传统的锅底灰和石灰，还是现代的钛白粉和丙烯颜料，通渭彩绘颜料的选择和调制都是一项技术性很强的工作，需要根据具体的施工条件和艺术效果要求来进行适当的选择和调整，是在实践中不断摸索和调整的过程。

实际上，和很多美术工艺一样，通渭彩绘也常使用如二方连续这样的基本图案，即从中心向两边延伸，形成连续的装饰带。地毯边缘的“万字纹”就是这种设计的经典例子，象征着永恒和不断循环。在通渭彩绘中，适合纹样也是一种流行的装饰，它以吉祥的图案和曲线构成，有时数字和文字如“寿”和“福”会巧妙地融入图案中，产生寓意丰富的装饰效果。云纹和流云等元素通常用于表现地位和权力。

通渭彩绘艺术的传承和发展需要对颜料、图案设计和制作工艺进行深入了解。从矿物颜料到化工颜料，每一种选择都影响着彩绘的质量和寿命。而从传统的吉祥图案到现代的设计创新，通渭彩绘艺术不断地融合传统与现代，展现出丰富的地域特色和文化内涵。

第二十八章　民勤曲子戏[①]

民勤曲子戏，亦称民勤小曲戏，是源自甘肃省武威市民勤县的一种传统戏曲艺术形式。民勤县的地理环境独特，三面环沙，历史上曾有“一年一场风，从春刮到冬”的说法，可见沙漠化问题之严重。尽管自然环境恶劣，但民勤县文化氛围浓厚，有“人居长城之外，文在诸夏之先”的美誉，其文化被称为沙井文化，是该地区远古文化的代表。2008 年 6 月，民勤小曲戏被甘肃省政府列为第二批省级非遗。民勤曲子戏与其他甘肃境内的小曲戏一样，是民间草根艺术的代表。然而，与其他如敦煌小曲戏、通益小曲戏、白银小曲戏等国家级非遗相比，民勤曲子戏在表演形式和来源上具有独特之处。

一、民勤曲子戏的历史溯源

民勤曲子戏的历史悠久，有着深厚的文化根基，还对周边地区的戏曲文化产生了一定的影响。民勤曲子戏的起源可追溯至明代初期，与民勤县的历史紧密相连。明洪武五年（1372 年），宋国公征西将军冯胜平定河西后，在今民勤县建立了临河卫。到了明洪武二十九年（1396 年），临河卫被改为镇番卫，民勤曲子戏的原型——镇番小曲在这一时期出现。

据《中国戏曲志 · 甘肃卷》记载，尽管民勤曲子戏名称中带有“曲子”二字，但它与甘肃东部、南部以及敦煌一带流行的曲子戏并非同源。因此，它被作为一个独立的剧种，而非简单地归入曲子戏的范畴。民勤曲子戏的早期形式主要是曲子弹唱，这是其主要的表演形态。明代初年，由于政府推行戍边屯田、移民垦荒政策，江淮地区及山西、陕西一带的移民大量涌入民勤

① 本章内容根据甘肃省文化艺术研究所副所长苟晓飞访谈资料整理修改而成。

县，带来了江淮及山西、陕西一带的民歌小曲。同时，由于民勤县与内蒙古接壤，文化交流频繁，镇番小曲也吸收了内蒙古的西调、二人台等艺术形式，逐渐形成了具有独特风格的曲调形式。明代中期，随着经济的发展，民勤县的庙会活动开始变得兴盛，庙会的繁荣带动了戏台的建设。这一时期，民勤曲子戏开始从单纯的清唱形式转变为具有行当分工和化妆的表演艺术。这种变化标志着民勤曲子戏从坐唱到站唱，再到走唱的过渡，是其发展史上的一个重要阶段。同时，这也代表了曲子戏从单一曲调向套曲发展，多个曲子串联起来表演一个小故事，为民勤曲子戏的戏曲化奠定了基础。

到了明末清初，民勤小曲表演进一步发展，至清乾隆时期达到了繁盛的阶段。全县出现了 30 多个以地方命名的小唱会。道光年间，西江班社等众多班社的成立，使得民勤小曲戏在民间广泛流传，形成风靡之势。

清代末期和民国初期，民勤小曲戏进入了鼎盛时期。一些民间班社开始以“风搅雪”的形式演唱，即在一个剧目中同时演唱秦腔和小曲戏。1926 年，民勤东湖民间艺人刘发杰组建秦和班，将民勤小曲正式搬上舞台。这是民勤小曲戏发展史上的一个重要转折点，标志着它从地摊演唱转变为正式的剧场表演。在吸收了江淮、中原以及内蒙古等地区的文化元素的同时，自清康熙以来，民勤曲子戏也随着民间艺人的向外迁移而传播到其他地区。由于新疆的屯垦戍边政策，许多艺人迁移到新疆或内蒙古等地进行演唱，将民勤曲子戏带到了如新疆昌吉、祁台县、巴里坤、哈密等地，对新疆曲子戏的形成产生了重要影响。它的发展历程和现状体现了中国传统戏曲艺术的多样性和丰富性。

二、民勤曲子戏的艺术特色

民勤曲子戏作为一种真正源自民间、流传于民间的草根艺术，其历史资料相对匮乏。在现存的史料中，有关于民勤曲子戏的记载可追溯至清道光十一年（1831 年），据《镇番遗事历鉴》记载，清道光十一年，“二分沟胡兆庠是年创戏社，领五徒游艺湖坝”。清道光十五年（1835 年），“红沙铺孙克强写剧本一部，曰《逼婚记》，颇可一观”。清同治年间，民勤曲子戏进入兴盛时期，职业性小曲戏班容尤堂，曾“游艺于口外（今新疆一带），凡历三年乃归”。这些记载印证了民勤曲子戏向新疆流传的历史。

民勤曲子戏最初的表演形式多为清唱或由多人组成的拉家班，即吹拉弹唱的演出团体。到了清代中期，形成了多人参与的小唱会，主要在地摊上演出。随着时间的推移，小唱会逐渐发展为在庙会上演出的小家班，最终登上了舞台，成为业余剧团。

民勤曲子戏在历史进程中不断演变、丰富和提升，但其表演始终保持着朴实自然的特色。它的表演风格载歌载舞，融合了地蹦子秧歌等元素，显得活泼灵动，具有浓厚的生活气息和地域特色。无论是在街头巷尾、院落，还是在自家门前，民勤曲子戏都能随时开唱，成为当地居民自娱自乐、丰富文化生活的一种方式。民勤曲子戏的曲调诙谐活泼，非常接地气，使得当地民众十分乐于参与其中。如今，在农闲时节，人们会聚在一起，在家中或院子里演唱。随着社交媒体的普及，民勤曲子戏的表演也出现在了抖音等平台上，通过小视频的形式让更多人了解和欣赏这一传统艺术。

民勤曲子戏的唱腔由调、腔和小调三部分组成。调有甜音、苦音之分，腔有软、硬音之别。小调则主要是民歌，也叫杂曲、春歌。其中，调分为二曲调、四曲调、正四调、四平调、六曲调、扬调、迷调、塌塌调八种；腔含三腔、四腔、五腔、正腔、紧腔、拉拉腔、行腔、花腔、番腔、快腔、慢腔、衬腔十二种，因此统称“八调十二腔”。甜音和苦音是根据唱腔所要表达的情感来区分的。甜音通常用于表达欢快、喜悦的情绪，苦音则用来表现凄凉、悲伤的情感。这样的分类使得民勤曲子戏能够根据剧情的需要，选择合适的曲调来表现特定的情感。

民勤曲子戏的唱腔非常丰富，据统计，有 100 多种曲牌。这些曲调不仅丰富，而且优美动听。在表演中，唱词使用的是当地的民勤方言，语言通俗、幽默诙谐，使观众感到非常亲切。这种艺术形式根植于民间，主要起到了自娱自乐的作用，无论是演唱者还是观众，都能从中获得愉悦。演唱时，通常使用真嗓子，也就是所谓的“疯嗓”。在某些唱腔的结尾或中间部分，会采用“接声”或“帮腔”的形式，即一人领唱，众人帮腔，这样的演唱方式能够增强演唱的气氛，带来特殊的艺术效果，是其特色之一。

民勤曲子戏的剧目数量众多，目前已知的有460多个，其中许多是独立的折子戏。这些剧目多描写普通百姓的日常生活、小趣味和小故事，也包括一些神话和鬼怪题材的元素。此外，还有一些剧目着重描写贤良意识。《二瓜子吆车》是民勤曲子戏中的一个代表性剧目，它具有独特的创新性，不同于传统的京剧和秦腔。在这部剧中，除了传统的苏三和崇公道两个角色，还加入了“二瓜子”这一角色，他是一个幽默的赶车人，通过插科打诨的表演方式为剧情增添了喜剧色彩。尽管历史上民勤曲子戏的剧目非常丰富，但由于种种原因，目前能够演出的剧目不到30种，流失严重。

在演出服装方面，民勤曲子戏的服装具有鲜明的边塞民族特色，融合了多民族文化。女演员通常头戴“古装楼”发式、贴片子，缀有黑色丝绦，男演员则戴白色或红色的毡帽，身穿斜襟彩服和彩裤，腰间系着布袋。表演时，女演员手持扇子或手帕，走十字步，动作端庄飘逸；男演员则手持鹅毛扇或引路棍，表演时带有地蹦子秧歌的特色，动作滑稽而朴实自然。

民勤曲子戏的艺术特质在于其融合了北方和南方的艺术元素，被誉为“北风南韵”，这种风格的形成得益于其丰富的文化渊源。民勤作为一个历史上的移民区，明清时期有大量移民涌入，在民国和清代，民勤的文化也随着人口的流动传播到了其他地方。民勤曲子戏的源流可以追溯到江苏、浙江以及中原地区的民间小调和小曲，同时也吸收了内蒙古地区的表演特色。这种融合使得民勤曲子戏在艺术上具有了独特的魅力，并且在西北五省（区）广为流传。

三、民勤曲子戏的保护和传承现状

尽管面临诸多挑战，民勤曲子戏的传统特色仍然得到了较好的保护。新中国成立后，特别是改革开放以来，民勤曲子戏在保留传统元素的基础上，在创新发展上取得了显著成就。该时期，艺术家们创作了大量现代题材的新剧目，并在伴奏乐器等方面进行了创新尝试。2008年被列为省级非遗保护项目后，民勤县政府和文化部门对这一传统艺术给予了高度重视，每年投入超过10万元的经费用于其保护和传承工作。

自 2014 年起，民勤县文化馆作为民勤曲子戏的保护单位，联合省市文化馆连续举办了六届民勤曲子戏艺术节。这些艺术节通常在每年的正月举行，通过发放奖金或排名次的方式激励表演团体，激发他们参与表演的动力，以此促进民勤曲子戏的传承。除了艺术节，民勤县文化馆还举办了骨干培训班，并成立了专门的唱戏社，这些都是为了保护和传承民勤曲子戏而采取的措施。在理论研究方面，也积极搜集整理相关资料，2015 年，甘肃文化出版社出版了李玉寿编辑的《民勤小曲戏》，这是他多年研究成果的结晶。

民勤曲子戏的推广和交流活动也在逐步推进。2017 年，民勤曲子戏参加了省教育厅举办的“一节一赛一交流”启动仪式，以及“丝路记忆敦煌行”全省非遗展演活动。2019 年，彭宝瑞和其他省级非遗传承人带领团队参加了庆祝中华人民共和国成立 70 周年的昆山展演，在当地引起了广泛关注。

据民勤县文化馆统计，目前民勤曲子戏的民间班社数量已达到约 40 个，这些班社在民勤县各乡镇活跃，以自娱自乐的方式自愿地传承着这一艺术形式。尽管如此，民勤曲子戏作为一种民间艺术，面临着演员非职业化、剧种流失、师资匮乏、演员老龄化、经费困难和创新性弱等挑战。因此，保护和传承民勤曲子戏的工作仍然任重道远。

第二十九章　武山旋鼓舞[①]

武山旋鼓舞是一种源自民间“传神”仪式的舞蹈，主要流传于天水地区的武山、甘谷、秦安、秦州等地。“传神”仪式是天水一带农村地区普遍存在的民俗活动，人们通过它与神灵进行沟通，传递神的旨意或向神祈愿。旋鼓舞在这些活动中扮演着重要的角色。在武山、甘谷、秦安等地，每个村庄都有自己的旋鼓队，各村的“传神”仪式虽有差异，但都体现了当地的文化特色。

武山旋鼓舞与羊皮鼓紧密相关，羊皮鼓在民俗“传神”活动中被认为是联结人与神的重要法器。在不同地区，羊皮鼓有着不同的名称，例如因其扇形外观在某些地方被称为扇鼓，而在其他地方则因舞蹈步伐而得名旋鼓，体现了舞蹈中的旋转动作。羊皮鼓的外圈通常由铁铸成，鼓柄上垂挂着九个类似古臂的铁环，俗称“九连环”。这些铁环在舞蹈动作中发出悦耳的声响，增添了舞蹈的韵律感。2008 年，武山县以武山旋鼓舞的名义申报了国家级非遗代表性项目。2017 年，秦安县则以羊皮鼓舞的名义申报了省级非遗。天水地区的羊皮鼓逐渐为更多人所了解，尤其是居住在该地区的人们对此舞蹈较为熟悉。尽管在其他地区也有类似的舞蹈，但表现形式可能因地域而异。

旋鼓舞队的表演者会根据不同的古典节奏进行各种舞蹈动作和造型。一般由农村青壮年集体参与，表演者在舞蹈中左手持鼓，右手握鼓槌，随着鼓声敲击的节奏边敲边舞，展现出粗犷、豪迈和雄浑的风格。每当有旋鼓舞活动，周边地区的男女老少都会聚集观看，这不仅是一场舞蹈表演，也是社区聚会和社交的场合。

---

① 本章内容根据兰州文理学院音乐舞蹈学院蒋玲玲访谈资料整理修改而成。

一、武山旋鼓舞的历史溯源

武山旋鼓舞，这一深植于天水地区民间的舞蹈形式，其历史渊源与当地多民族的交融密不可分。据考证，旋鼓舞并非汉族独有，而是随着汉族农耕文化逐渐形成的一种民俗活动。早期的羌族广泛分布于现今的陕西、甘肃、四川、云南等地。西汉初期，羌族在被匈奴击败后归附汉朝，其文化随之在这些地区留下深刻烙印。天水地区作为陇山以西、渭河流域的重要地带，不仅是黄河最大支流——渭河的流经区，也是长江支流嘉陵江的一级支流西汉水的发源地。古羌族及其他民族在迁徙过程中留下了丰富的文化痕迹，其中羊皮鼓便是最具代表性的文化符号之一。

在天水地区的甘谷县、武山县等地，羊皮鼓与当地的民俗活动紧密相连，在传统祭祀仪式中不可或缺。除了黄河流域，在长江支流西汉水的起源地天水齐寿，以及经过甘肃陇南地区的西汉水流域，羊皮鼓舞的艺术形式也普遍存在。在这些地区，羊皮鼓是巫师、巫婆祈福禳灾时使用的祭祀工具。随着时间的推移，羊皮鼓演奏逐渐演变成具有审美性质的民间艺术。

武山旋鼓舞的起源有多种说法，其中第一种为“镇狼说”，与当地的自然环境和生活习俗有关。武山县的森林茂密，野兽频繁出没，为了抵御狼群，当地的牧羊人采取了一种独特的方法。据说，在每年的端午节前后，野狼正处于繁殖季节。一位机智的牧童在放羊时，将树枝弯曲成扇形，然后将羊皮覆盖在树枝上制成鼓，通过击鼓来吓退狼群。还有一种说法认为，狼的幼崽和人类一样，也会感染天花。在古代，天花被认为是一种致命的疾病。敲击旋鼓时发出的声音会让狼崽从窝中跑出来，一旦接触到风就会感染天花，导致狼崽死亡。第二种为“祭祀说”，历史上曾有多个民族交替占领和杂居天水地区，羊皮鼓舞就融合了羌、吐蕃等多民族的古代祭祀和祈福活动。这种舞蹈形式在藏族地区的过年传统中仍然保留着，舞蹈使用的道具与羊皮鼓相似，这反映了羊皮鼓舞在古代祭祀活动中的重要地位。第三种为“军事说”，在历史上，甘肃、青海一带的羌族在迁徙和民族融合的过程中经历了许多战乱。在这些动荡时期，人们利用羊皮鼓来传递军事信号，以防范外敌的侵袭。

综合这三种说法，我们可以看到，“镇狼说”反映了人类在生存过程中对自然界的敬畏和对抵御侵害的渴望；“祭祀说”基于祖先崇拜或神灵崇拜的文化传统；“军事说”则与当地历史上多民族杂居的现实情况相结合。这些不同的说法可能在不同的历史阶段和文明进程中发挥过各自的作用。

二、武山旋鼓舞的艺术形式

虽然传统上武山旋鼓舞主要在端午节展示，但它的表演并不限于特定的时节。自20世纪80年代以来，民间活动变得更加多样化。如今，旋鼓舞不仅在端午节表演，还会在春节、元宵节以及农历的二月初二、四月初八等传统节日中亮相。这些节日的庆祝活动规模有所不同，端午节和春节等重要节日的庆祝活动通常更为隆重。旋鼓舞承载着民众的祈福和对美好生活的祝愿。因此，这些节日成为传承和展示武山旋鼓舞的重要时刻，体现了人们对传统文化的尊重和对民族精神的传承。

每年的端午节，各个村庄首先要进行迎鼓仪式，将鼓神请出来。迎鼓仪式中，人们认为越老旧的鼓越有神力。迎鼓由村中的长者和组织者负责，他们将鼓请出来后，接着会请出提前制作好的彩幡。彩幡不仅是仪式中的法器，也可以作为一种道具。在传统的旋鼓舞活动中，彩幡是必不可少的。但在现代的文艺演出中，是否使用彩幡可能会根据具体情况进行调整。旋鼓舞的表演从早晨开始，一直持续到傍晚。在这一天中，村民们可以随时参与到旋鼓舞的表演中。傍晚时分，旋鼓舞表演结束，彩幡会被引到村头并点燃，这一环节在民间被称为“点高山”。此时，全村的人会将事先准备好的柴草堆积得高高的，像山一样，观看完旋鼓舞的民众会围聚在这些“高山”周围。最后，由长者扮作羊倌模样，带领鼓手们烧香许愿，祭奠山神，这一环节旨在辟邪驱魅、祈福纳祥。

在表演形式上，武山旋鼓舞的传统套路得到了丰富和发展。在传统仪式中，旋鼓舞主要是为音乐说唱和舞蹈伴奏。羊皮鼓的声音古朴沉稳，节奏丰富鲜明，被认为具有通神和辟邪的作用。它是仪式中的法器，也是传承仪式中的主要乐器，能够唤起族群的共鸣。随着时间的推移，旋鼓舞的表演在保持传统特色的同时，融入了更多的创新元素，使得舞蹈更加丰富多彩。这种变化既保留了传统文化的精髓，又适应了现代观众的审美需求，使得武山旋鼓舞能够更好地传承和发展。

在武山旋鼓舞中，羊皮鼓无疑是整个仪式中的灵魂。它的演奏贯穿了整个仪式，敲鼓的人在表演中扮演着至关重要的角色。尤其在现代的大型文化活动和商业演出中，对敲鼓者的要求非常高，他们有着高超的技艺，能够引领整个队伍，控制演出的节奏和氛围。在旋鼓舞队中，有一个特别重要的角色被称为“鼓头”，他是整个队伍的指挥者和灵魂人物。鼓头负责引领队伍，决定如何演绎、如何舞动以及如何变换阵型，是队伍中不可或缺的领导者。

羊皮鼓的演奏特点之一是采用左手持鼓、右手持槌的单手击奏方式。鼓的节奏型通常比较简单直接，演奏形式大致可分为齐奏、对奏和领奏三种。在不同的仪式段落中，鼓点有着相对固定的模式，如起鼓、鼓中和鼓尾的节奏都有所不同。在“传神”仪式中，鼓点的节奏和强度会根据仪式的需要而变化，既有用于曲调伴奏的文鼓，也有用于舞蹈伴奏的武鼓。武鼓的节奏更加丰富和热烈，能够体现出舞蹈动作的多样性和强烈的表演效果。鼓点的速度遵循传统音乐由慢到快再由快到慢的特点，体现了对称性的审美原则。

武山旋鼓舞的表演规模相当灵活，既可以是小型的 6~8 人表演，也可以扩展到上百人的大规模演出。在较大型的表演中，通常以 64 人的阵容最为常见，这样的人数安排便于队形和套路的变化，使整个表演更加精彩。

武山旋鼓舞的表演动作和套路非常丰富，融合了众多武术元素，如单脚跳、二踢脚、勾腿、扬沙、大转翻等动作。舞蹈动作包括正击鼓、跳步击鼓、跑步击鼓、翻身马步、鲲鹏展翅、凤凰点头等，多达几十种。表演者的体态律动特征主要包括上身的摆动、扭动以及膝部的颤动，要求肢体灵活、脚步稳重有力。

为了增强观赏性和表现力，旋鼓舞的队形和场图变化多样。常用的套路包括“狮子滚绣球”“二龙戏珠”“剪刀步”“太极八卦阵”“齐五乱点兵”“十字梅花”“太子游四门”等。这些套路的名称富有吉祥寓意，也与军事战术有关，体现了旋鼓舞的多元文化融合。

武山旋鼓舞艺术元素丰富，在传统仪式中扮演着重要角色，也在现代文化活动中展现出其独特的魅力和深远的文化价值。无论是在节日庆典、文艺演出还是国际交流中，武山旋鼓舞都以其独有的艺术形式，传递着中华民族的传统文化和精神。

三、武山旋鼓舞的文化价值

武山旋鼓舞作为一种非遗，其艺术价值主要体现在文化价值、娱乐价值、审美价值和传承价值四个方面。

首先，文化价值方面，武山旋鼓舞起源于原始宗教和自然崇拜，万物有灵的观念促使了图腾和神话的产生，进而发展为原始舞蹈。功能主义理论指出，宗教的作用之一是帮助人们应对现实生活中的不确定性和脆弱性。在以农耕为主的陇原地区，自然灾害频发。先民们通过旋鼓舞来祭祀，祈求神灵的保佑，以调适心灵。此外，旋鼓舞在民间传承活动中也承载了传统伦理道德规范，如仁义礼智信、温良恭俭让等，通过这种方式教化民众，达到惩恶扬善的目的。

其次，娱乐价值方面，旋鼓舞最初是人们精神生活的一种表现方式，展现了先民们最直接、最自然的生命意识。在现代社会，旋鼓舞的娱乐性更加突出，它在文化交流和民众日常生活的表演中带给人们欢乐，还具有丰富的延伸性。

再次，审美价值方面，旋鼓舞以其沉稳质朴、铿锵有力的鼓声，以及固定且稳定的古典节奏，统一动作步伐，凝聚人心，营造氛围，增添仪式的观赏性与艺术性。旋鼓舞的动作技巧复杂多变，步履腾挪跌宕起伏，旋转奔放，队形变化有序，呈现出丰富的表演套路。舞蹈设计上，低姿、中姿、高姿和跳跃等动作，以及体操和武术动作的融入，使得旋鼓舞在变化的节奏中完成各种表演造型，震撼人心。

最后，传承价值方面，武山旋鼓舞粗犷、彪悍热烈的风格，展现了西北人民战天斗地、降妖除邪的英雄气概。同时，也代表着团结和友谊的力量，显示出西北汉子的豪迈。旋鼓舞作为一种鼓乐或民间舞蹈，具有地域特色的文化，是人们与自然界寻求平衡的一种精神文化体现。

四、旋鼓舞的保护和传承

武山旋鼓舞作为一项国家级非遗，其传承与发展情况备受重视。自被列入国家级非遗名录以来，政府部门采取了多项措施来保护和传承这一传统艺术形式。

首先，认定了不同级别的非遗传承人，包括国家级、省级、市级和县级，他们成为旋鼓舞的领军人物。这些传承人自身技艺高超，肩负着传授技艺给年青一代的重任，确保旋鼓舞的技艺得以延续。武山旋鼓舞深植于当地的历史文化之中，是历史的产物，也是当地人民传统生活方式的体现。然而，在外来文化和市场经济的冲击下，非遗传承人必须进行自我更新，以适应现代生活的需求。

其次，武山县在旋鼓舞的传承与发扬上做出了大胆的创新。长期以来，旋鼓舞传统上只传男不传女。但在现代社会，这一限制已被打破。随着劳务经济的发展和城乡面貌的变化，尤其是年轻人外出务工，传统的性别限制逐渐被取消，女子旋鼓舞队伍逐渐兴起。对于普通的旋鼓队队员，尤其是年轻人，只要他们对旋鼓舞有兴趣，都可以学习并参与表演，为旋鼓舞带来了新的发展机遇。

最后，武山县文化局通过鼓励和帮助组建规模较大的旋鼓舞队伍，在基层文化站的配合下，使得民间表演力量得到了壮大。随着民间力量的增强，政府逐渐退出了主导地位，将旋鼓舞的主导权归还给民众，使当地群众都能参与到旋鼓舞的传承中来。目前，武山县各村镇都有自己的旋鼓舞队伍，几乎每家每户都参与其中，形成了一种全民参与的文化现象。旋鼓舞已经成为当地居民运动、健身、歌舞、娱乐和参与社会活动的重要途径，实现了保护与传承并行的目标。

当前，武山旋鼓舞的演出场合从传统的“传神”仪式扩展到更加多样化的领域。除了传统的民间信仰仪式，武山旋鼓舞还经常出现在大型文艺演出、运动会开幕式等活动中，甚至还有由各乡镇组织参与的旋鼓舞比赛。近年来，武山旋鼓舞还参与了政府组织的各类文化活动、商业活动，并作为民族文化和非遗的代表，到国外进行演出。这些活动包括中国的艺术节、非遗展演，以及伏羲祭祀、水帘洞祈福等文化活动。随着时代的发展，旋鼓舞的表演性、娱乐性都有所增强。

尽管在现代社会的冲击下，武山旋鼓舞也经历过低迷，但得益于其广泛的民众基础，文化传承并未断裂或消失。旋鼓舞从最初的与自然斗争、娱神到军事功能，再到现在成为广大民众广泛参与的集体娱乐项目，其在现代社会中的意义和价值得到了重新认识和肯定。通过具体的文化活动和表现形式，民众对传统的认识得以加深，从而认可并参与到旋鼓舞的传承中。武山旋鼓舞的成功传承案例，为其他非遗的保护与发展提供了宝贵的经验和启示。

第三十章　裕固族民歌[①]

裕固族是甘肃独有的少数民族，主要聚居在河西走廊中部及祁连山北麓的肃南裕固族自治县和酒泉市的黄泥堡裕固族乡。裕固族起源于古代回鹘人的一支，并在与其他民族融合后形成。裕固族以能歌善舞著称，由于本民族文字的失传，其口头文学特别是民歌非常发达。裕固族民歌不仅保留了古代丁零、突厥、回鹘等民族民歌的特点，而且与今日匈牙利的民歌有着许多相似之处。

一、裕固族民歌概述

在裕固族地区流传着一句俗语："当我们忘记了故乡的时候，故乡的语言我们忘不了；当我们忘记了故乡的语言的时候，故乡的歌儿我们忘不了。"裕固族人生活的草原和山坡上，牛羊成群，歌声引人入胜。歌唱在裕固族人的生活中占据了极其重要的地位。历史上曾有职业歌手为婚丧嫁娶等家庭仪式提供演唱服务。裕固族民歌在裕固语中被称为"伊尔兰安"，是裕固族民间音乐的主要艺术形式之一，也是他们喜爱的口头文学形式。裕固族民歌内容丰富、曲调优美、节奏明快，融合了厚重的历史，具有鲜明的民族特色。

裕固族歌手瑙尔姬斯提到，裕固族民歌是她生命的一部分，也是她最值得骄傲的文化遗产。她回忆小时候听姥姥和妈妈唱歌的经历，并表示自己传承并演唱这些歌曲，是对家乡美丽广阔草原以及肥美的牛羊等的赞美。瑙尔姬斯通过参加各种文化活动，如花儿会，推广裕固族的音乐文化，成为裕固

---

① 本章内容根据中南民族大学音乐舞蹈学院刘慧教授、裕固族文化传承传播者瑙尔姬斯以及甘肃省民族音乐研究中心秘书长张燕访谈资料整理修改而成。

族的代表性歌手。

裕固族的音乐文化分为东、西两部分，东部的裕固族音乐多歌颂山川河流，西部的音乐则更多表现牧歌和劳动号子。这种区域性的差异使得裕固族音乐丰富多彩。裕固族民歌在曲调和形式上继承了古匈奴文化的某些特色，并吸收了藏族、拉依蒙古族、回族和土族的音乐元素，形成了独特的风格。

裕固族民歌的起源可追溯至魏晋时期，16—20 世纪中期是其特别活跃的时期。裕固族民歌主要用西部裕固语和东部裕固语两种语言演唱，这两种语言分别保留了上古和中古时代的特点，体现了裕固族民歌的历史深度和文化价值。

裕固族的民歌，依照该民族的传统分类方法和民歌的实际流行情况，大致可分为十种类型：牧歌、叙事歌、擀毡歌、劳动歌、催眠歌、婚礼歌、山歌、酒歌、花儿和小调。在这些类型中，前六种主要源自北方民族的音乐传统，后四种则融入了汉族、藏族、蒙古族等其他民族民歌的元素。裕固族民歌的多样性和丰富性体现了裕固族人民对传统音乐的传承和发展，也反映了民族间文化交流的深度和广度。这些民歌作为裕固族文化的重要组成部分，对于研究裕固族的历史、文化和社会生活具有重要的价值。2006 年 5 月 20 日，裕固族民歌被收入第一批国家级非遗名录。该名录民间音乐类别共有 72 项，其中就包括蒙古族长调、蒙古族呼麦等，这反映了裕固族民歌在我国民族音乐中的重要性。

二、裕固族民歌的历史渊源

在南北朝时期，汉文史籍中将裕固族称为“勒勒”，隋唐时期称为“回纥”，到了宋代则称为“回鹘”。元明时期，裕固族又被称作“撒里畏兀儿”。公元 744 年，回纥击败了突厥，在蒙古高原建立了回纥汗国，历史上称为“回鹘汗国”。公元 788 年，回纥可汗要求将汉文中的“回纥”改为“回鹘”，意为“回旋清洁如湖”。在《旧唐书》和《新唐书》中，都有关于回纥的记载，提到他们与匈奴有关，因习俗而被称为“高车族”或“高车部”。裕固族的先民可能是匈奴的一个分支。在唐开成五年（840 年），回鹘汗国为黠戛斯人所灭，回鹘人分为三支迁徙。其中迁徙至河西走廊的一支，历史上称为“河西回鹘”，即今天裕固族的先民。另外两支西迁至新疆吐鲁番和帕米尔高原，分别称为“高昌回鹘”和“葱岭西回鹘”，他们是维吾尔族的先民。从元代开始，河西回鹘的后裔，即操突厥语的撒里畏兀儿人，在蒙古族贵族的统治下，与蒙古族的王爷、头目、官员和军士长期相处，逐渐形成了一个新的民族共同体。这个共同体在明代初期从嘉峪关外迁徙到了今天的河西走廊中部和祁连山北部地区，最终发展为裕固族。

新中国成立前后，裕固族曾被称为“撒里畏吾儿”，直到 1953 年才正式更名为裕固族。学者们通过对裕固族的研究，认为裕固族的祖先可以追溯到魏晋时期的敕勒人，也就是高车人。秦汉时代的丁零人，曾在《乐府诗集》中留下了一首广为流传的《敕勒歌》，这首歌很可能是裕固族最早的民歌之一。

魏晋南北朝时期的敕勒族是一个能歌善舞的民族，他们喜欢在各种聚会上唱歌跳舞。据史书记载，敕勒族无论男女老少，都会在集会时唱歌作乐。这种能歌善舞的传统被他们的后裔——裕固族人继承了下来。在长期的历史发展过程中，裕固族人民创造了丰富多样的民间文学，这些文学作品在本民族群众中广为流传并保存至今，其中民歌发挥了重要作用。

在历史的长河中，裕固族民歌也在不断地变化和发展。16—20 世纪中期，裕固族传统民歌经历了一个非常活跃的时期。这一时期的民歌数量众多，题材丰富多样。一些传统民歌流传至今，成为裕固族民歌中的经典作品。最能体现裕固族民歌民族特色的是叙事歌，如《西志哈志》《萨娜玛珂》等，这些歌曲在裕固族人心中留下了深刻的印象。裕固族的叙事歌承载着历史文化习俗，是历史的一部分。瑙尔姬斯小时候听她姥姥讲述来自《西志哈志》的歌，这些故事一边唱一边讲，三天三夜也讲不完。

1985 年，我国著名音乐家杜亚雄把瑙尔姬斯母亲会唱的所有歌曲全部记录了下来，其中就包括《我们来自西志哈志》。这首歌讲述了古人在迁徙路上经历的磨难，以及依靠老人们的智慧和全民族的团结，最终向着太阳、向着东方迁徙的过程。歌曲中提到了八字洞，描述了他们从西面往祁连山北坡迁徙时所经历的磨难。最后，歌曲中唱到康熙三十年（1691 年），裕固族人以茶叶和马匹为税款，从而安定下来，过上了富裕的生活。这首歌是裕固族民歌中非常有代表性的叙事作品。

1953—1990年，裕固族民歌创作进入了一个多产时期。在这一时期，众多专家、学者对传统民歌进行了深入的挖掘和整理，并在此基础上创作了大量新民歌。特别值得一提的是，杜亚雄对裕固族民歌的保护和传承做出了重大贡献。他在西北师范大学学习期间进行了田野采风，首次接触到裕固族民歌，并对其产生了浓厚兴趣，这对裕固族民歌的创作和传承产生了极大的推动作用。

三、裕固族民歌的艺术特点

裕固族民歌包括叙事歌、牧歌、擀毡歌等，在特定的场景会有不同的类型演唱。叙事歌以其完整的故事和动人的情节著称，歌词通常较长，旋律短小而富有特色。牧歌在裕固族文化中占据重要地位，特别是在肃南地区，也就是明海和莲花一带，这种歌曲非常流行。这个地区的地形相对平坦，沙漠和湖泊构成了自然屏障，将裕固族与其他民族分隔开来，使得这里成为裕固族主要的聚居区。在这样的环境中，裕固族的语言风格和生活习惯得到了较好的保留，其中就包括许多古老的歌曲。牧歌的曲调与叙事歌有着紧密的联系，它们都深深植根于裕固族的传统文化之中。

擀毡歌是裕固族人民在长期的游牧生活中形成的一种集体劳动歌曲。瑙尔姬斯提到，在劳动过程中，无论是擀毡还是割草，人们都会通过唱歌来调节心情，让劳动变得愉快。这些歌曲节奏明快，常伴有虚词，如“喂喂”“哎哟”“咦哦”等，使歌曲更加生动和富有表现力。以《割草歌》为例，这首歌反映了平原地区裕固族人的生活。在割草季节，人们在户外劳动，面对太阳的暴晒和风吹，通过唱歌来调节心情。《割草歌》的节奏明快，描述了割草、收集、捆扎和运输草料的过程。如“草垛堆得比房顶还高”，这是对丰收的期待。裕固族民歌的旋律与其语言的声调特性高度一致，丰富多彩。使用裕固族语言演唱的方式，赋予了歌曲独特的风格和韵味。

在裕固族民歌中，有一种特别的类别称为奶幼畜歌。这类歌曲出现在接羔季节。有时候，母羊如果是第一次生产，它可能会对接触感到不安。裕固族人就通过歌声来安抚母羊，使其接受并喂养幼羔。这种演唱形式非常有趣，包括奶马驹歌、奶牛歌、奶山羊羔歌和奶绵羊羔歌等。裕固族人用歌声感化母羊，让它们认识到幼羊是自己的孩子。在唱这些歌曲时，裕固族人会温柔地对母羊说："睁开眼睛看看，这是你的孩子；闻闻味道，这是你的孩子。"通过持续不断地歌唱，母羊最终会被感化。有时，如果小羊出生后母羊就死去，裕固族人会尝试借助其他母羊来喂养孤儿羊。面对母羊不愿意哺乳的情形，他们同样会用歌声来感化母羊，告诉它们："你是善良的，这个孩子太可怜了，看看吧。"通常在第 4~7 天，母羊会被感化，甚至流泪，然后接受并哺乳这个小羊。

在唱歌的过程中，裕固族人会根据母羊的反应来调整自己的歌声和抚摸的方式。开始时，如果母羊显得不高兴或不舒服，他们会先抚摸它的脖子，唱着歌让它安静下来。待母羊放松，他们会逐渐抚摸它的肚子和乳房。当母羊开始反刍，即将胃里的草吐出来咀嚼时，它会闭上眼睛，享受这一自然的过程。这时，小羊就可以吃饱了，它的尾巴会开始摆动，嘴里冒出泡泡，因为奶水已经下来，表明它已经吃饱了。小羊吃饱后，母羊甚至会流下眼泪，似乎在表达它的感激和爱意。

整个过程不仅仅是喂养，还体现了一种美妙的联系，展现了不同物种间情感的传递和建立。开始唱歌时，歌声会比较响亮，这样做是为了吸引母羊的注意并安抚它。伴随着歌声，母羊逐渐平静下来，小羊也开始安静地吸奶。这时，音调逐渐降低，越来越轻柔，同时用手抚摸母羊，表达对它的感激之情。慢慢地，歌声会逐渐变得柔和，直至听不见，这时小羊通常已经吃饱了。母羊和小羊之间的互动非常感人，它们之间的爱与信任在歌声中得到了加强。对于我们来说，这是一种神奇而温馨的体验，它展示了民歌在促进情感交流和建立联系方面的独特魅力。在某些情况下，这种情感的流露不仅加深了人与动物之间的联系，也强化了社区内的情感纽带。民歌在这里不单单是一种艺术形式，它还是一种沟通和表达情感的工具，能够激发出深层的情感和对生命的尊重。通过这样的传统实践，我们能够看到文化传承的活力，以及它在现代社会中的持续重要性。

裕固族虽然没有文字，但通过歌声，一代代人能够将文化和历史传承下来。裕固族民歌的魅力在于它贯穿整个生活，能够通过歌声来表达和传递生活中的每一个细节。在裕固族的传统中，音乐不仅是日常生活的一部分，它还承载着特殊的文化意义。在讲述口头文学、服饰文化以及习俗和婚俗时，音乐始终是传递信息和情感的重要载体。无论是在劳动中、在婚礼上，还是在送葬仪式中，裕固族人民都用歌声来庆祝、哀悼和纪念，使得他们的生活充满了音乐和情感的共鸣。例如，姑娘三岁时剃头要唱歌，婚礼时从早唱到晚，甚至连续唱三天三夜。人们在送葬时也会唱歌，瑙尔姬斯的母亲曾教给她《送葬歌》，这首歌不仅传达了悲伤的情绪，还能唤起人们对于逝者和葬礼场景的记忆。每一类歌曲都与特定的生活场景和仪式相关联，展现了他们的情感和审美。这些歌曲成为裕固族文化中非常重要的一部分。

四、裕固族民歌的传承和发展

随着时间的流逝，追溯历史越久远，保护和传承非遗的难度越大。瑙尔姬斯认识到，对于我们国家的非遗项目来说，传承人在其中扮演着不可或缺的角色。裕固族民歌的传承，歌手在其中扮演着至关重要的角色。过去，无论是婚礼、丧礼还是其他重要场合，都会邀请歌手，他们不仅主持仪式，还负责说唱和讲述当地的习俗和礼节。自裕固族民歌成功申报为国家级非遗后，它在当地的重要性也得到了提升。传承人会在每个季节组织活动，聚集人们学习、展示和考核，这也是一种激励年轻人学习和传承裕固族民歌的方式。过去，通常是在家族内部传承，不轻易外传。但现在，随着观念的转变，传承已经跨越了家族甚至民族的界限，许多汉族学者也来学习裕固族的传统文化，这种传承的氛围和成果非常显著。

在参与“国家级传承人抢救保护工程”项目的过程中，瑙尔姬斯深有体会，一些古老的、传统的文化遗产因为过去缺乏保护意识而逐渐消失，导致许多有价值的文化线索中断。裕固族民歌这项艺术的国家级传承人虽然年事已高，但他培养了许多徒弟，将自己的绝活和一些濒临失传的技艺传承给了年青一代。现在，年轻人对传承文化有着浓厚的兴趣和明确的意识。

谈到传承，一定有人会问这是否能带来经济利益。随着对裕固族民歌文化的深入学习和理解，当人们将情感投入其中时，他们会意识到这是一种责任，而不仅仅是为了经济利益。作为裕固族的文化研究者和艺术家，瑙尔姬斯对此有着深刻的体会。

保护非遗不仅要了解其历史脉络，还要确保科学性和正确性。当前，许多非遗的传承存在问题，如传承人根据自己的理解和记忆进行传承，可能会引入个人色彩，导致原始文化失真。这就需要从事非遗保护的工作人员进行细致的筛选和修正，以确保文化遗产的纯粹性。瑙尔姬斯在传承裕固族文化的过程中也遇到了挑战。她提到了解民歌背后故事的重要性，因为这些故事能够激发人们对文化遗产的热爱和传承的责任感。老一辈人传唱的歌曲在新一代人中只剩下模糊的记忆。她强调了田野调查的重要性，以及从老一辈人那里学习和记录民歌背后的故事，这样才能更深刻地理解和传承这些文化遗产。然而，国家级传承人杜秀兰的去世，让瑙尔姬斯感到非常遗憾，因为这意味着许多宝贵的文化财富可能随之消逝。

党的十八大和十九大强调弘扬中华优秀传统文化的目标，瑙尔姬斯认为这是对自身文化价值的肯定和积极践行，其意义在于培养学生的文化自信和文化认同。开展非遗进校园活动和对传承人进行培训，这些都是保护和传承裕固族文化的重要措施。这种普及性的认知对于年青一代在追求流行文化和现代科技的同时，能够对本土文化有更深入的了解和认同至关重要。民歌的教育和传承可以从两个方面进行，一是针对专业音乐学院或综合大学音乐院系的学生，通过开设非遗相关课程，让他们了解并传承这些遗产，将来能够利用自己的专业技能进行提升和创新，将这些遗产一代代传承下去。二是面向非音乐专业的理科生、文科生等更广泛的学生群体，通过美育普及教育，让他们了解中华大地博大精深的非遗，不仅能够欣赏和理解不同民族和地域的文化特色，还能够在全球化的背景下，保持对本民族文化的尊重和自豪感。这也是教育部一直提倡的美育教育的一部分。

瑙尔姬斯在传承裕固族文化方面做出了巨大的努力，她的工作不仅限于自己的研究，还涉及教育和传承。在过去的10年里，她在兰州市的小学、中学和大学中讲述裕固族的文化，包括口头文学、服饰文化，以及最为重要的音乐文化。在教学过程中，瑙尔姬斯面对裕固族文化没有文字的挑战，采取了生动的教学方法。她通过讲述歌曲背后的故事、分享个人经历，使学生能够更好地理解和感受裕固族的文化，帮助学生记忆歌词和投入情感。她还让学生穿上裕固族的传统服饰，讲解服饰的文化意义，体验裕固族文化。瑙尔姬斯将裕固族文化的传统元素融入表演中，使得演唱能够触动人心。她的教学除了知识的传授，更是一种情感的交流和文化认同的建立。这种传承方式对于专业院校的学生来说，是一个宝贵的学习机会，他们可以从中学到如何将真挚的情感融入艺术表演。

扫码试听裕固族民歌

第三十一章　通渭小曲[①]

通渭小曲是流行于陇中地区的民间曲艺形式，以其独特的联套体结构而闻名，与板腔体截然不同。这种艺术形式盛行于明代，汤显祖曾有一首赞颂陇上戏曲同行的诗作："秦中弟子最聪明，何用偏教陇上声。半拍未成声先绝，可怜白头为多情"。明代陕、陇为一省建置，可见当时该地区曲艺之发达。

一、通渭小曲的历史渊源

通渭小曲是源自陕西省眉县、户县的小曲曲艺形式。这些地区历史上是牧歌、樵歌、情歌的发源地，"眉户"的名称由此而来。小曲因其在西北民间的深厚根基和令人着迷的表演风格，又被称为"迷胡"，意指观众听得舒坦、愉悦。

小曲的历史渊源可追溯至春秋战国时期，陕西地区是当时郑、秦两国的辖地，因此小曲中保留了"郑声"的遗韵和"秦风"的特色。郑声多为表达爱情和悲欢离合的情感，曲调缠绵悱恻。此外，小曲也受到了宋元杂剧的影响，其中包含了许多词牌和曲牌，如"风落怨""打枣杆"等。清代毛奇龄的《西河词话》中提到的"弹词"，即以故事编为韵语，有白有曲，可以弹唱的表演形式，也是小曲的前身之一。因此，在通渭一带，小曲也被称为"弹唱"。

到了明代，通渭小曲已经非常流行。当时陕西和陇右地区[②]同属一个省

① 本章内容根据兰州文理学院音乐舞蹈学院赵静和通渭小曲县级传承人刘芳访谈资料整理修改而成。

② 今甘青宁（甘肃、青海、宁夏的合称）地区。

份，明代陕西进士康海和王九思擅长歌唱和词曲创作，他们的剧作对关陇地区的戏曲产生了重大影响。民间还流传着他们组织戏班的传说，他们的活动与眉户小曲的形成和发展有着密切的联系。

通渭小曲在清代达到鼎盛。据《中国戏曲志》记载，通渭小曲的唱腔在继承明清时期南北曲调的基础上，融合了当地的民歌元素。《中国曲艺音乐集成》中也提到，甘肃戏曲的许多曲牌与元明时期的时令小曲名称相同，时令小曲和眉户的曲牌名称及旋律也大多相似。根据民间艺人的口口相传，被誉为“眉户第一人”的黑鼠爷是通渭马营镇党家湾人，他从陕西学成归来后，在马营镇邵家滩一带传授技艺，教授眉户爱好者。民国年间，马营眉户民间艺人张兴贵的父亲是当时业余班社最著名的表演者之一，他们结合当地方言，形成了具有通渭特色的小曲。新中国成立后，马营一带仍将小曲称为“眉户子”。

二、通渭小曲的艺术特色和文化价值

通渭小曲的流行地域广泛，尤其在马营、萍乡、华岭、襄南、寺子、陇川、北城、陇阳等乡镇盛行。这些地方的人们热爱小曲，形成了独特的小曲文化。在马营地区，小曲备受欢迎，是人人唱小曲的“窝子”（一个固定的班社），也是“把式”（能够精准掌握唱腔声调，唱出地方曲艺特色的表演者）云集之地。

通渭小曲根据地域特征分为四个“窝子”，每个“窝子”都有其独特的特点和风格。演唱形式主要分为清唱和表演唱两种。清唱不化妆、不表演，形式自由，适合乡村自娱自乐，常见于农闲季节、庙会、婚寿宴请或节日庆典，因此古时还将小曲称为“清曲”。而到了春节，小曲演唱尤为频繁，清唱中还会加入民间扇子舞、拉花舞等表演形式，这种表演形式被视为明折子戏的一部分。在通渭，尽管不是每个人都会唱小曲，但几乎每个人都能听懂并享受这种艺术形式带来的欢乐。每当一个老艺人弹着三弦唱起小曲，就有大姑娘、小媳妇和孩子们在院子里拿扇子载歌载舞，扭起秧歌，非常热闹。

通渭小曲拥有超过 100 个折子的丰富剧本，包括曲艺清唱本和戏曲演唱本。在这些剧本中，清唱本尤为常见，它们的主题多以历史故事为主，同时也不乏反映现代生活和自然风光的作品。有些内容与秦腔剧本相似，可以说，通渭小曲在一定程度上借鉴了秦腔剧本，如《李彦贵卖水》《杏元和番》等，都是从秦腔剧本中取材的。此外，还有如《刺目劝学》这样的传统小折子，它们构成了小曲戏唱本中曲目最多、最丰富的部分。通渭小曲的剧本情节完整，演唱内容丰富，根据角色，表演曲调委婉悠扬。如《秋水令》是一段情感丰富、略带忧思的唱词，描述了姐妹花回乡的情景，展现了通渭小曲曲调的悲凉之美。

通渭小曲的唱词具有独特的风格，既有诗词的典雅韵味，也有口语化的通俗表达。与秦腔的七字句、十字句不同，小曲的唱词结构是长短句组成的杂言体，以曲添词，以词唱曲。唱词结构具有独特的格律，所采用长短句组合的杂言体结构在词与曲的结合上非常严谨，整体结构也很完整。每首唱腔曲牌字句数都遵循一定的格式，包括十言、九言、七言、五言和四言等。在同一首曲牌中，也可能出现四句、三句、两句以及九言、五言等不同字数的混合句式。

通渭小曲的曲调主要有越调、背官、东调、岗调、紧述、望家乡、雁落平川、凄凉等。现已搜集整理出来的曲调有 296 个。这些曲调有喜、怒、哀、乐、忧、思之分。如钢调和冬调，有力和雄壮，通常由男性演唱，声音洪亮。而像剪边花这样的曲调，则更多由女性演唱，声音柔和。通渭小曲的调式是在五声音阶的基础上发展而来的，包括六声音阶和七声音阶，这些音阶中加入了润音，形成了丰富的音阶。在众多小曲曲调中，乐弦的指调式是最常见的，而官弦的商调式则相对较少。在演唱风格上，每位演唱者的唱腔都有其个性，即使是同一个师傅教出来的学生，他们的唱腔也会有所不同。不同的演唱技巧对于形成个人独特的演唱风格至关重要。例如，演唱时要先弱后强，曲调要先低后高，节奏要先缓后紧，唱词要与曲调紧密结合，吐字要清晰，角色要与曲调相匹配，男女声部要协调，行腔要与说唱相辅相成，韵味要深入戏剧，风格要适应当地风情。

通渭当地的小曲艺人，如王建业、王月熙、马红发、张兴贵和张友山等，他们各自以独特的演唱风格和技巧著称。王建业以清晰的嗓音和舒缓的唱腔著称，王月熙以激情的唱词和有力的行腔见长，马红发以激情奔放的唱腔闻名，张兴贵以宽广的音域、高亢圆润的唱腔和清晰的吐字著称，张友山则以优美动听的腔调和自如的男女声部转换技巧而受到赞誉。从他们的歌声中，我们得以一窥通渭小曲的丰富内涵和艺术价值。

通渭小曲的衬字、演词与帮腔是构成通渭小曲特色的关键部分。在演唱中，除了正式的唱词，艺人们还会使用一些虚词，通常以地方方言的形式呈现，如“咿呀哈”等。它们往往随即搭配演唱，用于情节过渡，使演唱更加流畅和紧凑。这些衬字的使用需要一定的技巧和经验。以“冬调”小曲为例，这通常是一种男性艺人演唱的曲调，包含了衬腔和帮腔。所谓“帮腔”，就是为了营造一种欢乐宏大的氛围，伴奏者、听众和主唱者一起合唱。这一特色在小曲音乐中更为独特，它有力地烘托了欢快、热烈的演唱氛围，使得演唱更加生动和热闹。

通渭小曲在通渭县的10多个乡镇中展现出多样化的风格和特色。这种多样性主要源于各地区方言的差异、师徒传承的不同风格、流行习俗以及传统唱法的差别。例如，在演唱《银纽丝》这一曲调时，不同地区的演绎方式也有所不同。在北城、寺子、东川等地，艺人们在唱前两个七字句时，通常使用低音区，音域较窄，起伏不大。而在马营、萍乡等地，艺人们则在第一句使用中低音区，第二句转为高中音区，形成了鲜明的对比。

通渭小曲这种民俗文化还潜移默化地将自然、历史和农耕知识等融入曲目中，以娱乐的方式给人们传授经验。在人生的旅途中，我们不可避免地会经历各种情感的起伏，包括欢乐与悲伤、团聚与别离。这些丰富的情感体验往往被编织成有歌词的旋律，通过歌曲的形式表达出来，将成年人或老一辈人的愿望和希望传递给年青一代，通过歌曲表达对家乡和祖国的深厚情感。通过歌曲演绎，我们可以将个人的情感和集体的记忆结合起来，让它们在社区和家庭中流传。无论是对过去的怀念、对未来的憧憬，还是对当下的感悟，都能通过音乐的力量触动人心，引发共鸣。这样的创作和演绎使通渭小曲不仅是一种娱乐形式，更是一种文化和情感的载体，承载着我们对生活的理解和对世界的情感。

三、通渭小曲的保护与传承

随着改革开放的推进，国家开始重视民间文化遗产的抢救和保护工作。通渭小曲也乘着非遗保护的东风，迎来了新的发展机遇。2008 年，通渭小曲进入高校，通渭小曲协会在西北师范大学音乐学院进行了演出。2010 年，这一传统艺术形式更是登上了中央音乐学院的舞台，受到了中央媒体的关注和报道。相关的书籍和研究作品也相继出版，如《通渭小曲传统剧本集》和《通渭小曲研究》等。2011 年 5 月，通渭小曲被列入国家级非遗保护名录，这标志着它在国家层面得到了认可和重视。2013 年，通渭小曲参加了定西市首届小曲会演，这些频繁的文化活动为通渭小曲的传承和发展注入了新的活力。

在这样的过程中，通渭小曲传承者们为保护和传承这一非遗做出了巨大贡献。保护和传承优秀的戏曲和传统文化是每一个中华儿女的责任和义务。我们每个人都应该为维护这些珍贵的文化遗产尽一份力。

扫码试听通渭小曲

第三十二章　兰州黄河大水车制作技艺[①]

兰州黄河大水车的制作技艺源远流长，根据地方史志和文化资料的记载，兰州黄河大水车的制作技艺起源于明嘉靖二年（1523 年），由兰州进士段续所创。在他担任官员期间，曾考察了多地的水利设施。在考察中，段续注意到外地的水车在提水灌田方面的显著效益。晚年辞官后，他返回兰州，发现虽然黄河水资源丰富，但两岸的农田未能充分利用这一水资源。出于对国家和民众利益的考虑，段续基于他在南方所见的水车模型，结合兰州的实际情况，研发出了适应黄河特点的大水车制作技艺。因而，兰州黄河大水车的历史至少有 500 年，一直沿用至近现代。

兰州黄河大水车的特点在于其独特的形制和较大的体积，这与兰州地区黄河的水利条件密切相关。与其相比，我国其他地区有着不同类型的水车，如云南的筒车以及南方地区使用的体积较小、适合提水灌溉的脚踏水车。这些水车的设计都考虑到了当地水资源的特点，如水容量的需求、风力的使用等。兰州黄河大水车利用黄河水流的冲击力来产生动能，并通过这种动能将水提升至农田中进行灌溉。这种设计与黄河的地理特性（如河水的流速、季节性的水位变化以及含沙量等因素）紧密相关。此外，黄河的水位在某些地段比河岸要高出 3~5 米，这种地理地貌要求必须有大型的水车来产生足够的冲击力，以实现有效的灌溉。

一、兰州黄河大水车的历史渊源

黄河大水车在黄河沿岸的普及始于清代。道光年间，安徽桐城诗人叶礼

① 本章内容根据甘肃省非物质文化遗产保护中心副研究馆员封尘和兰州黄河大水车制作技艺国家级传承人段怡村访谈资料整理修改而成。

赋诗赞美黄河大水车，形容其为“水车旋转自轮回，倒雪翻银九曲隈。始信青莲诗句巧，黄河之水天上来”。新中国成立前，水车的使用达到了鼎盛时期。黄河沿岸的居民，甚至支流地区的人民，都开始争相模仿和使用这种水车制作技术。如湟水和庄浪河等地也曾安装了许多水车。清乾隆五年（1740年），西固的刘公在西柳沟石岗河沿建造了被称为“大车”“新车”“西大车”“高车”等的水车，这些水车高大壮观，提水高度和水量得到提升，灌溉面积也更广。到了1952年，西固一带的水车数量已超过50架，而整个兰州黄河沿岸的水车总数达到了100多架。20世纪30—40年代，黄河沿岸的水车数量仍然众多，从青海的贵德到宁夏的中卫，水车总数达到了400架。

1940年，学者丁屡进在其著作《西兰之间》中描述了他在兰州至永登途中所见的水车，提到“河岸水车水磨随地皆是，深觉东南各省应行仿效”。到了20世纪60年代，随着现代水利技术的发展，传统的水车逐渐被更先进的灌溉系统取代，水车的功能和使用情况发生了变化。进入20世纪80年代，随着旅游业的发展，水车成为黄河旅游风景线上的一道风景。对于新时代的人们来说，水车可能只是一个课本上或动画片里的概念。然而，水车曾是黄河沿岸居民生活的重要组成部分。

兰州黄河大水车的历史可以追溯到500年前，是一项历史悠久的水利技术，见证了兰州地区农业灌溉方式的演变，也承载了丰富的文化和历史价值。随着时间的推移，尽管水车的实际使用功能可能已经发生了变化，但它作为一项重要的文化遗产，仍然值得我们保护和传承。

二、兰州黄河大水车的社会价值和文化价值

兰州，这座被黄河穿城而过的城市，自古以来就拥有着得天独厚的地理优势。然而，在黄河水车出现之前，兰州人民面对着一条大河的丰富水资源却无法充分利用。他们无法直接饮用河水，也无法用河水灌溉农田，只能依赖天降雨水来维持生计，“十种九不收”，生活十分艰苦。在艰苦的生产条件下，人口得不到很好的发展，经济发展严重滞后。

黄河大水车的出现，让兰州逐渐变成了一座瓜果飘香的城市。在黄河大

水车的灌溉下，如今的滨河路、省委、光辉布料市场等地，都是果园，干旱的土地得到了黄河水的滋润，兰州城摆脱了靠天吃饭的命运。黄河大水车不仅对兰州的农业发展起到了关键作用，也对整个城市的经济、政治和文化发展产生了深远影响。兰州市也因此发展成为西北地区的政治、经济和文化中心。到了新中国成立初期，水车已经发展成为一种既实用又美观的艺术品。据记载，当时兰州段黄河上曾有 250 余架水车，它们日夜不停地转动，成为一道壮观的景象，极大地促进了当地的发展。

黄河大水车并非简单的改造或仿制，而是一项发明。其他形制的水车因规模太小，无法满足大面积灌溉需求。而在黄河的河南段以下，由于地势较为平坦，不需要像兰州这样大距离提水灌溉。兰州的黄河水面与岸上的落差通常超过 10 米，这种独特的地理条件决定了兰州需要特有的大型水车。因而人们发明了这种直径约 18 米的大型水车。水车的制作遵循古老的工艺和诀窍，确保了其坚固耐用、不变形、使用寿命长和转动灵活。黄河大水车包括小头子、轴、大辐条、小辐条、小轮子刮水板、水桶、网线板等近 600 个零件。经过近 500 年的传承与改进，以及无数工匠的精心打磨，水车的结构不断修改和完善，最终在结构学和力学上达到了尽善尽美的状态，“多一分则多，少一分则少”。

黄河大水车的精巧设计和持久的实用性，确实可以从科学的角度得到解释。它的结构之美、力学之美都是历代工匠智慧的结晶。以一个直径为 18 米的水车为例，完成它至少需要 3 个月，大约需要 100 立方米的木材。这样的工程通常需要一个大约 10 人组成的团队的协作。水车各个部件的尺寸多样，很多精细的部分无法通过机器来完成，需要工匠的手工技艺。而每一块木板的重量和尺寸都必须非常精确，否则可能影响水车的整体结构和功能。工匠们使用的工具和方法看似简单，但实际上是经过长时间实践和试错积累下来的宝贵知识。遵循古老的经验和技巧对水车制作的过程至关重要。这包括对木材的选择、部件的加工和组装等方面。很多时候不是简单用尺子测量就能达到的，需要工匠根据经验和直觉来判断。一架优质的黄河大水车，可以保持多年不变形、不散架，运转灵活。制作黄河大水车不仅是一项技术工作，还是一门艺术，一种文化的传承。每一架经久耐用的水车背后都凝聚了工匠们的智慧和辛勤劳动。

工匠们不仅理解木材的特性，还精通制作水车的一整套技艺和诀窍。木材在不同季节会因为温度和湿度的变化而膨胀或收缩，水车需要适应四季变化。在这项古老的技艺中，有许多代表性的技艺和诀窍。比如，木材在夏季和秋季经过一段时间的运行后，到了冬季气候干燥，会因为干缩而产生间隙。这时，如果掌握了如何调整水车的各个部分以适应季节变化，如何使用特殊的工具和技术来修复和维护水车，以及如何确保水车的结构在长期运行中保持稳定等方面的诀窍，就可以通过一些特殊的方法来调整水车的紧固度，使其恢复刚性。如果没有这些诀窍，水车的结构就会变得松散，甚至无法正常工作。这些技巧和经验的总结，是经过多年的实践和试错才积累下来的，文化的魅力和历史的价值在这些细节中得到了体现。

黄河大水车的制作技艺还蕴含着丰富的文化价值和文学价值。在水车的使用过程中，老百姓围绕水车创作了许多民间文学作品。例如，水车的一个部件名为“养月”，在运转时会发出“捞捞”的声音，人们依此创作了“三月叫水”的故事，描述了人们在夜晚为水车上油的情景。在兰州的段家滩地区，还流传着段续老先生三下江南发明水车的民间故事，以及与水车精神相联系的青花娘娘的传说等，都是基于黄河水车制作技艺衍生出来的民间传说。

三、兰州黄河大水车的保护和传承

传承和保护兰州黄河大水车制作技艺是我们非遗项目中最重要的任务之一。黄河大水车是兰州的标志性象征，对当地的发展有着不可磨灭的贡献。然而，很多人并不了解这些古老的工艺和诀窍。黄河水车的传统制作技艺复杂且精细，对工匠的技能要求极高。即便有人愿意学习，也因为按照传统技艺制作的成本过高而难以为继。在经济效益的考量下，传统技艺往往无法与低成本的现代生产方式竞争。因此，许多工匠面临无法依靠制作水车维持生计的困境。

兰州曾有许多制作水车的工匠和作坊，但据目前所知，只剩下极少数仍在坚持。一些工匠不得不转让设备，关闭作坊。这种状况不仅影响了工匠的生计，也对黄河大水车制作技艺的传承构成了威胁。随着老一辈工匠的逐渐老去，如果没有人继续传承这些技艺，黄河大水车的传统制作技艺可能会逐渐失传。尽管目前还有徒弟在学习这项技艺，但未来的传承仍然充满不确定性。如果按照传统方法制作水车无法带来足够的收入，那么工匠们可能不得不放弃这项技艺，转而寻找其他生计。水车曾经是兰州的骄傲，是当地文化的重要组成部分。目前，虽然有政府的支持和一些传统技艺振兴计划，但仍然存在年轻人对学习这项技艺意愿不强的问题。如果不采取措施保护和振兴这项技艺，我们可能会失去这项珍贵的文化遗产。因此，需要社会各界的关注和支持，以确保黄河大水车制作技艺能够得到有效的保护和传承。

尽管如此，我们仍然可以乐观地看待未来。每一项时代的产物都会随着时间的流逝而发生变化，这并不一定是坏事。我们的目标应该是让兰州黄河大水车的观赏价值和文化价值得到最大化的发挥。通过教育、旅游和文化活动，我们可以让更多的人了解和欣赏这项传统技艺，从而为它的传承和保护创造更好的条件。

第三十三章　肃南裕固族服饰[①]

肃南裕固族服饰的起源与其民族的历史和文化紧密相连。裕固族，作为一个传统的游牧民族，曾在中国的北方，尤其是河西走廊一带，经历了多次迁徙。在长期的游牧生活中，裕固族与北方的多个少数民族，如蒙古族、藏族等，不仅在地域上有所交集，在文化上也有所交融。

裕固族的历史可以追溯到2000多年前，据史书记载，在7世纪前后，他们的祖先主要居住在现今的蒙古高原和额尔古纳河流域。最初，这个民族被称为回鹘。到了公元840年前后，回鹘部落南下至甘州地区，也就是现在的张掖，并在那里建立了回鹘汗国。这个政权持续了100多年，直到唐宋时期。1226年，蒙古帝国攻占了甘州回鹘的地域，部分撒里畏兀儿部落融入了蒙古部落中。明代，他们被称为“撒里畏兀儿”。

从历史的角度来看，裕固族的迁徙主要是沿着东西两个方向，他们曾两次迁居河西，明代中叶，由于战乱和灾荒，他们东迁至祁连山一带放牧，这也是现在裕固族主要的居住区域。自清代到1949年新中国成立前，裕固族被称为“锡喇伟古尔”，这段时间是裕固族相对稳定的时期。新中国成立后，裕固族结束了传统的部落制度和世袭制，融入了新中国的大家庭。1954年，经过肃南各界人士的协商讨论，他们同意将民族名称改为“裕固”，并报请中央人民政府批准，最终成立了现在的肃南裕固族自治县。

一、肃南裕固族服饰的起源

裕固族服饰是一个统称，包括帽子、衣服、鞋、配饰等多个方面，我们

① 本章内容根据兰州文理学院唐兴荣副教授和肃南裕固族自治县文化馆副研究馆员安菁访谈资料整理修改而成。

可以借此更深入地了解裕固族服饰的丰富内涵和文化价值。作为民族文化的重要组成部分，裕固族服饰的起源与其民族的融合、迁徙历史和游牧生活方式密切相关，服饰相关细节都是考证其民族历史的重要部分。随着时间的推移，裕固族的服饰也在不断地发展和变化，成为这个民族独特的文化标识。

据研究考证，裕固族服饰的起源一是与古代的回鹘有关，二是与周边的少数民族，特别是蒙古族和藏族的交融有关，其中蒙古族的影响尤为显著。由于服饰不易保存，直接从实物考证其起源较为困难。目前，对裕固族服饰起源的考证主要依赖于河西走廊乃至北方地区遗留的洞窟壁画。这些壁画为我们提供了丰富的视觉图像资料。例如，新疆的库木吐喇石窟中的壁画，尤其是第 75 窟中的女供养人像，其服饰特征与现代裕固族服饰有许多相似之处，如圆领红袍、鳞状花纹、发束等。敦煌莫高窟的壁画同样提供了关于裕固族服饰起源的证据。在莫高窟第 409 窟中，西夏中期的女供养人的服饰与新疆石窟中的服饰风格相似，如大翻领、窄袖长袍、桃形凤冠等。除了石窟壁画，古代文献也为我们提供了裕固族服饰起源的线索。《五代史记》中关于回鹘的记载，描述了妇女婚嫁时的服饰变化，这反映了裕固族服饰的某些特点。

裕固族历史上的民族迁徙也对其服饰产生了影响，这在其与周边民族的关系中尤为明显。沿着民族迁徙的不同方向，裕固族服饰也在风格和细节上有所区别。东迁后，裕固族与内蒙古、青海地区的汉族、蒙古族、藏族等民族有了更多的交流。东部裕固族主要使用阿尔泰语系，与西部的突厥语系有所不同。他们主要居住在肃南裕固族自治县的康乐乡、皇城镇以及大河县的一部分区域。东部裕固族的服饰继承了回鹘、蒙古族等民族的传统，但在具体的服饰风格上，由于地域和生活方式的差异，也展现出了独特的变化，如马蹄袖、云状图案、穿马甲的习惯等。西部裕固族主要分布在肃南裕固族自治县明花乡三拉哥家和大河乡韭菜沟血泉水关一带，这个区域的面积大约占据了肃南裕固族自治县总面积的 1/3。西部裕固族人属于亚拉格家、呼郎格家和西八个家三个部落。他们的服饰受到了突厥族等民族的影响，在服饰的形制和图案元素上有所体现。裕固族服饰还受到了藏传佛教的影响，如佩戴佛珠和佛像饰品等。

二、肃南裕固族服饰的特点

裕固族服饰是该民族在长期历史发展中，根据自己独特的审美观念和生活习惯创造的文化成果。裕固族的服饰体系丰富多样，不仅体现了不同年龄、性别和社会身份的特点，还适应了不同的气候条件和地理环境，形成了具有鲜明民族特色的服饰风格。

在不同的生活场合，如婚礼等仪式上，裕固族男女的服饰会有不同的特色和要求。男性服饰通常较为简洁，普遍头戴毡帽，这种帽子后部较高，前部较低，呈扇形展开，帽檐后卷，常以锦缎或黑布镶边，顶部装饰有蓝色或金色的圆形或八角形图案，被形象地称为“牛吃水”。男性无论老少，都穿着与身高相等的长袍，材质根据经济条件而异。袍子下摆左右开衩，衣衩和下摆处通常镶有锦缎边。男性还会系一条长达一丈二尺的彩色腰带，并将多余的部分垂于一侧，这是男性服饰的一个显著特征。此外，还会在腰间佩戴刺绣钱袋、小佛像、鼻烟壶等装饰物，脚穿长靴，鞋帮上绣有彩色花纹。

裕固族女性的服饰则更为复杂和精致，帽子是其传统服饰中非常突出的部分。西部裕固族女性的毡帽是一种喇叭形的尖顶帽，后檐卷起，通常由白色羊毛制成，顶部缝有一块绣有精美图案的布袋。东部裕固族女性的帽子则类似于礼帽，尖顶较大，多用吉棘草和羊毛编织，再以红布和白布覆盖。帽顶常用红色丝线缝制成圆形图案，这是裕固族服饰中非常醒目的标志。裕固族妇女身穿高领大襟右衽的长袍，着长裤，根据季节不同，有夹棉和皮衣之分。衣领、袖口及饰物上常绣有彩虹色的花边，颜色顺序在不同地区有所差异。年轻女性的衣袖从袖口至肘部镶有各色花边，一般为单数层，象征天上的云彩和地上的生命。女性的袍子以绿色和蓝色为主，下摆两边开衩，边缘装饰有云纹图案。她们通常扎桃红色、紫色或绿色的腰带，并在腰带右下方挂有方形手巾，以及小刀、刺绣荷包、针线等物品。

裕固族儿童的服饰与成人类似，颜色更为鲜艳。儿童在 3 岁时会举行剃头仪式，之后会穿上小袍子并束腰带。小姑娘在剃头时会在后脑勺留下一片头发，编成辫子并饰以珊瑚珠。十三四岁的姑娘会佩戴一种叫作“萨达尔格”

的饰物，这是一条宽约 3 寸的红色带子，上面缀有珊瑚珠组成的各色图案。带子边缘用小珠子穿成珠穗，从姑娘的前额绕过，系在脑后，珠穗像珠帘一样垂在前额。带子后面有两条小绣花飘带，逐渐由窄变宽，垂至腰际。在裕固族姑娘胸前，佩戴有用红布做成的方形硬布牌子饰物。

裕固族的婚礼服饰，尤其是新娘的装扮，是该民族服饰文化的重要组成部分。裕固族新娘通常穿着绿色的长袍，这一颜色象征着生机与希望。在整个婚礼仪式中，新娘会骑上一匹白色的马，代表着纯洁和吉祥。裕固族新娘头戴用狐狸皮制作的皮帽子，裕固族人称之为“图鲁克配”。这一习俗的形成与古老的民间传说有关。相传，在裕固族东迁之前，有一个名叫加尔江的年轻猎人，他为了筹集婚礼的彩礼，每天都在沙丘上打猎。一次，他猎杀了两只小狐狸，但随后在沙漠中迷失了方向，却看见一只红毛狐狸出现在他的面前。于是加尔江连续追了几天几夜，也没有将这只狐狸射死，他又饿又累，昏死在沙漠中。加尔江的未婚妻循着这只老狐狸的叫声，找到了奄奄一息的加尔江。狐狸用歌声告诉这个姑娘，它的孩子死在了加尔江的箭下。但狐狸最终还是放过了加尔江。为了感谢狐狸的指引，新娘将小狐狸的皮制成帽子，并在婚礼前三天戴上，这一习俗一直延续至今。

裕固族妇女的头面是一种非常讲究的头饰，在裕固语中称为“凯门别什”。头面是裕固族民间工艺的精华，构思精巧、色彩鲜艳，花纹图案排列整齐。头面也是区分已婚女性和未婚女性的标志，姑娘到了适婚年龄，举行出嫁戴头面仪式时才戴上帽子和头面表示已婚。它通常由红色的珊瑚珠、白色的海贝、玛瑙珠、珍珠、孔雀石、银牌和铜环等材料制成，这些材料被用来组成各种精美的图案缝制在红布上，再用彩色丝线装饰边缘。头饰的底色通常由红色的珊瑚珠构成，上面则用白色和蓝色的珠子穿成图案，并将特制的银牌、珍珠等饰物镶嵌于其上。裕固族妇女的头面是一种精致且价值不菲的民间工艺品，它是新娘出嫁时娘家为其准备的陪嫁品。在过去，根据娘家的经济状况，会邀请专门制作传统服装的工匠到家中来制作这些服饰，饱含父母对女儿深沉的爱和对未来的美好祝愿。

裕固族妇女的头面分别挂在胸前左右两侧和背后。头面的上端编入耳际以上的发辫中，中间穿过腰带，下端垂至脚面。胸前两条头面的图案和色彩完全对称，每条分为四节，每节都有其特定的象征意义。第一节，裕固语称为“柯能”，表示盛开的花。第二节称为“阿恩”，由三部分组成，每部分坠有4个戒指，共12个戒指，连接起来叫作“表示结”。第三节称为“康奥斯玛”。第四节称为“奥斯玛”，用一个圆形的铜环象征金龙，配以红、绿两色的丝线穗子，表示金龙光芒四射。背后垂下的一条头面比较窄，同样用红色的珊瑚衬底，各色丝线装饰，中间镶嵌着白色的海螺圆块，从上到下逐渐变小。妇女佩戴后显得端庄、美丽、大方。在戴上头面的同一天，裕固族妇女还会戴上尖顶的扎拉帽，这是裕固族的传统服饰之一，是身份的象征，也承载着丰富的文化意义和民族特色。

裕固族妇女佩戴头面的习俗背后，是一个感人至深的传说。相传在裕固族的历史中，有一位名叫萨拉马克的公主，她不仅智慧勇敢，还在民族面临危难时带领女兵击败了敌人，因而被尊称为女英雄。不幸的是，当时的汗国丞相想谋权篡位，将公主视为障碍，于是设计陷害她。最终，公主惨遭烈马拖拽而死，其惨状令人不忍直视。为了缅怀这位女英雄，裕固族妇女开始佩戴头面。头面的前两片象征性地遮住乳房，后一片则遮住脊骨，帽尖上的红缨穗象征着公主头顶上的鲜血，腰间扎紧的红腰带则代表公主的热血洒在了故乡的土地上。这一习俗一直延续至今。裕固族妇女一旦戴上头面，便不会轻易摘下，无论是在日常生活中还是劳作时，头面都是她们身份的象征。

头面的图案在不同部落间存在细微差别，通过观察这些图案，人们可以辨别出妇女所属的部落。例如，明花地区的亚拉格家部落妇女的传统头面第一节顶部是平的，没有被称为“脑络”的三角形装饰。而在大河地区的八个家部落妇女的头面上，虽然有脑络部分，但突出的三角形与第一节的其他部分是相连的。在东部裕固族的一些部落妇女的头面上，通常用各色花边或珠子将三角形的裸露部分图案单独分割出来。除了头面，裕固族妇女还喜爱佩戴各种金银珠宝饰品。明花地区的妇女习惯佩戴一种由圆形薄银片制成的耳环，这种耳环直径3~4厘米，中间有一个小洞，仅能穿过银线，上面绘有彩色图案。当地妇女解释说，之所以佩戴这种形式的耳环，是因为该地区位于巴丹吉林沙漠的南部边缘，地域开阔平坦，戴上这种耳环，即使在几公里外，也能反射出耀眼的光芒。西部裕固族妇女则偏爱一种由戒指形状的金属穿成的项链，这种项链不是戴在脖子上，而是用小钩子挂在头面上。这些小指环由不同材质制成，包括玛瑙、绿松石等天然石材，也有银质镶嵌的。东部裕固族由于地理位置与青海省相邻，因此在服饰上也有一些独特的地方。

在裕固族的婚礼上，人们常常会唱民歌来祝福新人。《出嫁歌》中有这样的句子，大意是："从今往后，我将永远佩戴头面。从今往后，我将穿上绿色的长袍，宽阔的前襟上绣着美丽的花朵。我知道这意味着要多生儿子，细致的袖口紧贴在我的手腕上，我明白这是希望我多生女儿。"裕固族新娘在出嫁仪式上会戴上头面，换上嫁衣，标志着她从姑娘时代步入婚姻生活。

裕固族服饰的造型特色、色彩观念、材质选择、工艺技法、图案艺术以及配饰设计等，共同构成了裕固族独特的审美倾向和文化标识。裕固族服饰经历了长期的历史沉淀和创新，反映了民族的审美心理和生活哲学。服饰中鲜艳的色彩传达了裕固族乐观的生活态度和质朴的审美追求。抽象的图案艺术揭示了民族深层的文化理念和情感表达。而服饰的配饰则体现了裕固族对安定生活的向往和对美好生活的期待。

三、肃南裕固族服饰的传承与创新

在考虑裕固族服饰的传承问题时，我们必须将其放在一个广阔的历史背景下来理解其动态的发展过程。裕固族服饰作为国家级非遗，受到了国家和地方政府的高度重视。近年来，包括张掖、肃南裕固族自治县在内的地区相关部门，都对裕固族服饰的保护和传承工作给予了极大的关注。国家非物质文物遗产保护中心在肃南裕固族自治县进行了普查，收集和整理了大量的原始资料。肃南裕固族自治县文化馆副研究馆员安菁，作为美术专业的学者，绘制了许多珍贵的服饰手绘图。在肃南裕固族自治县，除官方的保护措施外，私人博物馆也在积极进行裕固族服饰的保护工作，显示出民间力量在文化传承中的重要作用。这些工作为服饰图案的数字化保存提供了重要的资料。

目前，裕固族服饰的保护主要采取静态保护的方式，如博物馆收藏和原始资料的保存。在传承与创新方面，裕固族服饰的保护和发展需要结合现代生活的实际需求。未来的工作重点之一是超越单纯的物质保存，进一步细化其背后的故事和相应图案的关系，将裕固族服饰及其文化内涵和历史故事等以数字化的形式记录下来，增强其传播力。

随着时代的变迁，裕固族服饰的变化与其生活方式的演变紧密相连。近现代以来，裕固族传统的游牧生活方式发生了转变，许多传统配饰和生活相关的物品，如随身携带的小刀、火石、粮食等，已不再常见。这种生活方式的变化对服饰的影响显著，使得人们在日常穿着上趋向简化，而传统的盛装更多地出现在重要的节日和庆典中。在这样的背景下，保护和传承裕固族服饰文化需要采取更为灵活和创新的方法。需要通过节日庆典等文化活动，将服饰作为文化传播的载体，让更多的人了解和欣赏裕固族的传统服饰，有助于保持服饰的传统特色，也能促进文化的交流和理解。

在传承的基础上，肃南裕固族服饰可以从形态、功能和设计三个方面进行创新。在保持服饰基本特征的基础上，进行简化和现代化的设计，使其更适应现代生活。此外，还可结合现代设计理念，提取裕固族服饰的符号元素，创造出与现代生活紧密相连的衍生品，如家居用品、时尚配饰等。这样的创新能够在保护和传承裕固族服饰文化的同时，使其在现代社会中焕发新的活力，实现文化的活态传承。这样的创新和传承工作，需要社会各界的共同努力，包括政府、学术界、设计师、民间艺人以及广大民众的参与和支持。通过多方合作，裕固族服饰文化将得到更好的保护和传承，同时也能为现代社会带来丰富的文化资源和创意灵感。

第三十四章　张家川花儿[①]

张家川回族自治县，古称阿阳，东邻陕西省陇县，南毗甘肃省清水县，西接秦安县，北与华亭市和庄浪县相接，地理位置重要。张家川回族自治县位于陇上要道，关山脚下，是古丝绸之路南道和进出关陇的必经之地及甘肃回族的主要聚居区之一，历史上为兵家必争之地。张家川回族自治县是西北少数民族文化交流的重要地区，花儿在这里传唱广泛，渊源深厚。

一、张家川花儿的历史渊源

花儿的渊源是一个学术性的话题，《张家川花儿研究》一书中记载，张家川花儿的渊源与回族的由来和地方的历史变迁密切相关。张家川回族自治县历史悠久，早在夏商时代就是西戎的活动区域。先秦时期，周孝王六年（公元前 905 年），秦非子因功被封为附庸国，在此建立都尹，遗址位于张家川回族自治县城西南的瓦泉村。西汉汉高帝二年（公元前 205 年），张家川镇设立阿阳县，阿阳的名称由此而来。张骞出使西域打通了古丝绸之路，张家川成为丝绸之路南面的通道，张骞的子孙后代世居于此。到了魏晋南北朝时期，张家川作为从青海到甘肃东南部翻越关山、进取中原的重要战略要地，多次被北方少数民族建立的政权统治，成为少数民族文化交流的多发地带。

据《张家川回族自治县志》记载，张家川回族自治县的回族主要来源于元明时代，散居秦州，与汉人错杂而居。元代是一个地跨欧亚大陆的帝国，民族成分复杂。由于成吉思汗西征，中亚各族人、波斯人、阿拉伯人等被迫

---

① 本章内容根据张家川回族自治县文化馆市级非遗传承人毛丽丽和毛海霞访谈资料整理修改而成。

沿陆上丝绸之路东迁，他们在中国久居不归，逐渐融入当地。另据《陇州续志》记载，西域回鹘人中就有因与汉人贸易而迁入秦陇山区的。中亚人的到来不仅带来了伊斯兰教，还带来了中亚的音乐，为花儿的产生提供了现实基础。元明是中国回族形成的主要时期，早期的研究文献特别注明花儿的歌唱主体民族是回族，加之花儿音乐特点中的中亚音乐元素，说明回族在中国形成时，花儿已经盛行。随着唱花儿的人数增多，花儿的传唱范围不断扩大。清同治年间，陕甘宁（陕西、甘肃、宁夏）近 10 万回族人被迫迁徙，部分安置在张家川境内，使得张家川的回族人口比例骤变，形成了以回族为主体的聚居区。这些迁入的回族人大多来自花儿的故乡河州，即今临夏地区。同时，回族善于经商，长期以来在西北地区的各民族间交往密切，花儿也随之传播到张家川，并与本地花儿相融合，对花儿的发展产生了一定的影响。花儿在张家川的传唱随即增多，对本土花儿产生了繁荣作用的同时，也带来了冲击，使得语调、语句发生了新的变化。

张家川花儿渊源的另一个重要方面是脚户活动和麦客活动。脚户活动，也就是人们常说的“出门人”，指那些跟随马帮、驼队或自己肩挑背扛贩运商品的人。他们在贩运旅途中，无形中扮演了文化传播者的角色。这些脚户处于社会的底层，拥有丰富的生活体验。在长途跋涉的过程中，他们经历了孤独、寂寞以及与亲人的离别，这些情感需要找到释放的出口。山歌和花儿成为他们表达感情的最佳方式，他们通过唱花儿来倾诉生活中的喜怒哀乐和感情的酸甜苦辣。这种表达方式不受约束，能够让他们得到情感的宣泄和解放。在漫长的赶脚路上，花儿是排解生活苦闷和劳动协作的手段，更是商旅途中不可或缺的精神慰藉。可以说，哪里有脚户，哪里就有花儿。因此，脚户在花儿的传播和创作中扮演了至关重要的角色，被誉为花儿的传播使者。

除了脚户活动，麦客活动是甘肃陇东南地区一个独特的地域现象，也是花儿发展的重要力量。麦客，即帮助他人收割麦子的农民工。张家川地区属于半干旱气候，年降水量少，农民靠天吃饭，土地分配不均，饥荒频发。而关山另一边的秦川关中地带则土地肥沃、雨量适中，小麦成熟期比张家川早两个多月。因此，在张家川青黄不接的时候，大量闲散劳动力组成了麦客大军，涌入关中平原，为当地人收割小麦。这些劳动力成为花儿的传播者和演唱者。他们在劳作之余，通过唱花儿来表达自己的情感和体验，进一步推动了花儿的传播和发展。

二、张家川花儿的艺术价值和社会价值

张家川花儿具有显著的审美价值，在张家川地区的回族群众中占据了极其重要的文化地位。花儿常以“哥哥是人里面的梢子，麻利得像个鹞子”“十八的姑娘门上站，好像朵灿开的牡丹”“碎妹子好像一朵花，水灵灵站在你面前”等句子，表达男子的英俊有为和女性的魅力与青春活力，清新生动，充满了生命力和自然美。这些丰富的表达成为当地审美文化的一部分，花儿的传唱成为当地文化中不可或缺的一部分。张家川花儿也用于娱乐和社交活动，其中，花儿的歌名、内容、音乐等方面都是美的享受，通过优美的语言塑造人物，展现了西北高原的风情，具有助兴和审美的功能。

近年来，相关专业人士将原生态的花儿加工成艺术品，搬上舞台，使之成为展现张家川社会发展的重要媒介。通过艺术加工，原生态的花儿在旋律、服饰、道具、表演形式和演唱风格等方面都得到了创新和提升，向人们呈现张家川波澜壮阔的社会发展画面和中华民族传统文化，增强了民族自信心和荣誉感。

在张家川回族自治县，艺人们通过对原始素材的整理和创新，将花儿的艺术魅力以多种方式呈现给观众。情景表演唱《白葡萄》就是基于花儿的原始素材创作而成的，它生动地展现了男女之间的爱情故事。这种表演形式保留了花儿的传统韵味，通过情景再现的方式，让观众更加直观地感受到花儿所传达的情感和故事。此外，还有《爱死人的张家川》等歌伴舞作品，通过音乐和舞蹈的结合，进一步丰富了花儿的艺术表现形式。2011 年，当地集合众多优秀花儿艺人，创作了《关山月》这部以回汉团结一心、共建和谐家园为主题的艺术作品。通过舞台艺术的形式，再现了当地回族自清朝末年流落到张家川关山脚下，今日建设幸福家园的百年发展史。《关山月》的创作融合了原生态花儿、民谣、原创诗歌朗诵以及原创歌舞等多种艺术元素，最终以大型音乐剧的形式呈现在舞台上。这也成为推动当地文化经济增长的重要力

量，丰富了农村的文化生活，为当地居民带来了实质性的经济收益。基于此，还涌现出了如小品剧《春暖回乡》反映农村变迁和生活改善的故事，通过花儿的形式宣传党的政策，讲述民族团结的故事，受到了观众的好评。

三、张家川花儿的演唱技艺

在甘肃省黄河以东、六盘山以西地区流传的花儿，被称为陇中花儿。张家川花儿蕴含着浓郁的地域文化元素，是陇中花儿的典型代表。它使用当地的方言进行无伴奏清唱，音乐结构属于曲牌体，唱腔曲调多为商调式。

张家川花儿的演唱风格给人以高亢、直爽的感觉，类似于秦腔的韵味。这种风格的特点在于其夸张的表达手法，如在唱词中所描述的那样“上了梁梁缓着哩，我看见我娘家还远着哩，等你，等你，你没来，我眼泪淌了两窗台”，体现了秦腔的影响。张家川花儿的句式结构通常保持四句一首、两章的基本特征。例如，“马路坡山里拉木头，为谁做了一对板凳，不爱你嘴脸，不爱你人，端端爱上你一对大眼睛”，这里的“嘴脸”指的是模样，表达了对人物的喜爱。另外，句式结构有时也会出现两句、三句或六句的变体，这既有麦客花儿受信天游歌唱方式的影响的原因，也与当地流行的小曲小调有着十分密切的关系，这种互相借鉴的现象在陇中花儿中十分普遍。张家川花儿的曲调一般分为快速、中速、慢速。快速调的衬词和拖腔较少，慢速调则更加抒情。张家川花儿的演唱中真假嗓音的混合运用灵活，颤音和装饰音的运用增加了音乐的表现力。这些特点共同构成了张家川花儿独特的艺术风格，使其成为陇中花儿不可或缺的一部分。

语言是音乐的基础，花儿的音乐风格和旋律节奏在很大程度上受到方言的影响，体现了地域特色。花儿与关山一带劳动人民的生活紧密相连，无论经历怎样的社会变迁，始终保持其质朴的语言特色。在河州花儿中，常用“尕妹妹”“尕娃娃”等词汇，而在张家川花儿中，则用“碎妹子”“碎娃娃”等表达，这里的“碎”字代表了小，是对小妹妹、小娃娃的亲昵称呼。此外，张家川花儿还融入了当地方言，如形容人做事麻利时用“干散”，表达朋友关系时用“连手”，用“闪人”表示失约等，这些方言词汇的加入使得花儿更加贴近当地人民的生活。

在艺术手法上，张家川花儿大量采用押韵和比兴手法，继承了《诗经》中的赋比兴传统，成为中国诗歌发展的活化石。比兴手法主要体现在三个方面：第一是睹物生情，通过观察自然景物来引发情感，如“大豌豆开花，麦穗儿，小豌豆带下的露水”，通过这些自然景象来表达情感；第二是以物寄情，通过比喻来表达情感，如“上河的鸭子，下河的鹅，一道河水拦住了鸭和鹅，展翅飞过河，叫哥哥”，通过动物的比喻来描绘男女之间的情感交流；第三是隔句比兴，即在叙述中穿插比兴，如“关山顶上起云浪，不见哥哥，我愁了，手提竹篮拔蕨菜，莫非你把良心坏好了”，通过对比和叙述来表达对哥哥的思念和担忧。这些艺术手法和方言的运用，丰富了中国民歌的艺术宝库，是研究中国民歌发展和地域文化的重要资料。

四、张家川花儿的保护与传承

通过参与国家级和省级的文化活动及电视节目，张家川花儿获得了诸多荣誉，也显著提升了其在全国的知名度和影响力。自 2007 年以来，张家川回族自治县已经成功举办了五届花儿会和四届花儿歌手大赛，举办了两期花儿传承人培训班，并在每年的自然和文化遗产日期间举办花儿展演活动。这些活动的成功举办极大地激发了农民们唱花儿的热情，再次掀起了民间唱花儿的热潮。2014 年 11 月 11 日，国务院批准张家川花儿为第四批国家级非遗代表性项目。

目前，张家川回族自治县已挖掘国家级、省级、县级等 100 多位传承人，他们都是花儿的爱好者和文化工作者，积极参与花儿的演唱和传播。在物质文化遗产方面，当地组织学术力量出版了多部与花儿相关的书籍，包括《张家川非遗记录》《张家川花儿全集》《张家川回族自治县花儿集》《张家川回族自治县花儿研究》等。在文化馆设立了张家川花儿传习所，并在张川镇中学、马路中学、富川小学、长宁小学等地设立了花儿传承保护基地。这些机构每年都会开展多次花儿传承保护活动。

除了在县内举办活动，当地还努力将张家川花儿推向更广阔的舞台。他们组织编排的花儿多次参加各级各类的比赛活动。2016 年，张家川回族自治县文化馆编排的花儿对唱在歌舞中国——第三届全国少数民族电视歌舞会演总决赛中荣获合唱类金奖。2017 年 10 月，当地选送的花儿对唱在第十五届中国西部民歌花儿大赛中获得铜奖。2018 年 6 月，张家川花儿团队参加了湖南南山的六月六山歌节，并成功晋级全国十八强。同年 12 月，他们参加了湖南电视台《天天向上》节目的录制，受到全国电视观众的好评。2019 年 9 月，花儿表演剧《白葡萄》获得了甘肃省群星艺术节声乐类三等奖。同年 11 月，张家川花儿受邀参加了第七届中国成都非遗节。张家川花儿的影响力不断扩大，各级电视台也多次对张家川花儿进行专题报道，包括中央电视台的《远方的家》栏目在 2012 年录制的《花开秦岭》，以及甘肃省经济频道在 2016 年录制的《张家川花儿专题篇——花儿传唱回乡风情》。这些报道进一步提升了张家川花儿的知名度和影响力。

扫码试听张家川花儿

第三十五章　庆阳窑洞[①]

窑洞是一种独特的传统民居建筑，在中国拥有悠久的历史，具有鲜明的地域特色。一般认为，窑洞的起源可以追溯到古代的洞穴居住形式，是洞穴居住方式的延续和发展。

一、庆阳窑洞概述

在生产力和生活标准相对较低的漫长时期，土窑洞在陕北地区以及庆阳等地成为主要的居住形式，深受当地居民的喜爱。这种偏爱源于土窑洞的建造成本低廉，只需少量的建筑材料便能完成，几乎是自然界的赠与，因而每个家庭都能拥有自己的土窑洞。随着物质生产技术的发展，窑洞从最初以抗寒为目的的简单居住形式出现了不同的分类。从建筑形式上说，窑洞可以分为靠山窑、靠崖窑以及地坑院等。而从建筑材料的角度进行分类，窑洞按出现的时代顺序可以分为以下三种类型：①土窑洞，在山上直接挖掘而成，其建筑材料主要是土。这种窑洞的特点是与自然环境融为一体，体现了人与自然的和谐共生。②石窑洞，与土窑洞相比，其在门窗和地面接触的部分使用了砖石进行加固，类似于现代建筑中的墙裙。这种加固方式起到了防潮和增强建筑结构稳定性的作用。③纯石结构的窑洞，其在挖掘洞穴的基础上，使用砖石进行整体的加固，称为“箍窑”。这种窑洞的特点在于窑洞的结构更加稳定，使用寿命也更长。这三种类型的窑洞当前仍在使用，其中土窑洞因其历史悠久和风格朴素而最为常见。窑洞体现了当地的民风和生活习俗，也提供了一种宁静的居住体验，具有很高的文化价值和历史意义。当前，随着人

---

① 本章内容根据兰州文理学院美术与设计学院王乐老师访谈资料整理修改而成。

们对淳朴民风和传统生活方式体验的不断追求，窑洞成为一种重要的文化符号。

据老一辈人回忆，在改革开放前，中国的窑洞大多是土制的。而那些少数的石窑洞和纯石结构的窑洞，通常只有经济条件较好的地主家庭才能拥有。在中央红军和毛泽东主席在陕北生活的时代，他们主要居住的也是土窑洞。纯土制的窑洞并不是特别坚固，因为黄土在遇水后会迅速失去稳定性，容易发生坍塌。因此，土窑洞很难长时间保持完好，几十年后，其外立面往往显得破败。我们今天所见的窑洞大多数是土窑洞。但如果仔细观察，会发现石窑洞的数量有所增加。相比之下，纯石结构的窑洞由于使用了砖石砌筑，保存状况相对较好。

二、庆阳窑洞的溯源

窑洞的历史可以追溯到 6000~7000 年前，当时中国进入了氏族社会，人们以血缘关系组成居住团体。黄河流域的黄土层非常深厚，冬季受到西北风的影响，气候寒冷，因此出现了穴居的居住形式，即在地下挖洞居住。而在长江流域，由于地面潮湿，且有众多昆虫和蛇类，人们发展出了巢居的居住形式，即在树上搭建类似窝棚的结构，以防潮和保护自身。

从人类起源开始，无论是哪个时代，衣食住行都是我们最基本的需求。尽管古代已经具备一定的居住条件，但人们仍然需要寻找一个安身之所。尧舜禹时期，人们选择地势较高的地区挖洞居住，这是由当时的地理环境和气候条件所决定的。中国的先民有着漫长的半地穴居住历史，这一点在考古发掘中也得到了证实。在新石器时代的黄河上游地区，大地湾文化的居民主要采用半地穴的居住形式。半地穴意味着房屋一半在地下，一半在地上，类似于现代的地下室与一层的结合。这种居住形式在当时的生活环境中是相当不错的，可以说是一种绿色建筑。与古代的半地穴式洞穴构造相比，现代的窑洞结构要复杂得多。

古籍中也有关于这些居住形式的记载，韩非子的《五蠹》就有“上古之世，人民少而禽兽众，人民不胜禽兽虫蛇。有圣人作，构木为巢，以避群害”，《孟子》也有记载“下者为巢，上者为营窟”。通过这些记载我们可以对古代居住形式有一定的了解。之所以会提到“下者为巢，上者为营窟”，是因为我们刚才讨论了最古老的居住方式，即巢居和穴居。巢居是将住所搭建在树上，而“下者为巢”中的“下”字，实际上指的是地势较低的地方。尽管巢居离地面有一定距离，但相对于更高处的地面，它仍然有可能处于较低的位置，而我们选择在洞穴中居住时，通常会寻找地势较高的地方，因为这样可能更安全。“上”则是指地势较高的地区，比如有山的地方。在黄土层较厚的山区，人们选择穴居，这种穴居形式逐渐发展成我们今天所知的黄土窑洞。从这个角度来说，人类为了生存展现出了无穷的智慧。

鉴于土窑洞使用寿命的有限性，庆阳窑洞这种居住形式的确切起源时间还需要进一步的详细考证，可能比我们已知的还要久远。

三、庆阳窑洞的建筑特点

陇东地区的黄土高原是整个黄土高原的重要组成部分，这里黄土层深厚，被誉为“天下第一塬”。这为当地居民建造窑洞提供了丰富的黄土资源，是窑洞建筑形式出现的物质基础。

首先，庆阳黄土窑洞易于开挖且坚固耐用。窑洞的开间通常在3~4米宽，高度也大致相同，形成一个方形空间。窑洞的进深可以达6~10米，这样的深度使得窑洞内部冬暖夏凉，因为黄土材料的比热容较大，保温性能好。其次，一般情况下，一周内就可以挖掘出一孔窑洞。但挖掘完成后，窑洞并不能立即居住，需要经过一段时间的风干和晾晒，以增强其稳定性。所以建筑速度快是其显著特点之一。再次，黄土窑洞使用寿命较长。经过适当的处理和维护，一些坚固的窑洞可以使用百年以上，而最短的使用寿命也在40~50年。最后，黄土窑洞有很强的环境适应性。窑洞最怕的是浸水和潮湿，但有人的居住和烟火气，窑洞的使用寿命会延长。相反，如果窑洞被废弃，可能在几年内就会坍塌。黄土窑洞的这些特点体现了古人对自然环境的深刻理解和利用。

庆阳窑洞的建造充分利用了当地资源，节省建筑材料且环保。在中国历史上，由于战乱频发以及人们过度砍伐和放牧，黄土高原地区的自然植被覆盖率曾经非常低，木材资源稀缺。因此，窑洞的建造可以最大限度地减少木材的使用。庆阳窑洞除门窗是木材以外，其他部分完全使用黄土。这样，就不需要额外寻找或运输大量的建筑材料。庆阳窑洞建造方便且成本低廉。相关数据显示，开挖一孔窑洞的成本大约是建造一间平房的1/5，甚至更低。窑洞的建造不需要地基，也不需要复杂的墙体和屋盖结构。只需选择合适的坡地或断崖，人工开挖即可成型。庆阳窑洞的保温隔热性能非常好，具有冬暖夏凉的特性。这种特性适应了西北多变的气候条件，节省了冬季取暖和夏季空调的成本。窑洞内部通常会建造土炕，只需少量柴火就能满足烹饪、取暖和加热炕面的生活需求。因此，窑洞被认为是一种绿色建筑，具有节能环保的特点。

四、庆阳窑洞的建筑构造技艺

勤劳的劳动人民是庆阳窑洞的杰出建造者，他们因地制宜，巧妙地利用地形挖掘窑洞。这些窑洞通常以地坑院的形式出现。结构由窑墙、窑顶、窑脸和前后墙共同组成。窑脸是窑洞的外墙，后墙则是窑洞的后部支撑结构。在遇到山坡地形时，人们会从上至下削切窑洞的切面，然后挖掘窑洞。在陇东地区的中南部，大多数窑洞是地坑院或半地坑院的形式，而在北部则以靠山式或靠崖式窑洞为主。在河流两岸的低洼地区，窑洞较为罕见。

在土质选择上，通常倾向于选择坚硬、干燥的土层，确保土壤的含水率控制在20%以下，含水率过高会导致窑洞结构不稳定。此外，土层应尽可能致密，具有水平纹理的土层是最适合开挖窑洞的。水平纹理有助于支撑窑洞，减少垂直向下的重力，从而提高窑洞的稳固性。在选址时，可以通过观察土层的裸露部分来判断其纹理。拱形的选择也很重要，常见的拱顶形式包括圆弧形、抛物线形和尖拱形，其中尖拱形拱顶在受力上表现最佳。当然，在土质条件良好的情况下，圆弧形和抛物线形也是可行的。

庆阳窑洞的稳定性设计至关重要。窑脸在建造时通常与地面形成75°~85°的夹角，这样的坡度有助于结构的稳定性。如果坡角太小，窑脸容易受到雨水冲刷而损坏。因此，控制好坡度对于窑洞的稳定性至关重要。窑洞的稳定性还与防潮和排水密切相关。经常使用的窑洞由于烟火气的保持，反而能使用更长时间。窑洞的抗震性能相对较弱，特别是土窑洞，但通过合理设计和施工，可以提高其抗震能力。例如，控制窑洞开口的尺寸，通常面宽控制在3~4米，以及在洞口部位使用土坯砖或黏土砖进行加固，都能增强窑洞的抗震性能。

庆阳窑洞的室内地面一般用黄土夯实，有些则用砖铺设，使地面更加整洁和干净。陇东地区的窑洞多数采用独立设置的门窗，部分窑洞的门和窗是连通的，有的还使用花阁窗。在窗户上贴上陇东地区特有的剪纸，即庆阳剪纸，形成具有黄土民俗文化特色的居住风格。每间窑洞内都有一个火炕，将锅灶与火炕连通，做饭的同时火炕也会变得温暖，达到了取暖和节约柴火资源的双重目的。妇女们常在炕上进行手工活动，或在炕桌上用餐。由于炕靠近窗户，坐在炕上时光线充足，是窑洞内采光最好的区域。在黄土高原，有“米酒油磨木炭火，团团围定炕上坐”的说法，形象地描述了人们一进门就脱鞋上炕，盘腿而坐的舒适生活。

五、庆阳窑洞的保护和传承

随着城镇化和工业化的推进，窑洞这种传统建筑的社会需求逐渐减少。许多人从农村迁移到城市，选择在城市或县城购买楼房，因此在陇东地区和陕北，人们不再大规模建造窑洞。由于无人居住，许多窑洞被闲置，这使得窑洞的建筑技艺面临着保护和传承的挑战。如果窑洞不再被使用，它们最终可能会失传。

目前，从事窑洞建造的工匠大多年龄在50岁以上，随着这些工匠的老去，窑洞建造技艺的传承变得岌岌可危。窑洞建筑作为全球独特的民居形式，是人类因地制宜建筑智慧的体现。窑洞建造中蕴含的绿色建筑理念，在现代建筑设计中也被提升到了新的高度，尽管建筑形式可能不再是窑洞，但这些理念仍然值得推广。

窑洞的传承和保护不仅是为了保留历史记忆，还因为它们具有重要的文化和教育价值。窑洞是黄土高原地区人民生活的一部分，也是中国革命历史的重要见证，窑洞在陕甘革命老区和陕北的党中央历史中占据重要地位，是红色教育和红色旅游的重要资源。因此，窑洞的保护和传承对于留住乡愁、教育后代具有重要意义。

为了保护窑洞，可以采取多种措施，如加强宣传教育，提高公众对窑洞历史文化价值的认识；建立健全窑洞保护机制，加强监管和保护工作；引导社会力量参与保护；对受损窑洞进行修缮，延长其使用寿命；加强科学研究和保护技术的开发。此外，可以通过指定传承人、开发旅游项目、建立博物馆等方式来保护和传承窑洞文化。当然，这些措施需要政府、社会组织和公众的共同努力，以确保窑洞这一传统建筑形式得以保存并传承给后代。

第三十六章　敦煌壁画故事[①]

敦煌石窟是全球闻名的佛教文化艺术宝库，它充分展示了古代东方艺术的精华，是世界文化遗产的重要组成部分。许多人在看到敦煌壁画和石窟后，都受到极大的震撼。季羡林先生曾说，世界上历史悠久、地域广阔、自成体系且影响深远的文化体系只有四个：中国、印度、希腊和伊斯兰，没有第五个。而这四大文化体系交会的地方只有一个，那就是中国的敦煌和新疆地区。

一、敦煌石窟概述

敦煌石窟包括莫高窟、西千佛洞、安西榆林窟等735个石窟。其中，最核心的是大家熟知的莫高窟。莫高窟始建于366年，经历了十六国、北朝、隋唐五代、西夏元等历代的修建，历时千年，形成了今天的宏大规模。敦煌石窟，这一世界著名的佛教文化艺术宝库，其壁画总面积达到4.5万平方米，内部的泥质彩塑超过2000尊，堪称全球现存规模最大、内容最丰富的佛教艺术宝地。1900年，藏经洞（第17窟）的发现，带来了5万余件珍贵的古代文物，这一发现催生了专门研究藏经洞文献和敦煌艺术的学科——敦煌学。1961年，莫高窟被列为第一批全国重点文物保护单位，1987年被联合国教科文组织列入世界文化遗产名录。

今天我们所讨论的敦煌壁画，指的是敦煌石窟群内壁上的绘画艺术作品。这些壁画从4世纪延续至20世纪初，跨越了超过1600年的历史，它们不仅是一幅幅精美的民族壁画，更是一条穿越千年的历史画廊，被誉为“沙漠中的美术馆”“东方的卢浮宫”。敦煌壁画以其宏大的规模、精湛的技艺、丰富的

① 本章内容根据兰州文理学院王亦慧副教授访谈资料整理修改而成。

内容和广泛的题材著称，包括佛像、佛经故事、神话传说、经变故事、佛教历史、供养人像和装饰图案等。这些壁画展现了与世俗绘画不同的审美特征和艺术风格，体现了艺术源于生活、高于生活、融于世界的理念。敦煌壁画在石窟中主要起到了装饰和美化的作用，是敦煌艺术不可或缺的核心组成部分，也可以说是佛教绘画的百科全书。

二、敦煌壁画故事中的典型形象

敦煌壁画中的一些典型形象已深入人心，例如，敦煌壁画中最为人熟知的艺术形象便是轻盈飘逸的飞天。飞天是敦煌壁画的代表性符号，也是敦煌艺术美的集中体现。然而，飞天之美在于其个体形象的优雅。还有很多壁画展现的是整体构图之美、群体形象之美以及图像故事之美。对于“70后”和“80后”来说，他们的童年记忆中可能都有一头美丽善良的九色鹿，这头九色鹿或许来源于上海电影制片厂的动画片。而在“90后”和“00后”心中，九色鹿的形象可能来自他们熟悉的游戏《王者荣耀》中的精美皮肤。不论是以何种形式出现，这些九色鹿的形象都源自敦煌壁画《鹿王本生图》，这是敦煌莫高窟第257窟的主要壁画题材，创作于北魏时期。它是莫高窟壁画同类题材中保存最完整、最完美的连环画之一，也是最具代表性的壁画之一。

在佛教故事中，九色鹿是释迦牟尼佛的一个前世化身。因此，这幅壁画被称为《鹿王本生图》。传说中，释迦牟尼佛化身为九色鹿，出现在印度的恒河边。这头鹿拥有九种绚丽的色彩，鹿角洁白如雪。一天，它在河边饮水时听到了呼救声，原来是有人不慎落水。九色鹿毫不犹豫地跳入河中，将溺水者救起。获救的人感激不尽，跪在九色鹿前，询问如何报答。九色鹿平静地回答说不需要报答，只要求他不要将见到自己的事情告诉任何人，因为人们可能会因贪图它的皮毛而伤害它。溺水者发誓，如果违背诺言，就让自己全身长满毒疮，痛苦而死。

然而，当溺水者回到城里时，他看到国王为了满足王后的愿望，悬赏捕获九色鹿。王后曾梦见这样一头美丽的鹿，她想要用鹿皮制作衣物，用鹿脚制作耳环。溺水者被悬赏的财富诱惑，忘记了自己的誓言，向国王透露了九色鹿的行踪。

国王带领人马前来捕捉九色鹿。此时，九色鹿正沉睡着，它的好友乌鸦唤醒了它。九色鹿没有逃跑，而是向国王讲述了自己救溺水者的经过，以及溺水者对自己的承诺。国王听后深受感动，认为鹿尚知善恶，人怎能忘恩负义。于是，他放弃了捕捉九色鹿的计划，并且宣布全国禁止伤害九色鹿。王后因未能得到九色鹿而心碎死去，而那个贪婪的溺水者也因违背誓言全身长满毒疮，不久便痛苦地死去。这个故事虽然归功于国王的正直，但它更深刻地揭示了对忘恩负义和贪婪的谴责。

在该壁画中，溺水者跪拜感激九色鹿的救命之恩，与他毁约之后身体溃烂的形象形成鲜明对比。画面的中心是九色鹿从睡梦中醒来，向国王讲述事件的经过。这种强烈的对比让我们更加感受到九色鹿的善良与纯洁，以及溺水者的贪婪与丑陋。在整幅壁画中，最感人的部分之一是对溺水者的描绘。尽管他因失信而遭受病痛的折磨，画家仍在他的头顶上加上了修行者的光环，象征着众生平等。这表明，无论一个人在世人眼中多么可恨，他都有修成正果的机会，这也是佛教的核心思想——人人皆可成佛。当我们观赏这幅壁画时，它像一则寓言，深刻地警示我们失信的后果，提醒我们要行善积德、感恩图报，不可背信弃义。从艺术的角度来看，《鹿王本生图》在表现手法上采用了长方形构图，分段叙述了这一引人入胜的故事。在情节描绘上，运用了凹凸法来渲染，即用深色来晕染人物造型的边缘，中间则用白色点染以表现光影和体积感。

壁画所使用的色彩庄重而强烈，包括土红色、粉红色、蓝色、草绿色等。由于岁月的侵蚀，原本鲜艳的色彩已经变得黯淡，甚至变成了灰黑色，但勾勒出形象轮廓的线条依旧刚劲有力。画中的山水以土红色和蓝绿色拼涂，具有很强的装饰性。小山丘像馒头一样排列，连绵起伏，形似锯齿，以简洁的笔触勾勒出自然的轮廓。树木的枝干用土红色绘制，而树叶则用绿色大笔涂抹。这些高超的艺术技巧表明，在北魏时期，敦煌壁画不仅继承了民族传统，还融合了外来艺术特色，是中西文化交融的生动体现。

《五百强盗成佛图》是敦煌壁画中的另一幅因缘故事画，位于莫高窟第285窟的南壁。该壁画创作于西魏时期，是莫高窟现存最大的一幅故事画，也是最早的因缘故事画之一。在这里，因缘故事的“因”指的是因果关系，即“种什么因，得什么果”；“缘”则指的是人与人之间的关系。这类故事画通过图画讲述故事，以人物经历来传达佛教教义，达到教化的目的。

在很久以前，古印度南部有一个名为乔萨罗的王国，王国中出现了500个强盗，他们凶狠无比，占山为寨，四处抢劫，杀人放火，给商客和百姓带来了极大的痛苦。地方官员多次派兵讨伐，但始终无能为力，最终不得不向国王报告。国王派出了最精锐的部队，经过激烈的战斗，这500个强盗最终被捕，全部成为战俘。国王决定对这500个人人痛恨的强盗施以极刑。在行刑的那一天，刑场上气氛严肃，士兵们手持尖刀，将这些赤身裸体、披头散发的强盗捆绑在刑柱上，挖掉他们的双眼，有的甚至割掉了鼻子和耳朵。然后将他们放逐到荒无人烟的深山老林中。山林中阴森恐怖，狼嚎虎啸，强盗们个个悲愤欲绝，撕心裂肺的绝望呼喊声传遍四野，也传入了释迦牟尼的耳中。

释迦牟尼得知这500个强盗正在生死线上挣扎，便用神力送来了香山妙药，吹入了他们的眼眶。瞬间，他们的双眼重新见到了光明。释迦牟尼亲自来到山谷中，给这500个强盗讲经说法。他告诉他们，正是因为你们曾经作恶多端，才会遭遇今天的苦难。但只要你们洗心革面、弃恶从善，皈依佛门，就能赎清罪孽，修成正果，脱离苦海，进入极乐世界。听了释迦牟尼的教诲，这些强盗纷纷悔过，成为佛门弟子。从此，这片山林被称为得眼林。多年以后，这500个强盗最终修成了正果，成为我们所熟知的500罗汉。

这幅壁画采用了长卷式的连环画手法，从左至右依次描绘了官军与强盗作战、强盗被捕受罚、流放山中、佛为其说法以及500强盗皈依等情节。画面巧妙地运用了以一当百的表现手法，以5个强盗代表500个强盗，整个画面层层展开，结构紧凑，情节连贯，故事环环相扣，极具吸引力。许多细节的刻画显示了画家的深厚艺术功底。例如，当500个强盗受刑于山林时，他们的形象生动而悲惨，个个毛发直竖、骨瘦如柴，惊恐无措的样子深刻反映了他们的追悔莫及。与此形成鲜明对比的是，山林中的黄羊却悠然自得，毫不在意。尤其是佛为强盗说法的场景，画面中山丘环绕着水池，池中绿水荡漾，鸭子和鹿等水禽在嬉戏，周围还有狐狸等动物在佛的身后，背景是一片翠竹。若将这部分单独看，仿佛是一幅生机盎然的山水画，展现出佛说法时的宁静与和谐，与前半部分官军与强盗作战的残酷场面形成鲜明对比，具有很高的艺术价值。

这幅画最想表达的道理是，即使是作恶多端的强盗，只要放下屠刀，也可以立地成佛。它直观地教导人们要一心向善，知错就改，迷途知返。通过这些短小精悍的故事，敦煌壁画在教化人们做人的道理方面发挥了重要作用。每一幅壁画故事都在传递行善积德的理念，让观者深刻领悟其中的道理。

除了佛教故事，部分敦煌壁画还刻画历史。《张议潮统军出行图》是敦煌壁画中的一幅重要作品，位于莫高窟第 156 窟。这幅壁画创作于唐代，主要描绘了张议潮作为节度使统军出行的盛况，开创了敦煌石窟描绘出行图的先例。与前文提到的《鹿王本生图》和《五百强盗成佛图》不同，《张议潮统军出行图》属于供养人画像。

故事背景设定在 842 年，当时吐蕃政权发生内讧，实力大减。敦煌人张议潮率众起义，成功赶走了吐蕃节度使，陆续收复了吐蕃占领的西甘、瓜州等十一州，并派遣其兄张议潭负责整合这些地区。851 年，唐王朝决定在敦煌的河西郡任命张议潮为河西节度使，统领河西的十一州，进一步巩固了西部边疆的稳定。张议潮收复河西的行动使得河西走廊畅通无阻，稳定了西部疆域，并促进了丝绸之路的通行，加强了西北地区与中原地区的联系，推动了中外经济文化的交流，为唐朝后期的国家安定做出了巨大贡献，《张议潮统军出行图》是一幅与佛教经典无关的历史人物画，属于敦煌壁画中的供养人画像。这幅画呈现出横卷式的布局，从南壁两端开始，前段描绘了整个出行队伍的场景，骑兵护卫着张议潮，展现出他的权威和地位。画面中，鼓角大旗、卫士等依次排列，周围还有舞者，他们身着华丽的服饰，姿态优雅，尽情舞动。张议潮作为画面的核心人物，身穿圆领红袍，系着格带，骑着一匹体型庞大的马，位于画面中央。周围则是 20 余骑，驮着货物，展现出出行的盛况。

从构图上看，这幅画采用了散点鸟瞰式的布局，人物众多，结构复杂。然而，画家巧妙地处理了画面的虚实关系，使整个画面井然有序，各个要素相互联系，完美统一。画家不仅把握住了整体布局，还注意到了队列的变化，前面的仪仗队对称排列，华丽的色彩和生动的形态展现了仪仗队的威武气势。在画面的中间部分，可以看到载歌载舞的舞者，渲染出欢乐而热烈的氛围。作为全画的中心人物，张议潮的形象高大魁梧，他正处于过桥的瞬间，背景中点缀着平远的山水和翠绿的树木，地面上则是片片石绿，仿佛置身于开阔的原野。周围人物和坐骑的红色、褐色、白色等色彩，进一步烘托了整个队伍的威严与庄重。这幅壁画不仅展示了唐代地方节度使出行的显赫气势，还通过细节反映了唐代的官制服饰和各种民俗风貌，具有极高的历史价值。

三、敦煌壁画故事的价值

敦煌壁画是中国古代绘画艺术发展的一个系统展示，它跨越了 1000 多年的历史。在今天，唐代及其以前的中国绘画作品极为罕见，而敦煌壁画几乎复原了从魏晋南北朝到唐五代的中国绘画史，让我们得以窥见这一时期中国美术取得的重大成就。敦煌壁画不仅展现了当时的音乐、舞蹈、建筑、服饰以及社会风俗，还极为丰富地展示了社会场景，对于认识和研究中国艺术史具有不可估量的价值。同时也对我们深入了解中国传统文化的精神、树立文化自信具有极其重要的意义。具体来说，敦煌壁画的价值可以从历史、艺术、社会及科技四个方面来认识。

敦煌石窟群中成千上万的供养人画像和 1000 多条题榜，为我们提供了了解历史状况和历史线索的窗口。壁画如《鹿王本生图》和《五百强盗成佛图》等，以及供养人的题记，帮助我们了解古代敦煌及河西走廊的佛教思想、佛教与中国文化的融合，以及佛教中国化的过程。同时，我们还可以从中了解中国古代的经济生活状况。

从绘画角度来看，敦煌壁画中的人物画、山水画、动物画、装饰图案画都具有千年历史，自成体系，且数量众多，是宋代以前中国画保存最完整的实例。壁画工匠们运用无限的创造力和想象力，创造出众多人物形象和感人故事，通过人物的神情风姿表现出内心活动和精神情感，体现了绘画艺术的最高审美境界。

佛教经丝绸之路传入中国，成为敦煌壁画表现的主要内容。壁画中的佛教故事，如《鹿王本生图》和《五百强盗成佛图》，以佛教教义教人向善，规范人们的思想行为。通过对敦煌壁画的学习研究，我们还可以了解历代统治阶级如何利用佛教思想建立社会建设的文化认同，统一思想认知，维护自身利益。

敦煌壁画为何能保持千年不褪色？颜料从何而来？敦煌研究院的研究人员通过对壁画使用的 30 多种颜料进行科学分析，发现中国在 1600 多年前就具备了高超的颜料发明和制作技能。敦煌壁画的颜料主要来自宝石、天然矿石和人工制造的化合物，为研究中国乃至世界古代颜料化学发展史提供了重要资料。这个“古代颜料标本博物馆”保存了北朝至元代等 10 余个朝代的大量绘画彩绘艺术颜料样品，显示了当时中国颜料发明技术的先进性。敦煌研究院仍在专门研究这些颜料，以期揭示更多关于古代颜料制作和使用的奥秘。此外，敦煌作为中西交通的枢纽，在壁画中留下了各种交通工具的形象资料，如舟船、车辆等，保存了独轮车、马灯、马蹄钉等珍贵的图像资料。

四、敦煌壁画故事的保护与传承

敦煌壁画作为我国珍贵的历史文化遗产，其保护工作一直受到党和国家的高度重视，同时也得到了文化界的广泛关注。常书鸿先生在 1944 年发现敦煌壁画的价值后，毅然放弃了在法国的优越生活，带着家人回到了战乱中的祖国。他从零开始，创建了敦煌艺术研究所。当时敦煌的生活条件极其艰苦，但他一回国便全身心投入敦煌的研究和保护工作中。常书鸿先生的第一位夫人因为无法忍受与国外生活的巨大落差，最终离开了敦煌，也离开了他。常书鸿先生则带着孩子在敦煌坚守了一生。从常书鸿先生开始，经过 70 多年的努力，一代又一代的敦煌人不断奋斗，使得今天的敦煌研究院在文化遗产保护、研究和弘扬等方面取得了显著成就。他们形成了坚守大漠、甘于奉献、勇于担当、开拓进取的敦煌精神，这体现了对敦煌文化的热爱和对中华传统文化传承的责任感。

常书鸿先生说过，敦煌文化遗产的保护需要藏纳起自己的个性，耐心地面对恼苦的事情，这不是一蹴而就的，而是需要一生一世的坚守。他将自己的一生都奉献给了敦煌，这种敦煌精神非常感人。为了保护石窟，后来的樊锦诗院长将自己的一生奉献给了敦煌，被誉为“敦煌的女儿”。樊锦诗院长在担任敦煌研究院院长期间，率先在全国范围内实行了景区限流措施。实行这一措施的原因在于敦煌壁画历经千百年，由天然矿物颜料绘制而成，游客在洞窟中呼吸产生的二氧化碳会导致洞窟内温度和湿度的变化，进而影响壁画颜料的稳定性，加速壁画脱落，对壁画造成不可逆的损害。因此，限流制度意在保护这些珍贵的文化遗产。近年来，游客若想参观敦煌莫高窟，需要提前预约，旅游旺季甚至需要提前一个月左右预约。这样的措施虽然一开始遭到了一些游客的不理解，但通过科学解释和长期实践，游客逐渐认识到这些措施对文化遗产长期保存的必要性。樊锦诗院长的这一决策体现了她对文化遗产保护的深思熟虑和良苦用心。

2014 年，经过 10 年的探索与坚持，樊锦诗院长亲手打造的莫高窟数字展示中心建成并投入使用，推出了《千年莫高》和《梦幻佛宫》两部电影。这种结合仿真电影和实地参观的游览方式，不仅缩短了游客在洞窟内参观的时间，提高了洞窟的承载量，还分流了游客，减轻了对壁画的潜在损害。可以肯定地说，如果没有常书鸿先生、樊锦诗先生等众多学者的坚守和付出，敦煌艺术不会像今天这样深入人心。正是他们的努力，使得我们的文物保护和研究水平走在了世界前列。

敦煌壁画的保护和研究还包括临摹、复制等手段，现有临摹分为线描临摹、复原临摹和整理临摹三类方法。这些方法要求对壁画进行拍照、等比例放大、修改照片并描线，最后在宣纸上上色。线描图的绘制是整个临摹过程中工作量最大、耗时最长的步骤，其工作通常以年来计算。着色过程中，临摹人员需要灵活运用化学、物理、考古以及美术等多个领域的综合知识。

敦煌壁画的研究与创新还包括对美术技艺的传承、壁画元素的创作运用，以及敦煌舞蹈、敦煌乐曲等艺术作品的创作。例如，常书鸿先生的女儿常沙娜先生，从小在莫高窟长大，临摹了大量敦煌壁画，并将敦煌经典的纹样创新性地与设计工程相结合，设计了人民大会堂宴会厅天顶的敦煌图案，以及中国共青团团徽等作品。

第三十七章　兰州刻葫芦①

来兰州旅游，有三件事情是必做的：品尝兰州当地人喜爱的牛肉面，这是一种在黄河流域广受欢迎的美食；体验羊皮筏子这种历史悠久的水上传统交通工具；带走富有兰州特色的刻葫芦作为纪念品。

一、兰州刻葫芦的历史

兰州刻葫芦的历史非常悠久，它不仅是兰州地区最古老的植物之一，还与当地的文化和传说紧密相连。伏羲和女娲的故事就是一个例子，他们是中国神话的创世神。据说在一次大灾难中，伏羲和女娲的家人将他们放在葫芦里，最终幸存并繁衍了人类。这个故事在民间广为流传，葫芦也因此成为吉祥和繁衍的象征。葫芦在中国文化中常常与“福禄”联系在一起，寓意着福气和财富。当地居民喜欢在房前屋后种植葫芦，不仅因为其吉祥的寓意，还因为葫芦多籽，象征着子孙繁衍，是人们对美好生活的向往和祝愿。

魏晋时期，随着东西方商业往来的不断增加，位于丝绸之路要冲的兰州和敦煌成为胡商的聚集地。5—6 世纪南北朝时期，尽管南北分裂，但沿着丝绸之路的东西方交流进一步繁荣。兰州也因此成为丝绸之路上重要的补给站。隋朝初期，兰州被设立为总管府，开始被称为兰州。从汉代到唐宋时期，随着丝绸之路的开通，出现了“丝绸西去、天马东来”的繁荣景象，兰州逐渐成为丝绸之路上重要的交通要道和商业重镇。尤其是北魏建立后不久，就派遣使者前往西域，此后中亚各国的贡使和商人常聚集在金城（兰州），使兰州成为各国商贾云集之地，在促进中西经济文化交流中发挥了重要作用。当时，

① 本章内容根据省级非遗项目传承人阮琳访谈资料整理修改而成。

胡商从和田带来的用于盛水的巨型葫芦，经过兰州工匠雕刻图案和文字后出售，这便是最早的兰州刻葫芦。该时期，兰州刻葫芦除用于盛水外，工匠们还开始雕刻“药葫芦”。

到了唐代贞观年间，葫芦被称为匏器或瓠，当时兰州的刻葫芦技艺已经非常精湛。据记载，兰州周围已大量种植葫芦，工匠们将葫芦的外皮刮去后磨光，在葫芦上雕刻书法碑帖或花纹图画。兰州葫芦雕刻的发展与鸡蛋葫芦的发现和应用有着极其重要的关系。隋唐宋元时期，葫芦上雕刻的书法碑帖之所以文字简短，可能与所用质地坚硬的匏器和瓠有关，也与当时葫芦的形状有关。

明代，有记载称崇祯十六年（1643 年），囊云大师（1603—1671 年），字唯一，宁波人，曾在金城学习葫芦雕刻技艺，后于清顺治三年（1646 年）后出家为僧，擅长在葫芦上雕刻山水，风格超脱，技艺独特。

康熙年间，葫芦雕刻技艺发展为使用玛瑙制的刀具刻出凸起的阳文，有的刻画儿童斗蟋蟀等图画，儿童面目各异，且不留刀痕。道光年间，宫中有太监梁九公，人称梁葫芦，精于刻葫芦，其手艺是受金城胡鼎和传艺。他在葫芦上刻镂山水花鸟之状，细入毫发，有的镶嵌象牙、紫檀为盖，空隙处刻有“梁九公制”小方印，为京师所贵重。光绪年间，刻葫芦逐渐以甘肃兰州为著名。据《皋兰县志》记载，光绪十八年（1892 年），艺人王鸿平等人在葫芦上刻画戏剧人物脸谱。

兰州刻葫芦最初为民间玩物，到 20 世纪初成为上层社会的馈赠礼品。20 世纪 40 年代，兰州刻葫芦的质量进一步提高，其中以阮光宇、王德山、王云山、陈唯一的作品最为出名。阮光宇原本是河北省的一个民间画家，1938 年移居兰州后，开始研究刻葫芦的技艺，并将他在诗书画印等方面的修养引入了这一民间艺术。因而他的刻葫芦题材广泛、刻工精细，凡诗词书法、南北派山水，以及西厢、红楼、聊斋人物，应有尽有，技法也日臻完美。到了 20 世纪 50 年代，兰州刻葫芦空前繁荣，并在政府的支持下，于 1954 年成立了兰州市特种工艺美术社，专门从事刻葫芦的制作。1959 年刻葫芦首次出口海外，行销于英国、德国、匈牙利和苏联等国，年出口量达 1100 多件。

20 世纪 70 年代，刻葫芦所用的葫芦是经过改良、培植的独特品种，如鸡蛋葫芦，小者如算盘珠，皮质细腻而光滑，略呈浅黄色。每到成熟采摘后，经过刮去外皮、晒干、磨光，尤见光亮。艺人们在其上设计、刻画各种人物、云山烟雨、花卉、诗文书法等，风格古朴典雅。传统以针浅刻，技法以工笔画为主。20 世纪 80 年代以后，阮氏、陈氏等流派不断改良葫芦雕刻技艺，创作出镂空刻葫芦、仿水墨画刻葫芦、多彩葫芦等丰富的葫芦雕刻艺术品。进入 20 世纪 90 年代后，兰州葫芦艺术界更是人才济济，高手如林。他们的刻葫芦构图新颖，线条流畅，雕刻考究，技艺精湛，作品不但行销国内许多地方，有些还漂洋过海，为兰州刻葫芦更多地走向世界开创了新的局面。

随着时间的推移，葫芦雕刻艺术不断发展和变化。从古代的吉祥图案，如金玉满堂、福禄寿喜，到现代的创新设计，葫芦雕刻艺术不断吸收新的元素，以适应不同年代的审美需求。现代的艺术家们将新鲜的血液和创意带入这一传统艺术中，使得葫芦雕刻更加多样化和现代化。年青一代的艺术家们在葫芦上创作了十二生肖、卡通形象（如龙猫）等现代流行元素，带来了新的想法和创作，称之为“新作”。这些新作品迅速吸引了许多年轻爱好者的关注。这种创新不仅使葫芦雕刻艺术更加生动有趣，也扩大了其受众群体，使得这一传统艺术在现代社会中焕发出新的活力。无论是来旅游、学习、研学还是游学的访客，当他们看到这些融合了古老非遗技艺与现代流行元素的葫芦雕刻时，都表现出了浓厚的兴趣，这也使得新一代艺术家的作品比传统的十二生肖雕刻更受欢迎，销售速度更快。

兰州刻葫芦不仅是一种传统手工艺品，也是兰州文化的重要组成部分。它的发展和传承展示了兰州人民对美好生活的向往和对传统文化的尊重。如今，兰州刻葫芦已经成为一种流行的旅游纪念品，吸引着来自世界各地的游客。在兰州，体验雕刻葫芦的艺术是一种独特的文化享受。

二、兰州刻葫芦的技艺

兰州地区特有的葫芦品种，如鸡蛋葫芦和福豆葫芦，因其独特的形状和纹理，成为雕刻艺术家们的首选。鸡蛋葫芦形似鸡蛋，大小适中，福豆葫芦则因其表面布满大小不一的疙瘩而著称，因而也被称为疙瘩葫芦。这些葫芦品种在兰州的青白石沙地中生长，于当地的地理环境和气候条件赋予了它们独特的外观和质地。

创作过程中，艺术家会在葫芦上进行初步的规划，挑选出用于刻画人物、风景和文字的不同部位。鸡蛋葫芦有多种形状，如南瓜形、苹果形、梨形或桃形等，这些不同的形状都是由葫芦的品种和生长条件决定的。在选择葫芦时，艺术家会根据葫芦的形状来决定适合创作的主题。例如，较高的葫芦更适合雕刻站立的美女形象，而较扁的葫芦更适合创作坐着的人物，如八仙过海等场景。不同的器型要求艺术家根据葫芦的特点来设计图案，以确保主题突出，避免背景喧宾夺主。

他们使用的工具非常简单，传统上就是一根针，甚至是普通的缝衣针。过去的艺术家会自己想办法将针固定，而现在有了专门的针拿子来固定针。针尖必须磨圆，不能太尖，以保证刻画的线条流畅且不会损伤葫芦表面。艺术家会根据刻画的内容选择不同粗细的针。例如，刻画如头发、眉眼等面部细节时，会使用较细的针，雕刻山石等粗糙纹理时则使用较粗的针。一般来说，一位熟练的艺术家只需要 2~3 根不同粗细的针就可以完成作品。在刻画类似中国传统水墨画这样的复杂场景时，艺术家会使用金石篆刻的刀。这些刀有的尖端锋利，有的则是平面的，用于不同的雕刻技法，如铲、推等。这些技法是在长期的实践中慢慢摸索出来的。

雕刻过程中，艺术家需要掌握好力度的轻重和速度的缓急，这对于刻画人物的面部表情和姿态尤为关键，艺术家必须通过不断的练习来掌握这些技巧。在雕刻脸部细节时，艺术家需要使用较轻的力度，因为脸部是柔软的肌肤，线条应该更加细腻柔和。还有眉毛，一旦刻画得过重，就会失去美感。而在雕刻山石或植物的茎干时，可以使用类似铁线的技法，叶子和花朵则使用不同的处理方式，这就需要艺术家根据图案的不同部分，灵活掌握力度的轻重。雕刻线条时，艺术家会根据古人穿着的丝绸衣物的特点，使线条更加柔软和飘逸。如果线条过于僵硬，就会失去灵动感。艺术家通过掌握针法的轻重来表现衣物的褶皱和飘逸感。

与光滑的鸡蛋葫芦相比，福豆葫芦因其表面不平整，给雕刻带来了额外的挑战，强调雕刻的技巧和创造力。艺术家在创作前必须仔细构思，根据葫芦表面的起伏来设计图案，这要求他们在创作时更加灵活和有创意，需要极高的艺术感知和技艺。一般而言，在疙瘩葫芦上，艺术家通常会选择雕刻山水、神话故事或儿童游戏图等图案，因为这些图案可以与葫芦表面的自然纹理相融合。然而，对于细腻的侍女图等细节丰富的图案，疙瘩葫芦的表面则不那么适合。尽管如此，有些艺术家仍然在疙瘩葫芦上进行微雕，以展现他们的高超技艺。

在疙瘩葫芦上雕刻时，艺术家需要根据葫芦上疙瘩的自然形状和大小来设计图案。比如，在疙瘩葫芦上雕刻小孩的脸时，艺术家需要将针尖紧贴葫芦表面的疙瘩，利用疙瘩的自然轮廓来塑造脸部特征。如果疙瘩的大小与要雕刻的脸部特征相匹配，那么雕刻出的脸部就会更加生动和自然。同时，艺术家在雕刻时必须保持手部稳定以避免雕刻工具走偏，确保线条的流畅和准确，以免影响整体的美感。

如果葫芦上的疙瘩较大，可能需要雕刻两三个小孩的脸，这时艺术家需要考虑如何在疙瘩上合理分布图案，处理好前后左右的关系，使整个画面和谐统一。实际上，雕刻疙瘩葫芦的针法与光皮葫芦相同，关键在于艺术家对力度和角度的掌握，以及如何根据疙瘩的形状灵活调整雕刻技巧。

学习这项技艺的时间因人而异，但即使是经验丰富的艺术家，也仍然需要不断练习和探索。对于新手来说，从开始学习到能够独立完成一幅作品，可能需要不断的实践和反复的练习以掌握好针法的度，这往往要废掉一堆葫芦。总体来说，葫芦的雕刻技艺是经验的积累和技艺的磨炼，需要时间和耐心，以及对艺术的热爱和执着。

三、兰州刻葫芦的文化艺术价值及其经济价值的衡量

兰州刻葫芦的艺术形式可以广泛应用于多种题材的创作。艺术家可以根据客户需求，创作出具有个人特色和故事的作品，将文化价值融入每一件葫芦艺术品中。

在艺术价值方面，收藏家和玩家更倾向于收藏那些独一无二的精品。这些作品不是临摹或借鉴，而是艺术家独立创作的，具有独特性和创新性。社

会价值方面，工艺品和非遗项目对社会发展有着积极影响。诸如兰州的吉祥葫芦、牛肉面等文化品牌，促进了文化旅游，还为当地居民提供了丰富的文化艺术品，增强了地方文化的影响力。这些工艺品的制作和销售带动了相关产业的发展，提升了居民的生活质量，并且吸引了更多人参与到这一领域中来。家族传承是兰州刻葫芦艺术的重要传承方式。但随着时间的推移，这项技艺也在逐渐向外界传播。艺术家在确认传承者对这门艺术有热情和潜力的前提下，愿意教授并培养更多的徒弟，从而使这门艺术更广泛地传播和发展。其传承价值在于带动了一大批人认真做一件事情。

一件精心雕刻的葫芦艺术品在市场上往往具有较高的价值。这不仅取决于葫芦本身的品质，还取决于艺术家的技艺、作品的复杂程度以及其所蕴含的文化和艺术价值。随着兰州刻葫芦艺术的知名度提高，其经济价值也有望进一步提升。衡量兰州刻葫芦的经济价值需要考虑多个因素，其中包括葫芦本身的品质和外观。以疙瘩葫芦为例，这种葫芦的产量相对较低，每个葫芦都具有独特的形态。疙瘩的分布是否均匀、大小是否一致，都会影响雕刻的难易程度和最终作品的美观性。如果疙瘩分布均匀，大小适中，雕刻出来的作品外观精美，其价值自然高于那些疙瘩分布不均、外观不太精美的作品。因此，在挑选疙瘩葫芦时，首先要观察其外观品相。

雕刻技艺的精细程度也是决定作品价值的关键因素。艺术家的创作能力、文化修养和技法应用都会影响作品的艺术价值和市场价值。此外，创作过程中投入的时间、精力和心血也是作品经济价值的重要组成部分。微雕等复杂工艺需要更多的时间和专注，因此其价值自然更高。

四、兰州刻葫芦的传承和保护

兰州刻葫芦的传承和保护工作同样重要。随着时代的发展，年青一代的加入为这门艺术带来了新鲜血液和创新思维。年轻人对葫芦艺术的理解和应用与传统艺术家不同，他们更倾向于创作符合现代审美和生活方式的作品。例如，年轻人可能会将葫芦雕刻作品作为手机挂件、背包装饰或车内饰品，这些创新的应用方式不仅拓宽了市场，也引发了更多年轻人对这门艺术的兴趣。

兰州刻葫芦的传承人一直在努力走进校园，与学生和年轻人建立联系，倾听他们的想法和创意。这样的努力取得了显著的成果，省级传承人阮琳已经培养了很多学徒，他们中有中学生、大学生，甚至还有一些在职人士。他们出于业余爱好来学习雕刻葫芦，并不强求一定要将其作为专业。实际上，这样的热情对于艺术的传承和发展是非常有益的。目前，阮琳最年轻的学生大都是中学生。在教学过程中，她毫无保留地将技术和经验传授给学生，并鼓励他们发挥自己的想象力和创造力，将自己的想法融入作品中。同时，这种教学并不仅限于传统的学习方式，她也鼓励学生参与到如游学等文化艺术活动中，这些都是年轻人了解和参与非遗的重要途径。

为了更好地推广和传承这项技艺，积极参与如上海世博会、杭州工艺美术大展、上海进博会等重要展览和文化交流活动。一些葫芦雕刻作品已经走出国门，尤其是年青一代的作品，为世界各地的爱好者所欣赏。这表明，为了更好地传承和发展这项技艺，我们需要认识到这项技艺需要精湛的技艺和不断的打磨。技艺的精进需要时间和经验的积累，内容上的创新则需要我们根据时代的发展，在内容和形式上不断融入新的元素。

这些活动在展示刻葫芦作品的同时，更是让相关艺术家们有机会与来自世界各地的艺术家和爱好者进行交流，丰富了他们的审美情趣。阮琳认为，年青一代对动漫人物和流行文化的喜爱也为葫芦雕刻艺术增加了多样性和时代内涵。

阮琳鼓励学生们勤学苦练，掌握好技艺，以便他们的作品能够更加精美，不仅仅是作为纪念品，而是作为真正的艺术品。她的一些学生已经能够独立完成作品，并且能够通过销售作品来赚取生活费。对于兰州刻葫芦的未来，她希望更多的年轻人能够参与进来，但同时也要扎实掌握传统文化和技艺。老话说“一招鲜吃遍天”，只要有技术，无论走到哪里都能有所作为。无论在葫芦上还是在其他载体上，技艺都是相通的。

第三十八章　会宁剪纸①

剪纸艺术的历史可以追溯到西汉时期，经历了汉唐的发展，至近现代更加盛行。剪纸艺术作为一项与农耕文化紧密相连的非遗，是农民在农闲时期创造的一种美化生活和消磨时间的手工艺。从源头上讲，剪纸的产生，一是为了人，二是为了神，因为受到宗教习俗的影响，为人侍者要美化生活，渲染气氛，其实还是饱含了人的期望在里面。

在过去，尤其是在木格子窗上贴剪纸是一种常见的家居装饰方式。这些剪纸作品通常色彩鲜艳，有红色、黄色、绿色等，为单调的窗户增添了节日气氛和喜庆色彩。随着时间的推移，农村生活条件得到了改善，但剪纸艺术仍然在一些地区得以保留。

在中国，尤其是在西北地区，剪纸艺术在过年、节日、婚礼等重要场合扮演着重要角色，其作品常常带有喜庆和祝福的寓意。剪纸艺术的创作过程简单而富有创意，仅需要剪刀和纸张，艺人们凭借想象力剪出各种图案。这些图案不仅美观，而且蕴含着丰富的文化意义和象征，如“双喜”“鱼戏莲”等，反映了人们对美好生活的向往和追求。剪纸艺术的多样性也体现在不同地区的剪纸风格和主题上，每个地区的剪纸都有其独特的特色，如会宁剪纸、庆阳剪纸等。

一、会宁剪纸的艺术特色

会宁剪纸是甘肃乃至整个西北地区剪纸艺术中一朵绚丽的山花，它主要

① 本章内容根据甘肃省非物质文化遗产保护中心副研究馆员高莉花和会宁剪纸的省级代表性传承人刘伟访谈资料整理修改而成。

分布在会宁县的各个乡镇，如甘沟驿镇、大沟镇、韩家集镇、老君坡镇等地，在 2011 年被列入第三批国家级非遗名录。会宁剪纸以其鲜明的红色元素著称，这与历史上红军在会宁的三大主力会师有关。这一历史事件深深影响了当地的剪纸艺术，使得红色主题的剪纸作品在当地广受欢迎。2011 年 8 月，会宁剪纸被国务院公布为第三批国家级非遗代表性项目，这标志着其在文化传承和保护上的重要地位。

会宁剪纸的内容丰富多样，几乎涵盖了生活中的各个方面。根据使用场景的不同，会宁剪纸大致可以分为十四个类别，包括窗花、刺绣花样、民俗活动中的装饰剪纸、礼品剪纸、灯笼花、墙花、扇子画、门前挂饰剪纸、祭祀剪纸、皮影剪纸、瓜果花、剪纸插图、剪纸挂历等。窗花是最常见的剪纸形式，通常在过年时贴在窗户上。刺绣花样，又称花样子，绣在衣物、枕头等物品上，如大红双喜、鸳鸯戏水等。民俗活动中的装饰剪纸，主要用于婚礼等喜庆场合。礼品剪纸，用于祝寿、满月、开业等庆典活动，如诸事如意、步步高升等。灯笼花贴在灯笼上，增添节日气氛。墙花包括炕围花、屋顶花、灶头花等，用于装饰室内环境。扇子画贴在扇子上。门前挂饰剪纸贴在门楣上，以规整的几何图案和吉祥图案为主，在春节期间装饰门楣。纸花、花圈等都属于祭祀剪纸。专为皮影戏制作的剪纸被称为皮影剪纸。瓜果花，是用硬纸剪出图案，套在瓜果上面，瓜果成熟以后，把剪纸取掉，剪纸图案就印在瓜果上面，这是一种新的剪纸品类。剪纸图案多为文学作品里的插图。还有剪纸挂历，把剪纸作品印在挂历上，这种作品主要有人物、风景、十二生肖等。另外，剪纸还用于广告宣传、设计书籍封面、设计动画、电影的制作等各个方面，其应用的范围非常广泛。

会宁剪纸以其独特的文化元素和丰富的象征意义而著称。剪纸中常见的一种图案是“卐”字纹，这是一种源自古印度、古希腊等地的吉祥图案，象征着连绵不断的好运和富贵，它在会宁剪纸中的应用非常广泛，是人们对美好生活的祈愿。盘长纹是另一种常见的剪纸图案，它与“卐”字纹有相似的吉祥寓意，代表着事事顺利、路路畅通。盘长纹的设计通常更为复杂，它的变化形式多样，如双盘长、梅花盘长等。还有方胜纹，一种菱形图案，源自古代妇女的首饰。方胜纹在剪纸中象征着同心协力，它常与生活中的各种事物相结合，表达出人们对和谐与团结的向往。绣球纹是会宁剪纸中的又一特色，它源自古代的婚俗，象征着爱情的结合和婚姻的幸福。在婚礼剪纸中，绣球纹常用来表达男女之间的爱情和对未来生活的美好祝愿。古钱纹，即钱币图案，也是剪纸中的常见元素。它象征着财富和繁荣，常与蝙蝠、喜鹊等图案结合，寓意福在眼前、喜事临门。如意纹，以其独特的头部形状代表着事事如意、吉祥如意。在婚礼剪纸中，如意纹常与柿子、大象等图案组合，寓意事事如意、平安吉祥。福字是剪纸中的重要元素，它代表着福气和好运。在民间，福字常与禄、寿、喜、财一起，被称为五福，象征着人们对幸福生活的追求和祈愿。随着时代的发展，剪纸艺术家们还在不断创新，根据生活的需求创作出反映时代精神的作品。

二、会宁剪纸的文化艺术价值

会宁剪纸深深植根于会宁的历史文化之中。剪纸中的古钱币和古玉器等元素，与会宁丰富的历史遗产有着密切的联系。会宁地区在5000年前的新石器时代就已经有人类居住，留下了大量的文物遗存，这些文物上的痕迹反映了历史文化的变迁。因此，研究会宁剪纸，可以从中窥见当地社会历史的发展脉络。会宁剪纸的历史价值在于它能够反映出不同历史时期的社会风俗和文化特征。例如，清代以前的姑娘抛绣球等传统习俗，通过剪纸艺术得以保存和传承。在节日庆典、婚丧嫁娶等现代社会中的应用，也体现了剪纸在当代生活中的实用价值和艺术价值。

会宁剪纸蕴含的丰富民俗元素和象征意义是其民俗学研究价值的重要体现。剪纸中生肖文化等亦是在农耕文化背景下，人与自然和谐共生的艺术表现。不同场景下剪纸作品颜色和内容的差异，显示了人们对不同生活事件的特殊情感和期望。此外，会宁剪纸的收藏价值和经济价值也不容忽视。会宁剪纸的制作技艺和独特风格，使其在艺术市场上具有一定的经济价值。随着知名度的提高，这些剪纸作品越来越受到收藏家和艺术爱好者的青睐。

三、会宁剪纸的传承和保护

自2011年被列入第三批国家级非遗代表性项目名录以来，会宁剪纸已经走过了13年的传承和保护历程。在这个过程中，政府在资金支持、项目保护等方面投入了大量的精力和资源，通过举办展览、培训、出版书籍等促进项目的传承和发展。

会宁县文化馆作为该项非遗的保护单位，自20世纪90年代起就开始了对剪纸艺术的保护工作。1989年，会宁县文化馆举办了四次民间工艺美术展览，展出了248幅剪纸作品。1990年，甘沟驿镇农民为迎接亚运会制作了64幅作品，这些作品被北京市亚运村艺术所列为义卖品和礼品。1995年，会宁县被文化部命名为“中国民间艺术之乡”，这一荣誉与剪纸艺术的保护和推广密切相关。1996年，会宁县被甘肃省人民政府命名为历史文化名城，这也与剪纸艺术的传承有关。2001年，会宁县举办了第五届民间艺术展览。自2004年起，全县组织开展了民间剪纸的普查和搜集整理工作。

除成功申报了国家级非遗项目外，会宁县文化馆在会宁一中、桃林中学和会宁二中等多所学校建立了传承基地。这些基地已持续多年定期组织教学活动，学生们学习了剪纸的历史渊源、色彩、形态类型、材料、工具、纹样和技法等方面的知识，对会宁剪纸产生了浓厚的兴趣。除了中小学的传承活动，甘肃中医药大学定西校区也开设了会宁剪纸的公选课程，吸引了大量学生自愿报名参加。自2012年以来，每年都会有两个班的学生接受培训，每个班大约有80人。学生们通过系统的学习，掌握了会宁剪纸的技法和符号意义。这些活动有效地推动了剪纸艺术的发展，增强了剪纸艺人的自信心。政府层面还为剪纸艺人发放了传承补助费，以支持他们的传承和保护工作。

在非遗的传承中，代表性传承人的角色至关重要。政府部门提供支持，而传承人则肩负着传承的重任。刘伟是会宁剪纸的省级代表性传承人，出生于会宁大沟镇同安城村的剪纸艺术之家。刘伟的曾祖母是一位剪纸高手，她不仅擅长剪纸，还精通算盘和书法，有着极高的天赋。无论是天空中飞翔的鸟儿还是地面上奔跑的走兽，只要看过一眼，她就能凭借记忆和想象力，灵活地用剪刀创作出栩栩如生的作品。她经常说，评价一个女孩子是否手巧，不仅要看她会不会做饭，还要看她是否擅长剪纸和刺绣等女红。她将自己精湛的剪纸技艺无私地传授给了家族中的每一位女性，使得刘家的女性个个都能剪出美丽的窗花。刘伟的母亲也是当地剪纸技艺的佼佼者。从小，每天早晨醒来，刘伟第一眼看到的就是母亲在窗户上贴的剪纸，给他留下了深刻的印象，成为他心灵深处最美丽的记忆。在农闲时节，刘伟的奶奶、母亲、婶婶和姐姐们会围坐在温暖的炕头，一边剪纸、绣花、缝制枕头，一边讲故事、说笑话，甚至唱起民歌。在这样的环境中，刘伟不仅帮助家人裁剪纸张、描绘图案，还不断询问和学习各种剪纸的花样。在艺术氛围的熏陶下，刘伟逐渐爱上了剪纸这项民间艺术，并从 15 岁起就开始学习剪纸，至今已经有三四十年的经验。现在，刘伟鼓励自己的孩子和家族成员学习剪纸艺术，将这一技艺传承给下一代。

刘伟的剪纸技艺不仅在家族中传承，还通过各种形式推广到了更广泛的社会层面。刘伟通过招收学徒和推动剪纸艺术进校园等方式，让更多人了解和喜爱剪纸艺术，增强了剪纸艺人的自信心，促进了技艺的交流和提升，为会宁剪纸的传承和发展做出了重要贡献。刘伟的孩子在美国学习，在参与当地的华人社团活动时将剪纸艺术带到了美国。通过与美籍华人朋友交流剪纸技艺，让会宁剪纸在国际上得到了展示。刘伟曾受文化和旅游部的委托，前往以色列特拉维夫中国文化中心进行会宁剪纸的传承与培训。在以色列，他举办了包括幼儿班、少儿班、特殊班、青年班和老年班的多期培训班，培训了 200 多名学员。他们中的许多人是第一次接触这种艺术形式，表现出了浓厚的兴趣。刘伟还介绍了甘肃的马家窑文化、丝绸之路文化、敦煌文化以及兰州的牛肉面等，增加了他们对甘肃文化的了解和兴趣。

第三十九章　兰州染缬技艺[①]

兰州是丝绸之路的交通要道和商埠重镇，是联系西域少数民族的重要都会和去往中亚的必经之路，在沟通和促进中西经济文化交流中发挥着重要作用。同时，兰州是中国近代毛纺织业的发端，1877 年陕甘总督左宗棠为供应军需创设的兰州织呢局于 1880 年 9 月正式投入使用，在当时有纺锭 1080 枚，织机 20 台，生产军服用料。20 世纪 80—90 年代，兰州作为毛染织的承载地，比较出名的毛纺织染厂是毛纺条厂、一毛厂，曾经染织工匠会集，技艺遗存丰富。随着纺织业的现代化发展，1996 年毛条厂和一毛厂企业因经营亏损而破产，从事手工印染的工匠大多转行。

一、兰州染缬技艺的历史沿革

中国古代纺织品的印染技术被称为“染缬”，是古代世界各国人民共同创造的精神财富。中国染缬技艺历史悠久，自秦汉开始发展，到唐代技法趋于成熟，染缬制品在人们的日常生活中得到广泛的使用。最著名的印染工艺有四种：绞缬、蜡缬、夹缬和灰缬，俗称“四缬”，是中国古代染织科技的重要代表。《二仪实录》记载：“缬乃秦汉间始有，陈梁间贵贱通服之。隋文帝宫中，多于流俗不同，次有文缬小花，以为衫子，炀帝诏内外官新侍者许服之。”

丝绸之路开辟之后，埃及、印度、伊朗等国染缬同中国技艺交汇、融合，到唐代渐臻高峰。丝绸之路上发现的染缬实物，至今仍是世界上最古老、最精美的染缬技艺遗存。在新疆吐鲁番以及敦煌地区都有 4—8 世纪的染缬实物

① 本章内容根据北京联合大学艺术学院创意设计系管兰生教授提供资料整理修改而成。

发现，它们色彩完好，加工痕迹清晰，有纪年文字同出，真实可信。至唐朝，经济的繁荣带动了染织技艺的高度发展，染缬技艺无论从工艺到技巧都已达到了相当高的水平。北宋抑制奢侈，下令禁缬，染缬技艺一度衰落。明清时期，对染色植物的研究推动了染缬艺术的发展。

兰州染缬源于河北定州杨氏家族，这是由于从两汉到北宋时期，河北都是丝绸之路重要的商品来源地。定州为中国古代缂丝发源地。北宋丝织品以河北定州所制为最佳，被誉为“雕刻了的丝绸”，为皇家御用。兰州染缬在传承家庭印染技艺的基础上，以我国古丝绸之路沿线出土的染缬遗物、相关古代文献及兰州地域印染人文为主要研究内容。通过田野调查、文献发掘、壁画临摹、复原整理，吸收借鉴甘肃敦煌、新疆等地染缬遗存的文化元素，浸染出与江南、西南少数民族地区蓝印风格迥异的艺术作品和纺织品。

道光年间，杨俊钦在河北定州开设染坊，传技艺于儿子杨国庆。光绪时，杨国庆闯关东，在奉天开设染坊。“九一八”事变后，为避战火，杨国庆返回故乡，继续以染坊为业，将技艺传给儿子杨常纪。杨常纪传给女儿杨银桥。杨银桥于 20 世纪 60 年代将这项技艺带到兰州，并于 20 世纪 70 年代末传给管兰生、管兰茹、管兰欣等子女。如今，第六代传承人管兰生在继承家族传统技艺的基础上，经过 30 年的田野调查、文献发掘、壁画临摹、复原整理，吸收借鉴了甘肃、新疆、敦煌、兰州等丝绸之路沿线染缬遗存，改变家族设计陈腐、染色单一、渐离生活之产业状况，丰富了设计样貌，形成了鲜明的丝路特色。同时，建立了丝绸之路染缬艺术博物馆，且打破了家族师徒授受传统，将技艺传承延展到大学课堂，于 2014 年开始招收染缬艺术硕士研究生，已培养传承人 800 余人。2017 年，染缬技艺成功申报成为甘肃省第四批省级非遗代表性项目，保护单位为兰州交通大学。所以说，兰州染缬源于河北定州，借鉴甘肃、新疆等丝绸之路沿线遗迹，落户扎根、发育成长在兰州。

二、兰州染缬技艺及其特点

兰州染缬技艺包括绞缬（扎染）、蜡缬（蜡染）、夹缬（夹染）、灰缬（型染、蓝印花布），尤以绞缬（扎染）为最。绞缬就是先绘图案于织物，缝扎染之，解扎出花的方法。蜡缬是用蜡绘画于织物上而染之，既去蜡，则花纹如绘。夹缬是将织物夹固于镂空版之间，刻板上留有让染料流入的沟槽，让布料染色再浸染的印花方法。灰缬是将灰药通过型版而漏印到坯布上，浸染除药形成花的方法。除这四种主要工艺之外，还有型印、泼染、卷压染等。

这些染缬技艺都有其特有的印染方式和印染效果。绞缬晕色变化是其他印染工艺难以达到的，织物肌理效果偶然性和随意性比较大。蜡缬有自然的冰裂纹，具有浓郁的民族特色。夹缬主要以戏曲人物纹样为主，辅以花鸟虫兽。灰缬主要是白底蓝花和蓝底白花，织物有自然冰裂纹肌理效果。

兰州染缬技艺具有鲜明的人文艺术特点。一是兰州染缬艺术作品、生活用品等均有别于南方地区染缬。天然植物、矿物染料大都就地取材。所用天然植物染料，大多是绿色环保的传统中草药，是中国天人合一思想的具体体现。表现内容与丝路文化等融为一体，反映了西部各族人民的审美取向、价值观念和文化追求，具有地域特色。二是兰州染缬大多是汉唐演变的传统造型图案，炫彩其目，富丽堂皇，生动再现了汉唐大气瑰丽的艺术魅力和开放包容的大国风范。其色彩吸收唐代兴起的多色染缬，用色对比强烈、华美绚丽，呈现出丝绸之路独特的艺术个性和审美内涵。三是染缬布料根据作品及产品的不同，大多数面料均可使用，技艺广泛应用于服饰和家装等多个领域。四是兰州染缬具有包容性。兰州染缬的经典图案是丝路沿线各国“合作包容、互学互鉴、互利共赢”融合的结果，从联珠纹到陵阳公样，再到卷花图案，常见的有对兽、对禽、石榴、卷草、团花、折枝花卉等，是东西方交流合作的象征和人类共有的历史文化遗产。

三、兰州染缬技艺的美学价值

兰州染缬技艺因其悠久的丝路文化历史和深厚的区域人文积淀，具有极高的美学价值。首先是工巧载道，得意态和谐之美。艺术作品深刻反映所属时代社会背景、哲学思想、宗教艺术、审美需求，且具有鲜明的地域特征。兰州染缬染色沿袭西周以来形成的“煮、渍、暴、染”传统染色技艺，涵盖直接、媒介和还原三种染色方法。其中，使用不同的媒染剂和媒染方法，呈现的色泽富有变化。如染红时，不论是用茜草或是红花都需要铝盐类作媒染剂。《考工记》说“杂四时五色之位以章之，谓之巧”。古人很早就将技艺作为自然的一部分，而且处处考虑人与自然的和谐，强调一种整体的、系统的、互相制约的美。这些思想深刻影响了兰州染缬。

兰州染缬技艺具有应物象形，得清新自由之美。南齐谢赫在其绘画理论经典名著《古画品录》中提到“应物象形”。这高度要求艺人们对“形”的理解、内在的涵养，以及对整幅作品的把控能力。“应物”是对所见物象客观外观形态的表现。许多现实生活中的动植物，在兰州染缬纹样中得以反映。牡丹、莲花、宝相花、团花等花卉纹样，花朵丰满圆润、缠枝自然生动。“象形”是一种从具象到意象、从形到神的升华。要求艺人对表达物象不仅是客观的描摹，而是经概括、提炼、艺术加工，把物象与作者的艺术思维相融合，使自然之“物”到艺术之“形”，从眼中物到心中物，再转化为手中之物。

如今，我国国力强盛，人们充满自信，思想意识解放，使得兰州染缬在装饰意向上表现得清新自由。兰州染缬纹样名目众多，在对传统的鸟兽动物、花鸟和几何纹样有所继承的基础上有新的发展。兰州染缬对“形”进行了大胆的简化和规律化变形，既保持原有事物的特征，也具有较强的装饰效果，形成自己的工艺构图语言，体现出艺人们通过对客观事物形的描绘来表达内在的精神世界。染缬植物纹样在强调各自特征的同时赋予优美和生动的造型。花的排列向背、枝梗的往复回旋、叶与蓓蕾的轮番出现，都力求在规律中避免重复、单调，这些既有写实特点，又有艺术集中夸张的表现。

随类赋彩，得丰富瑰丽之美是兰州染缬的美学特色之一。俗话说，“远看色，近看花”，色彩是辨识物体的重要因素，是视觉文化最主要的基础，也是兰州染缬艺术造型的符号语言。色彩来自自然，反映着自然，与天地万物有着广泛的联系。用色多、用色大胆，效果富丽明快，善于从对比色中取调和效果，是兰州染缬配色的鲜明特点。“五色源于五行，谓之正色。而五行相错杂以成者谓之间色。皆天地自然之纹章。”艳如霞、蓝如海、旖旎如春花，兰州染缬将这种色彩挥洒到了极致。兰州染缬敷彩需要熟练地掌握主调，确切地运用色彩的层次、冷暖、对比、强弱等关系以烘染主题、表现对象。它的色泽与色感有着独特的艺术魅力，汲取着大自然的色彩灵感，具有庄重典雅、纯洁柔和的天然色泽。

雍容典丽，得醇厚洒脱之美是兰州染缬体现丝路文明交融的鲜明特质。兰州染缬技艺深受唐代工艺美术影响，除体现出雍容典丽的风格外，还表现出醇厚、洒脱之美。醇厚代表兰州染缬汲取外来优秀文化艺术的营养，具有悠久的历史和文化沉淀。例如，兰州染缬作品中，大量出现的萨珊联珠团花图案、敦煌藻井图案，借鉴了西洋油画的丰富与厚重的色彩。洒脱，反映出今日之中国，文化开放、经济繁荣、科技进步、生活安定。

四、兰州染缬技艺传承现状

兰州染缬技艺，这一传统手工艺以其精湛的技艺和复杂的工艺流程著称，但面临着制作周期长、成本高、收益有限的困境，其生存和发展空间受到社会各界的关注。

为了振兴这一非遗，自 1992 年起，染缬技艺被引入高等教育体系，通过“双创”工坊的模式，至今已培养了超过 6000 名学生，为这一技艺的传承注入了新鲜血液。2014 年，染缬技艺的传承工作更进一步，开始培养专业研究生，至今已有 10 名研究生参与到这一领域。同年，兰州染缬与国际学术界接轨，与国外高校合作，共同培养了 2 名跨国研究生，推动了染缬技艺的国际交流与合作。从 2008 年开始，兰州染缬承担了文化部的“中国非物质文化遗产传承人群研修培训计划”，通过“丝绸之路染缬研修班”等形式，为 95 名学员提供了专业培训。2014 年，丝路染缬艺术博物馆的成立，不仅为染缬技艺的展示和研究提供了平台，也成为兰州市的科普基地，至今已吸引超过 12 万观众，并举办了 20 余场学术研讨讲座。2021 年，该博物馆进一步向社会开放，每年举办的染缬夏令营让 1500 名中小学生受益，成为甘肃省历史再现博物馆的重要组成部分。自 2016 年起，兰州染缬还承担了甘肃“陇原巧手培训计划”，推广染缬技艺，培养了 200 余名学员。2018 年，兰州染缬响应文旅部“非遗+扶贫”的号召，建立了临夏传统工艺工作站和漳县传统工艺产业基地。举办了“丝绸之路染缬临夏对口扶贫培训班”，为 40 人提供了专业培训。

为了拓宽兰州染缬技艺的传承，目前，相关团队正着力积极开发丝路染缬文化在舞台剧、影视、动漫、娱乐、电竞等行业的深入融合。已创作完成反映丝绸之路沿线染缬技艺传承的大型民族舞剧《月光的影子》。该舞剧从内容到形式都以染缬文化为素材，实现染缬技艺在不同艺术种类中的再生。该项技艺也受到甘肃政府及相关学术研究单位的重视。2012 年，甘肃省委、甘肃省人民政府确立省级文化产业平台染缬基地。2016 年在浙江省杭州市拱墅区杭丝联建立了一个文化创意产业基地，着力打造一个集材料、设计、生产、销售、商业、娱乐、生活、传播、教育、办公于一体的兰州染缬文化创意产业平台。产业开发内容涵盖染缬文化产品开发、染缬文化内容创作、染缬文化体验园、染缬技艺与文化传承学堂、天然染料开发、染料种植与观光农业、文化创意投资等。

近年来，各类媒体技术的应用也为扩大兰州染缬文化的影响力，建立文化传播体系，提升公众对染缬文化的认知有着积极的推动作用。2014 年，主页名为“兰州交通大学染缬艺术研究所”的染缬文化宣传网站正式启动，这对于全面宣传兰州染缬文化、促进文化衍生产品开发、推动文化商品宣传与市场流通等有重要的积极作用。同时，网站的建设与应用为文化交流与学术宣讲提供了非常优秀的互动平台。此外，兰州染缬文化在爱丁堡艺术节、深圳文化产业博览会、敦煌国际文博会、中国艺术节等 10 余次大型展会上亮相，对传统染缬核心价值的认知和传承发展意义重大。

通过这些措施，兰州染缬技艺不仅在传统技艺的保护和传承方面取得了成效，而且在创新发展、文化推广和产业振兴方面也展现了活力，为这一传统手工艺的现代发展开辟了新的道路。

后　记

本书展示了甘肃非遗文化的丰富性和独特性，其独特性主要体现在深厚的历史根基和独特的地域文化上。从民间音乐、文学到传统手工艺等，每一种非遗都是甘肃人民在长期生产生活中创造和积累的结果，反映了甘肃的地理环境、民族构成和社会变迁，是甘肃人民智慧的结晶和中华民族文化宝库中不可或缺的一部分。这些文化遗产是多民族文化交流和融合的见证，也是丝路文化交流互鉴的文明之花。

非遗保护和传承至关重要，它关乎文化多样性的维护，能够确保民族文化的连续性和活力，蕴含着中华民族特有的精神价值和创造力。文化遗产是不可再生的宝贵资源，如果不加以保护和传承，随着时间的流逝，其价值和历史脉络可能会逐渐消失。因此，保护和传承非遗不仅是对历史的尊重，也是对未来的投资。它有助于增强民族认同感，促进文化多样性。此外，非遗传承也是对民族智慧和创造力的肯定，它鼓励人们在现代社会中继续发扬这些传统，使之成为推动社会进步和文化创新的重要力量和灵感来源。

甘肃非遗的保护和传承工作，是中国在这一领域努力和成就的缩影。非遗保护核心在人，传承人的角色不仅是技艺的传递者，更是弘扬传统文化和历史的中坚力量。甘肃各级非遗传承人通过参与各种文化活动，向公众展示传统文化的魅力，促进了非遗的保护和发展。对传承人的评估和支持，是确保他们有效地进行文化传承的基本要求。从融媒体宣传到非遗进校园、非遗进社区等活动，都体现了甘肃非遗文化的活力和大众不断增强的非遗文化认同。这些活动不仅丰富了社区文化生活，让非遗文化在更广泛的范围内被人们认识和欣赏，更是为非遗传承人提供了展示和交流的平台。

非遗的保护与创新性发展是一个复杂而微妙的平衡过程，二者不是对立的，而是相辅相成的。原真性保护强调保持非遗的历史真实性和文化完整性，创新发展则着眼于非遗的现代转化和活化利用。从二者的关系来看，原真性保护是非遗传承的基石，它要求保护非遗的核心价值和传统表现形式，确保非遗的历史信息和文化精神得以准确传递。但随着时代的变迁，非遗需要适应新的社会环境和文化需求。面对现代科技的冲击和全球化的影响，非遗的传承无疑面临着挑战，但同时也存在发展的机遇。创新发展并不意味着放弃原真性，而是在尊重传统的同时，探索非遗在现代社会的新功能和新表达。这包括利用现代技术和手段，如数字化记录、网络平台传播，以及将非遗元素融入现代设计和创意产业。通过创新和适应现代社会的需求，非遗可以找到新的生存空间和传播途径，继续在当代社会中发挥作用。这种保护方式有助于维护非遗的多样性和独特性，防止在现代化的冲击下失去其本质特征。在具体实践中，需要找到两者之间的平衡点，既保护非遗的原真性，又赋予其新的生命力。例如，通过非遗教育和传承人的培养，可以保持非遗的传统技艺和文化精神；同时，通过创新性的展示和体验活动，可以让更多人了解和参与非遗的保护与传承。从而让新一代人能够更好地理解和欣赏自身民族文化传统，且在全球化的背景下保持文化的独特性和活力。

非遗的可持续发展是一个多维度、跨学科的议题，涉及经济、社会、文化和环境等多个方面。非遗的可持续发展需要从教育做起，将非遗教育融入国民教育体系，通过学校教育、社区活动和家庭教育等途径，培养新一代对非遗的认识和兴趣；非遗与旅游的深度融合是推动非遗可持续发展的重要途径。通过开发以非遗为主题的旅游产品和体验活动，如非遗工坊、非遗节庆、非遗主题旅游路线等，可以提升非遗的可见度和吸引力，同时为当地社区创造经济效益；非遗的创新性转化和创造性发展是其可持续发展的关键。通过将传统技艺与现代设计、科技相结合，开发新的产品和表现形式，可以使非遗更加贴近现代生活，吸引更多年轻消费者的关注；数字化技术为非遗的保存和传播提供了新的可能。通过数字化记录、3D 扫描、虚拟现实等技术，可以对非遗进行高精度的内容捕捉和生动再现，同时建立非遗数据库，便于研究、教育和传播。

非遗的可持续发展需要全社会的关注和参与。政府的政策支持和法律保护是非遗可持续发展的保障。通过制定相关政策和法规，为非遗的保护、传承和发展提供指导和支持，同时加强对非遗知识产权的保护，防止非遗被不当商业化和滥用。非遗发展应确保社区和传承人的参与权和受益权。通过建立合理的利益分配机制和保护措施，确保非遗传承人和相关社区能够从非遗的保护和发展中获益，提高他们保护和传承非遗的积极性。非遗作为全人类共同的文化遗产，其可持续发展需要国际社会的合作与交流。通过参与国际合作项目、文化交流活动和非遗保护国际公约，可以提升非遗的国际影响力，促进非遗保护的全球合作。

因此，我们呼吁社会各界共同努力，为非遗的保护和传承贡献力量。通过政府、学术界、民间组织和公众的广泛参与，可以确保这些珍贵的文化遗产得以代代相传，继续在未来的岁月中绽放光彩。更重要的是，全社会的关注和文化自觉将会极大地推动非遗传承空间的整体性保护，友好的文化空间是非遗良性发展和传承的保障。期待读者能够通过本书更加深入地了解和欣赏甘肃非遗，共同为保护和传承这些宝贵的文化财富而努力。

本书在写作和整理的过程中，翻译和整理了大量的数字语音和纸质文件，耗费了编者大量的精力和时间。一方面，最大限度地保留访谈的内容；另一方面，对其进行了细致的修改和补充完善。为了能让读者有一个更加生动立体的阅读体验，本书在部分章节附上《专家说非遗》栏目语音片段文件，通过扫取二维码，读者可以按提示获取这些语音片段，从中体验原汁原味的甘肃各地方言、非遗传承人的表演片段、非遗研究者和传承人之间的思想互动等，提升阅读的趣味性。同时，本书还分别附录了甘肃国家级和省级非遗代表性项目、代表性传承人名录，以期为非遗研究者和爱好者提供一些有价值的信息。

本书第一作者为马琳娜，负责撰写前三十章和前言、绪论、后记等内容，并对全稿进行校对、统稿、定稿。本书其他章节的主要作者分别为：兰州地下空间开发管理有限公司许桐晨撰写第三十一章、第三十二章、第三十五章、第三十七章、第三十八章；甘肃省图书馆王超撰写第三十三章、第三十四章、第三十六章、第三十九章；张掖丹霞文化旅游股份有限公司姚宗良负责整理附录部分的内容。

最后，再次向所有默默耕耘在非遗传承与保护一线的非遗传承人及学者致以诚挚的敬意。谨向兰州文理学院旅游学院院长高亚芳教授致以衷心的感谢，没有高院长的关心、鼓励，精心指导及大力支持，本书的出版无从谈起！感谢中国经济出版社郭国玺编辑团队认真细致的工作。

编　者

2024 年 10 月 15 日

于金城兰州

附 录

附录 1 甘肃省国家级非物质文化遗产代表性项目、代表性传承人名录

（截至 2023 年 12 月 31 日）

市（州）	县(市、区)	国家级名录项目	类别	国家级传承人名单
兰州市（5 项）	兰州市	兰州太平鼓	传统舞蹈	缪正发、魏永宏
		兰州鼓子	曲艺	魏世发、陈增三
	城关区	兰州牛肉面制作技艺	民俗	
	西固区	兰州黄河大水车制作技艺	传统技艺	段怡村
	永登县	高跷（苦水高高跷）	传统舞蹈	巨海全
金昌市（1 项）	永昌县	元宵节（永昌县卍字灯俗）	民俗	陈永清
白银市（2 项）	白银市	曲子戏	传统戏剧	
	会宁县	剪纸（会宁剪纸）	传统美术	
天水市（8 项）	天水市	太昊伏羲祭典	民俗	杨祥顺
	秦州区	雕漆技艺	传统技艺	张国栋
		地毯织造技艺（天水丝毯织造技艺）	传统技艺	刘静波
	秦安县	秦安小曲	曲艺	
		女娲祭典（秦安女娲祭典）	民俗	王世贵
	武山县	鼓舞（武山旋鼓舞）	传统舞蹈	代三海
	张家川回族自治县	花儿（张家川花儿）	传统音乐	
	清水县	清水道教音乐	传统音乐	安宝惠

续表

市（州）	县(市、区)	国家级名录项目	类别	国家级传承人名单
酒泉市（6项）	酒泉	夜光杯雕	传统美术	黄越肃
	肃州区	河西宝卷	民间文学	乔玉安
	敦煌市	曲子戏（敦煌曲子戏）	曲艺	肖德金
	阿克塞县	哈萨克族阿依特斯	曲艺	沃斯尔汉·加尼木汗
	肃北县	蒙古族服饰	民俗	娜仁其其格
		祝赞词（肃北蒙古族祝赞词）	民间文学	
张掖市（5项）	张掖市	宝卷（河西宝卷）	民间文学	代兴位
	甘州区	甘州小调	曲艺	
	肃南裕固族自治县	裕固族民歌	传统音乐	杜秀英、杜秀兰
		裕固族服饰	民俗	柯璀玲
		婚俗（裕固族传统婚俗）	民俗	安福成
武威市（6项）	凉州区	河西宝卷	民间文学	李作柄
		贤孝（凉州贤孝）	曲艺	冯兰芳
		鼓舞（凉州攻鼓子）	传统舞蹈	杨门元
	民勤县	曲子戏（民勤曲子戏）	传统戏剧	
	天祝县	藏族民歌（华锐藏族民歌）	传统音乐	马建军
		藏族唐卡（天祝唐卡）	传统美术	
定西市（10项）	定西市	剪纸（定西剪纸）	传统美术	
	通渭县	通渭小曲戏	传统戏剧	
		皮影戏（通渭影子腔）	传统戏剧	刘满仓
	陇西县	陇西云阳板		
	岷县	花儿（二郎山花儿会）	传统音乐	刘郭成
		砚台制作技艺（洮砚制作技艺）	传统技艺	李茂棣
		巴当舞	传统舞蹈	杨景艳
		民间信俗（岷县青苗会）	民俗	
		岷县宝卷	民间文学	
		岷县当归加工技艺	传统技艺	
陇南市（5项）	武都区	武都高山戏	传统戏剧	尹维新
	西和县	七夕节（乞巧节）	民俗	
		麻纸制作技艺（西河麻纸制作技艺）	传统技艺	

续表

市（州）	县(市、区)	国家级名录项目	类别	国家级传承人名单
陇南市（5项）	文县	傩舞（文县池哥昼）	传统舞蹈	余杨富、余林机
	两当县	两当号子	传统音乐	
平凉市（3项）	泾川县	民间信俗（西王母信俗）	民俗	
	庄浪县	庄浪县高抬	民俗	
	华亭市	曲子戏（华亭曲子戏）	曲艺	康和、张志学
庆阳市（5项）	庆阳市	庆阳香包绣制	传统美术	贺梅英
	西峰区	唢呐艺术	传统音乐	马自刚
		窑洞营造技艺	传统技艺	李茂政
	镇原县	庆阳剪纸	传统美术	
	环县	皮影戏（环县道情皮影戏）	传统戏剧	高清旺、史呈林
临夏州（11项）	临夏市	贤孝（河州贤孝）	曲艺	王威学
		河州平弦	曲艺	
	临夏县	临夏砖雕	传统美术	穆永禄
	积石山县	保安族腰刀锻制技艺	传统技艺	马维雄、冶古白、马尕主麻、冶洒力海
	永靖县	傩舞（永靖七月跳会）	传统舞蹈	范廷禄
		古建筑修复技艺	传统技艺	胥元明
		生铁冶铸技艺	传统技艺	王业财
	东乡县	米拉尕黑	民间文学	马虎成
		东乡族擀毡技艺	传统技艺	马舍勒
	和政县	花儿（松鸣岩花儿会）	传统音乐	马金山、苏平
	康乐县	花儿（莲花山花儿会）	传统音乐	汪莲莲
甘南州（13项）	甘南州	藏族民歌（甘南藏族民歌）	传统音乐	华尔贡
		藏戏（南木特藏戏）	传统戏剧	
		锅庄舞	传统舞蹈	
	夏河县	拉卜楞寺佛殿音乐道得尔	传统音乐	成来加措
		甘南藏族唐卡	传统美术	果洛·希热布、久麦、交巴加布
	临潭县	拔河（万人扯绳赛）	传统体育、游艺与杂技	
		龙神赛会	民俗	
	卓尼县	巴郎鼓舞	传统舞蹈	卢永祥
		砚台制作技艺（洮砚制作技艺）	传统技艺	卢锁忠

续表

市（州）	**县(市、区)**	**国家级名录项目**	**类别**	**国家级传承人名单**
甘南州（13项）	舟曲县	多地舞	传统舞蹈	李扎西
		元宵节（东山转灯）	民俗	
	碌曲县	藏医药（甘南藏医药）	传统医药	索南旺杰
	玛曲县	龙头琴弹唱	传统音乐	
省直（3项）	西北民族大学	格萨（斯）尔	民间文学	王永福
	省陇剧院	道情戏（陇剧）	传统戏剧	边肖、雷通霞
	省秦剧团	秦腔	传统戏剧	窦凤琴
合计		83		68

资料来源：甘肃省文化和旅游厅网站，https：//www.tourgansu.com/。

附录2　甘肃省省级非物质文化遗产代表性项目、代表性传承人名录

（截至2023年12月31日）

市（州）	县(市、区)	省级名录项目	类别	省级传承人名单
兰州市	兰州市	Ⅲ-3 兰州太平鼓舞	传统舞蹈	缪正发、魏永宏、赖新年、庞炳
		Ⅴ-1 兰州鼓子	曲艺	魏世发、陈增三、刘艳玲
		Ⅶ-7 剪纸	传统美术	龙瑞迎
		Ⅷ-6 雕刻葫芦（兰州刻葫芦）	传统技艺	阮琳、陈兵
		Ⅹ-5 兰州羊皮筏子	民俗	马积德、罗宏
		中国阿文书法艺术	传统美术	
		狮子登杆	民俗	
	城关区	Ⅹ-4 兰州清汤牛肉面	民俗	
		郭氏正骨法	传统医药	郭宪章
		鞭杆（兰州缠海鞭杆）	传统体育、游艺与竞技	王建中、王建国
	七里河区	石佛沟花儿会	传统音乐	
		兰州百合栽培技艺	传统技艺	高作旺
		兰州手工制陶技艺	传统技艺	
	西固区	Ⅲ-12 傩舞（西固军傩）	传统舞蹈	
		Ⅷ-13 兰州黄河大水车制作技艺	传统技艺	段怡村、苏善来
		Ⅷ-16 铁芯子制作技艺	传统技艺	陈守文
		金花娘娘的传说	民间文学	杨立明
		兰州八门拳	传统体育、游艺与竞技	
	安宁区	Ⅴ-1 兰州太平歌	曲艺	朱自清、朱德祖
		书画装裱传统技艺	传统技艺	
	红古区	Ⅶ-5 红古刺绣	传统美术	邵能彩、尹桂珍
		Ⅷ-10 红古黑陶制作技艺	传统技艺	尚天明、王金明
		Ⅹ-11 窑街“福”字灯会	民俗	王宪武

续表

市（州）	县(市、区)	省级名录项目	类别	省级传承人名单
兰州市	永登县	Ⅲ-2 高高跷	传统舞蹈	巨海全、薛树华、苗宝山
		Ⅳ-2 皮影戏（永登皮影戏）	传统戏剧	王德胜
		Ⅲ-2 永登硬狮子舞	传统舞蹈	冯德培
		Ⅲ-3 何家营滚灯	传统舞蹈	朱国顺
		Ⅴ-7 苦水下二调	曲艺	胡学文
	皋兰县	Ⅴ-1 兰州太平歌	曲艺	安太祥、辛荣先
		Ⅷ-16 铁芯子制作技艺	传统技艺	魏兴乐、魏兴君
		Ⅹ-10 兰州“天把式”	民俗	
		皋兰曲子戏	传统戏剧	
		什川灯火	民俗	
	榆中县	Ⅷ-12 兰州青城水烟制作技艺	传统技艺	李德森
		Ⅲ-6 道台狮子	传统舞蹈	王文泰
		Ⅲ-7 马啣山秧歌	传统舞蹈	丁永明
		Ⅲ-8 太符灯舞	传统舞蹈	张永富
		Ⅳ-6 西厢调	传统戏剧	吴定元
		Ⅹ-3 七月官神	民俗	王希光
		Ⅷ-11 榆中县古建筑模型制作技艺	传统技艺	丁武明
		兴隆山传说故事	民间文学	王作文
		通备劈挂拳	传统体育、游艺与竞技	
嘉峪关市	嘉峪关市	Ⅰ-7 甘肃民间故事（嘉峪关故事传说）	民间文学	周如明、何怀珠、何爱国
		Ⅱ-1 嘉峪关民间小调	传统音乐	赵帅珍、李守财
		Ⅲ-6 嘉峪关地蹦子	传统舞蹈	王占朝、王克荣
		Ⅷ-2 嘉峪关石砚制作技艺	传统技艺	刘宗学
		嘉峪宝卷	民间文学	
		大漠风雨雕石艺画制作工艺	传统美术	
		嘉峪关芨芨草扎编工艺	传统技艺	鲁志海
金昌市	金川区	金川刻字	传统美术	
		制毡技艺	传统技艺	
		金川织褐子技艺	传统技艺	姜有秀

续表

市（州）	县(市、区)	省级名录项目	类别	省级传承人名单
金昌市	永昌县	Ⅹ-14“卍”字灯会	民俗	陈永清、陈兴涛、陈兴让
		Ⅱ-6 永昌曲子	传统音乐	李会香、张金香
		Ⅲ-11 节子舞	传统舞蹈	赵振铎、赵吉海
		Ⅰ-6 河西宝卷（永昌宝卷）	民间文学	范积忠
		Ⅳ-4 皮影戏（永昌皮影戏）	传统戏剧	吕兰生、吕学忠、吕学战
		Ⅳ-5 木偶戏（永昌木偶戏）	传统戏剧	王笃中、张菊珍
		Ⅴ-6 凉州贤孝（永昌贤孝）	曲艺	柴希桃、毛显存、王培仁
		制毡技艺	传统技艺	冯培义
		永昌手工地毯制作技艺	传统技艺	张兴龙、毛著栋
白银市	白银市	Ⅶ-7 剪纸	传统美术	张维英、梁维珍、宋银辉
		Ⅱ-5 白银寿鹿山道教音乐	传统音乐	曹守国
		Ⅲ-7 鼓舞（背鼓子舞）	传统舞蹈	李生海、张保国
		Ⅲ-7 鼓舞（跳鼓舞）	传统舞蹈	
		甘肃古琴艺术	传统音乐	党敬
	白银区	Ⅲ-17 黄河战鼓	传统舞蹈	刘克坚、刘念祖、刘克智
		Ⅳ-6 西厢调	传统戏剧	高兆安、曾明和、张明勇
		Ⅲ-7 鼓舞 ［太平鼓（五穷鼓）］	传统舞蹈	李乐亨、滕焕坤、李禄利
	平川区	仿古建筑木作营造技艺	传统技艺	
		平川陶瓷烧制技艺	传统技艺	张明国
	景泰县	景泰滚灯	传统舞蹈	张安邦
		景泰砂锅烧制技艺	传统技艺	
		景泰树皮笔画	传统美术	
		景泰打铁花	民俗	张泰儒
	靖远县	靖远民歌	传统音乐	虎宁
		鞭杆（孙氏鞭杆）	传统体育、游艺与竞技	
	会宁县	Ⅳ-2 皮影戏	传统戏剧	牛俊魁、刘具江、李瑞珍
		Ⅶ-3 剪纸	传统美术	曹秀英、王维国、田俊堂、刘伟
		Ⅱ-8 陇中民歌（会宁民歌）	传统音乐	张玉兰、马克选
		Ⅸ-3 曹氏中医正骨法	传统医药	曹绪明、曹庆祥
		会宁石磨炒面制作技艺	传统技艺	

续表

市（州）	县(市、区)	省级名录项目	类别	省级传承人名单
天水市	天水市	Ⅳ-2 皮影戏（天水皮影戏）	传统戏剧	
		Ⅶ-7 剪纸	传统美术	
		Ⅹ-9 太昊伏羲祭典	民俗	杨祥顺、李松山、梁军
		八卦养生拳	传统体育、游艺与竞技	张建军
		木雕（天水润龙木雕）	传统美术	
		天水魏氏骨痛贴制作技艺	传统医药	
	秦州区	Ⅷ-2 天水雕漆制作技艺	传统技艺	张国栋、何金成、胡建生、孙兴茂
		Ⅱ-5 唢呐艺术	传统音乐	邢月拜、邢天安
		Ⅲ-14 秦州夹板舞	传统舞蹈	马忠礼、张岁歹
		Ⅲ-16 秦州鞭杆舞	传统舞蹈	张世俊、张启源、张继明
		Ⅴ-4 秦州小曲	曲艺	黄进财、李亮
		Ⅶ-4 木雕	传统美术	朱建祥、董玉和、梁宝宝
		Ⅶ-6 天水鸿盛社秦腔脸谱	传统美术	王贵林
		Ⅶ-7 天水竹雕	传统美术	吴云生
		Ⅷ-16 天水泥塑制作技艺	传统技艺	何彦云、赵旭辉
		Ⅷ-17 天水丝毯制作技艺	传统技艺	刘静波、武建成
		天水古琴制作技艺	传统技艺	熊尚德
		天水呱呱制作技艺	传统技艺	吴亮亮、张巧玲
		天水黑社火	民俗	
	麦积区	Ⅹ-6 麦积高抬	民俗	王守业、张居义、张小红
		麦积根雕	传统美术	
	秦安县	Ⅳ-3 曲子戏（秦安老调）	传统戏剧	安治平、张天喜、高荣、高志堂
		Ⅷ-17 秦安麦秆编技艺	传统技艺	郭香莲
		Ⅹ-8 秦安女娲祭祀仪式	民俗	王世贵
		Ⅲ-4 秦安蜡花舞	传统舞蹈	赵改儿、郭遂世
		Ⅵ-5 秦安壳子棍	传统体育、游艺与竞技	高世定
		唢呐艺术	传统音乐	
		羊皮扇鼓舞	传统舞蹈	王成成
		秦安蔡家拳	传统体育、游艺与竞技	蔡黎强
		陶器制作技艺	传统技艺	阎建林

续表

市（州）	县(市、区)	省级名录项目	类别	省级传承人名单
天水市	武山县	Ⅲ-5 旋鼓舞	传统舞蹈	代三海、代思贤、李改成
		Ⅶ-2 夜光杯雕（武山夜光杯雕）	传统美术	李生强、关正音
		Ⅶ-4 木雕	传统美术	刘正忠、康向阳
		唢呐艺术	传统音乐	李永强、李吉有
		武山道情	曲艺	杨吉海
		武山砖雕	传统美术	党金红
		武山柳编技艺	传统技艺	王秀英
	张家川	Ⅱ-2 花儿（张家川花儿会）	传统音乐	马如意、杨国祥、于朝阳、马也固
		小儿锦	民间文学	
		皮活制作技艺	传统技艺	刘应森、马继光
	清水县	Ⅱ-4 清水县道教音乐	传统音乐	安保惠、王建明、马少民
		Ⅶ-3 剪纸	传统美术	王永兰、陈进录
		轩辕黄帝的传说	民间文学	
		清水木人摔跤	传统体育、游艺与竞技	缑焕文
		清水庞公玉雕技艺	传统技艺	安保堂
	甘谷县	Ⅷ-7 甘谷脊兽制作技艺	传统技艺	张云中、张启云
		Ⅴ-3 甘谷道情	曲艺	安友仁
		Ⅶ-5 甘谷木雕	传统美术	王勇、巩善筝
		甘谷道教音乐	传统音乐	李书建、张启润
		甘谷麻鞋	传统技艺	
酒泉市	酒泉市	Ⅰ-6 河西宝卷（酒泉宝卷）	民间文学	乔玉安、郑会
		Ⅲ-8 甘地蹦子	传统舞蹈	李生茂
		Ⅶ-2 夜光杯雕（酒泉夜光杯雕）	传统美术	黄越肃、黄越兰、权玉廷
	肃州区	Ⅲ-2 酒泉“福禄车”	传统舞蹈	徐建林
		Ⅱ-9 河西民歌（肃州民歌）	传统音乐	孙进仁
		Ⅲ-9 河西社火（赶驴）	传统舞蹈	杨学斌
		Ⅵ-3 二鬼打架	传统体育、游艺与竞技	龚天材
	金塔县	Ⅶ-4 木雕	传统美术	强明珍
		泥塑（金塔彩绘泥塑）	传统美术	

续表

市（州）	县(市、区)	省级名录项目	类别	省级传承人名单
酒泉市	瓜州县	Ⅳ-1 木偶戏	传统戏剧	高福禄、白生玉
		Ⅶ-3 剪纸	传统美术	李淑琴
		Ⅱ-9 河西民歌（瓜州民歌）	传统音乐	杨生秀
		泥塑（瓜州彩绘泥塑）	传统美术	
	敦煌市	Ⅳ-3 曲子戏（敦煌曲子戏）	传统音乐	肖德金、闫光福、夏秀兰、巩玉玲、张吉成
		Ⅶ-3 剪纸	传统美术	何克风、杜淑琴
		Ⅷ-6 敦煌彩塑制作技艺	传统技艺	杜永卫、鲁勤学
		Ⅱ-9 河西民歌（敦煌民歌）	传统音乐	陈秀芳、陈正清
		敦煌民间传说	民间文学	
		敦煌壁画故事	民间文学	陈钰
		敦煌石粉彩绘技艺	传统技艺	
		敦煌木雕画	传统美术	
		敦煌水晶眼镜制作技艺	传统技艺	
		敦煌艾灸	传统医药	
	阿克塞县	Ⅴ-5 阿肯弹唱	曲艺	沃斯尔汉·加尼木汗、塔尔特甫汉、库来木·塔依班
		Ⅶ-9 阿克塞哈萨克族刺绣	传统美术	努尔恰西·汗加尔汉
		Ⅹ-1 阿克塞哈萨克族毡房	民俗	哈哈尔满·阿比旦
		Ⅵ-1 叼羊	传统体育、游艺与竞技	陶汉
		Ⅵ-2 姑娘追	传统体育、游艺与竞技	艾萨吾列、沃拉再
		哈萨克族舞蹈黑走马	传统舞蹈	
		阿克塞纳吾热孜节	民俗	
	肃北县	Ⅷ-8 肃北县蒙古族马头琴制作技艺	传统技艺	额尔德尼
		Ⅷ-9 肃北雪山蒙古族马上用具制作技艺	传统技艺	孔万喜
		Ⅹ-7 肃北雪山蒙古族服饰	民俗	娜仁其其格、萨尔娜、孟根花
		Ⅰ-5 蒙古族祝赞词	民间文学	山西
		肃北蒙古族长调	传统音乐	布音娜、巴图孟克
		肃北蒙古族蒙古包制作技艺	传统技艺	

续表

市（州）	县(市、区)	省级名录项目	类别	省级传承人名单
酒泉市	肃北县	肃北蒙古族敖包祭祀	民俗	红旗
		肃北雪山蒙古族婚礼	民俗	
		肃北蒙古族草原那达慕大会	民俗	
	玉门市	玉门陶埙制作技艺	传统技艺	
		邓氏中医正骨疗法	传统医药	
张掖市	张掖市	Ⅰ-6 河西宝卷（张掖宝卷）	民间文学	代兴位、刘银花、代继生、陈多祝、张成舜
		Ⅶ-7 剪纸	传统美术	刘青年、雷天智、周玉梅、刘瑰华
		山丹烙画	传统美术	陈希儒
	甘州区	Ⅱ-9 甘州小调	曲艺	闫长福、陈学军、李建成
		Ⅳ-4 邵家班子木偶戏	传统戏剧	邵学玉、邵学信、邵卫红、邵多林
		Ⅲ-9 河西社火（甘州社火）	传统舞蹈	李建成、彭加年、张天朋
		Ⅹ-8 甘州黄河灯阵	民俗	郭玉清、焦文杰、陆廷成
		乌江镇狮子舞	传统舞蹈	刘松、李文仁
		金氏中医正骨法	传统医药	金向有
	山丹县	Ⅲ-9 河西社火（山丹县耍龙）	传统舞蹈	翟新荣
	民乐县	Ⅲ-4 民乐顶碗舞	传统舞蹈	汤居、许永年
		Ⅳ-2 皮影戏	传统戏剧	鲁正国
		四家武术	传统体育、游艺与竞技	
		九粮九轮酿制工艺	传统技艺	
	临泽县	泥塑（临泽泥塑）	传统美术	鲁忠周
		面塑	传统美术	陈会平
		四月八河灯会	民俗	
	高台县	Ⅵ-2 秦腔獠牙特技表演	传统体育、游艺与竞技	孙立国、蔺耀宗
		Ⅱ-9 河西民歌（高台民歌）	传统音乐	杨希禄、闫占祥、王崇教、杜发会、郭永生
		Ⅵ-4 高台通背捶、八虎棍	传统体育、游艺与竞技	桑俊斌、张红梅
		Ⅹ-9 高台黄河灯阵	传统民俗	杨登贵、严明

续表

市（州）	县(市、区)	省级名录项目	类别	省级传承人名单
张掖市	高台县	高台清街习俗	民俗	
		高台铁芯子	民俗	靳世杰
	肃南裕固族自治县	Ⅰ-3 肃南裕固族口头文学与语言	民间文学	钟玉珍、郭玉莲
		Ⅱ-6 裕固族民歌	传统音乐	杜秀英、杜秀兰、白金花、贺俊山、郭金莲、钟兰琴
		Ⅹ-8 裕固族人生礼仪	民俗	安福成、安维新、兰志厚、常福国
		Ⅷ-18 裕固族皮雕技艺	传统技艺	
		Ⅹ-14 裕固族剪马鬃	民俗	
		Ⅹ-15 裕固族祭鄂博	民俗	常海福
		Ⅱ-2 肃南蒙古族民歌	传统音乐	高秀兰
		Ⅶ-4 裕固族刺绣	传统美术	白萍、杨红梅、郭兰花、郭银梅
		Ⅷ-20 裕固族织褐子	传统技艺	索兰英、沙琴梅、郭月英、杨金花、常自英
		裕固族服饰	民俗	柯璀玲、杨海燕、安月英、安玉芬、安永琴
		肃南藏族民歌	传统音乐	
武威市	武威市	Ⅰ-6 河西宝卷（武威宝卷）	民间文学	李作柄、赵旭峰、李卫善
		Ⅲ-4 攻鼓子舞	传统舞蹈	杨门元、杨万住、杨万平
	凉州区	Ⅴ-2 贤孝（凉州贤孝）	曲艺	冯兰芳、王雷中、王月、藏尚德、董永虎
		Ⅳ-2 皮影戏	传统戏剧	马登岐
		Ⅳ-5 凉州半台戏	传统戏剧	张志昌、牛伯山
		Ⅶ-8 水陆画	传统美术	李福如
		Ⅹ-13 金塔黄河灯会	民俗	王士学
		凉州木偶戏	传统戏剧	
		剪纸（武威重刻剪纸）	传统美术	
		西夏陶瓷烧制技艺	传统技艺	
		西夏泥活字印刷术	传统技艺	
		祖师麻膏药	传统医药	

续表

市（州）	县(市、区)	省级名录项目	类别	省级传承人名单
武威市	民勤县	Ⅱ-5 唢呐艺术	传统音乐	潘竟瑞、黄福本
		Ⅳ-7 民勤小曲戏	传统戏剧	彭宝瑞、魏春梅
		Ⅰ-7 甘肃民间故事（苏武传说）	民间文学	李玉寿
		Ⅱ-9 河西民歌（民勤民歌）	传统音乐	曹宗让、曾祥道
		Ⅷ-21 民勤毛毡制作技艺	传统技艺	李仁德、赵登生
		Ⅹ-10 民勤骆驼客	民俗	曹宗让、张元生
		民勤驼队传说	民间文学	邸士智
		驮夫号子	传统音乐	柳生军
		皮活制作技艺	传统技艺	
		民勤元宵灯山会	民俗	刘平
	古浪县	Ⅰ-2 甘冬儿和杨达尔	民间文学	袁育英、严培存
		Ⅰ-3 古浪童谣	民间文学	陈万喜、戴学莲
		Ⅰ-7 甘肃民间故事（金瓜与银豆）	民间文学	赵燕翼、朱芳华、张奋武
		Ⅴ-5 古浪老调	曲艺	钟长海、季宝德、俞存元
		Ⅷ-22 王氏镰刀制作技艺	传统技艺	王克俭、王兴文
	天祝县	Ⅱ-7 天祝藏族华锐民歌	传统音乐	马建军、马央章草、华召卡
		Ⅲ-5 天祝土族安召	传统舞蹈	李占忠
		Ⅸ-1 华锐藏医藏药	传统医药	于福山、阿振庭
		Ⅹ-2 天祝土族婚俗	民俗	
		Ⅹ-6 藏族服饰	民俗	师延玲、徐英
		Ⅴ-1 华锐则柔	曲艺	吕文秀、乔索南措
		Ⅶ-2 唐卡绘画	传统美术	马才成，吉太才让
		Ⅹ-3 华锐藏族婚俗	民俗	张罗周南加、张拉先
定西市	定西市	Ⅶ-7 剪纸	传统美术	傅忠民
		榫卯木制手工制作技艺	传统技艺	
		陇中十三花宴席制作技艺	传统技艺	
	安定区	Ⅴ-4 陇中小曲	曲艺	刘福
		书画装裱传统技艺	传统技艺	
	通渭县	Ⅳ-3 曲子戏（通渭县小曲）	传统戏剧	孙维民、王多虎
		Ⅶ-3 剪纸	传统美术	刘胜余
		Ⅷ-14 通渭脊兽制作技艺	传统技艺	李忠贤

续表

市（州）	县(市、区)	省级名录项目	类别	省级传承人名单
定西市	通渭县	Ⅷ-15 通渭草编技艺	传统技艺	孙军祥
		Ⅳ-4 皮影戏（通渭皮影戏）	传统戏剧	刘满仓、杨永忠、刘国天
		Ⅶ-6 通渭木雕技艺	传统技艺	杨鸿宇、巩胜玉
		Ⅶ-7 通渭砖雕技艺	传统技艺	马永明
		春叶、遮面	传统美术	
		通渭民间彩绘	传统美术	吴永军
	陇西县	Ⅱ-8 陇中民歌（陇西民歌）	传统音乐	王健、白好寿
		Ⅲ-5 陇西云阳板	传统舞蹈	焦志强、张映奎
		Ⅷ-8 陇西腊肉制作技艺	传统技艺	郭陇龙
		“靛坪大曲”酿酒技艺	传统技艺	程万里
	临洮县	Ⅹ-16 拉扎节	传统民俗	赵文武
		Ⅱ-8 临洮花儿	传统音乐	周仕芳
		Ⅲ-15 临洮傩舞	传统舞蹈	庞学忠、张克明
		Ⅶ-8 水陆画	传统美术	蒲永升
		Ⅰ-7 甘肃民间故事（貂蝉传说）	民间文学	
		Ⅳ-4 皮影戏（临洮皮影戏）	传统戏剧	车兆峰
		Ⅷ-19 脊兽制作技艺	传统技艺	司探微
		陶器制作技艺	传统技艺	
		紫斑牡丹酒酿制技艺	传统技艺	
	岷县	Ⅱ-2 花儿（二郎山花儿会）	传统音乐	刘郭成、姜照娃、白绪娥、董明巧、刘尕文
		Ⅲ-7 巴当舞	传统舞蹈	杨景艳、杨茂春、李胜平
		Ⅶ-6 木版窗花年画	传统美术	王兹成、王志成
		Ⅷ-3 洮砚制作技艺	传统技艺	李茂棣、马文科、赵成德、徐哲
		Ⅹ-10 十八路湫神祭典	传统民俗	袁志义
		Ⅰ-2 岷县宝卷	民间文学	牟王昌、景生魁、裴陆平
		Ⅹ-9 青苗会	民俗	严英
		Ⅹ-12 九宫八卦灯会	传统民俗	陈凤娃、陈顺
		Ⅷ-6 岷县点心加工技艺	传统技艺	马冬梅
		Ⅷ-10 岷县铜铝铸造技艺	传统技艺	徐芳龙、何道海

续表

市（州）	县(市、区)	省级名录项目	类别	省级传承人名单
定西市	岷县	Ⅷ-18 岷县传统织麻布技艺	传统技艺	司长喜
		羊皮扇鼓舞	传统舞蹈	
		岷县陶艺加工技艺	传统技艺	
		岷县当归生产加工技艺	传统技艺	
		陶器制作技艺	传统技艺	
	渭源县	Ⅱ-4 麻家集高石崖花儿会	传统音乐	汪海娥
		Ⅲ-7 鼓舞（羌蕃鼓舞）	传统舞蹈	陆寿乾、陆海忠、陆永福、陆海清
		Ⅳ-4 皮影戏（渭源皮影戏）	传统戏剧	范治仪
		Ⅹ-2 首阳山伯夷叔齐祭祀	传统民俗	李德清、朱雁翎、漆旺平
		渭源民间彩画	传统美术	吴永军
		皮活制作技艺	传统技艺	
		井盐手工熬制技艺	传统技艺	
陇南市	陇南市	Ⅳ-2 皮影戏（陇南影子腔）	传统戏剧	
		Ⅳ-3 陇南高山剧	传统戏剧	崔敏勤、后明春、王玉娥
		Ⅳ-7 高山戏	传统戏剧	尹维新、尹社宝、张会萍
	武都区	Ⅶ-4 木雕	传统美术	王和平、张守学
		Ⅳ-2 三仓灯戏	传统戏剧	尹成奋、尹永清
		Ⅷ-3 武都栗玉砚制作技艺	传统技艺	刘淑霞、焦仁仁
		Ⅷ-5 角弓咂杆酒酿制技艺	传统技艺	徐荷凤、徐兰兰
		民间织布技艺	传统技艺	
		武都蜂糖酒	传统技艺	
		大身子舞	传统舞蹈	
	宕昌县	Ⅲ-3 宕昌羌傩舞	传统舞蹈	苗赵生义
	西和县	Ⅴ-4 春官歌演唱（西和县春官歌演唱）	曲艺	王忠孝、唐富贵
		Ⅹ-3 乞巧节	民俗	董丽琴、雷希桂、张月兰、沈芳琴、赵君平、席兰兰
		麻纸制作技艺	传统技艺	
		羊皮扇鼓舞	传统舞蹈	
	礼县	Ⅴ-5 春官歌演唱	曲艺	潘各信、王占清、王应占

续表

市（州）	县(市、区)	省级名录项目	类别	省级传承人名单
陇南市	礼县	Ⅷ-7 礼县井盐制作工艺	传统技艺	陈安太、张永财
		礼县高抬	民俗	
		剪纸（礼县剪纸）	传统美术	
		木雕（宽川木雕）	传统美术	
	成县	Ⅷ-8 竹篮寨泥玩具制作技艺	传统技艺	赵维国
		红川酒酿造技艺	传统技艺	
		栗玉砚制作技艺（成县砚雕）	传统技艺	
		面塑	传统美术	安秋平
	文县	Ⅲ-12 傩舞（文县傩舞—池歌昼）	传统舞蹈	余杨富、余林机、班正联、班杰军、班运民
		Ⅳ-8 玉垒花灯戏	传统戏剧	袁润明、张才林
		文县土琵琶弹唱	传统音乐	王玉贵
		白马人民歌	传统音乐	
		“文县”麻昼舞	传统舞蹈	
		白马人服饰	民俗	班冬花
	康县	Ⅰ-3 康县木笼歌	民间文学	李争楠、安俊龙
		Ⅱ-3 康县锣鼓草	传统音乐	马贵祥
		Ⅱ-4 康南毛山歌	传统音乐	唐汰芝、尹世成
		Ⅱ-5 唢呐艺术	传统音乐	王金贵、刘电话
		Ⅷ-9 寺台造纸术	传统技艺	李生武、李永珍
		康县梅园神舞	传统舞蹈	郭明兴
		康县“女娶男嫁”奇异婚俗	民俗	赵德卫
	徽县	Ⅴ-6 河池小曲	曲艺	董亮、贾守志、崔卿、焦存会
		泥塑（泥阳泥塑）	传统美术	冉旭泽
		栗玉砚制作技艺（栗亭砚制作技艺）	传统技艺	
		马勺脸谱	传统美术	马龙
		山核桃工艺品加工技艺	传统技艺	马玉奇
	两当县	Ⅱ-2 两当号子	传统音乐	张华王、简逢春、张应财、林明亮、庞志发

续表

市（州）	县(市、区)	省级名录项目	类别	省级传承人名单
平凉市	平凉市	Ⅶ-7 剪纸	传统美术	
		Ⅰ-11 春官说诗	民间文学	张海山、刘王喜
		Ⅷ-4 平凉纸织画工艺	传统技艺	王天波、柳玉武
	崆峒区	Ⅴ-4 春官歌演唱（平凉崆峒春官歌演唱）	曲艺	
		Ⅵ-1 崆峒派武术	传统体育、游艺与竞技	王镖
		Ⅳ-1 崆峒笑谈	传统戏剧	张作贤、王元
		Ⅸ-4 李天套中医骨伤治疗技艺	传统医药	李天套
	泾川县	Ⅹ-11 西王母祭典	民俗	张学俊
		泾川仙鹤舞	传统舞蹈	
		民间脊兽制作技艺	传统技艺	
	崇信县	Ⅱ-1 陇东民歌	传统音乐	李效奇、富耀先、李生芳
		Ⅴ-2 山梁走唱	曲艺	梁世华、赵进儒
		Ⅴ-3 顶灯说唱	曲艺	刘彦奎、刘晓峰
		点灯背猴	民俗	
	庄浪县	Ⅵ-1 高抬	民俗	王曦地、陈亮
		Ⅶ-8 马尾编荷包	传统美术	陈梅香
		Ⅳ-3 南湖曲子戏	传统戏剧	程铁牛、郝维平
	静宁县	Ⅱ-8 陇中民歌（静宁阿阳民歌）	民间音乐	杨生泮、黎秀华
		Ⅲ-8 陇东社火（打花鞭）	传统舞蹈	闫惠琴
		Ⅷ-7 静宁烧鸡制作技艺	传统技艺	王东升、谢林林
	灵台县	Ⅳ-5 灯盏头戏	传统戏剧	杨万钧、孟效义
		Ⅸ-1 灵台县皇甫谧针灸术	传统医药	郝定国、孙宏绪
		Ⅱ-6 灵台唢呐	传统音乐	姚九录、董金文
		Ⅳ-5 木偶戏（灵台木偶戏）	传统戏剧	陈巧娥、周效国
	华亭市	Ⅳ-3 曲子戏（华亭市曲子戏）	传统戏剧	康和、张志学、姬亚宏、潘应战
		Ⅷ-5 安口陶瓷制作技艺	传统技艺	范通儒、边希平、徐文平
		Ⅱ-3 华亭打乐架	传统音乐	王有福
		安口砂器制作技艺	传统技艺	
		华亭民间雕塑技艺	传统技艺	

续表

市（州）	县(市、区)	省级名录项目	类别	省级传承人名单
庆阳市	庆阳市	Ⅰ-2 陇东红色歌谣	民间文学	李文军
		Ⅳ-1 道情戏	传统戏剧	
		Ⅶ-5 庆阳香包绣制	传统美术	贺梅英、赵爱霞、吴玉英、王万红、刘兰芳、左焕茸
	西峰区	Ⅶ-7 剪纸	传统美术	惠富君、彭粉女、吉彩琴、金香莲、马秀珍、刘玉英、雪秀梅、段彩霞
		Ⅱ-5 唢呐艺术	传统音乐	辛政财、王贵有、马自刚、李茂政、吴正强、王百义
		Ⅲ-6 荷花舞	传统舞蹈	胡碧峰、郑栓香
		Ⅹ-12 公刘祭典	传统民俗	高步银、高步祥
		Ⅹ-6 陇东窑洞民居文化	民俗	李茂政、李世荣
		Ⅶ-1 西峰泥塑	传统美术	赵文菁、徐天贵
		Ⅷ-1 西峰陶塑技艺	传统技艺	徐鸿伟、高映帆
		Ⅸ-2 王氏正骨法	传统医药	王毅
		民间手工编结技艺	传统技艺	
	庆城县	Ⅹ-15 周祖祭典	民俗	左思科
		Ⅲ-1 庆城徒手秧歌	传统舞蹈	
		Ⅷ-4 甘肃黄酒酿制技艺（马岭黄酒）	传统技艺	王维耀
	镇原县	Ⅷ-14 镇原高粱秆灯笼制作技艺	传统技艺	
		陇东礼俗	民俗	
		镇原小曲戏	传统戏剧	
	正宁县	Ⅳ-1 木偶戏	传统戏剧	梁俊效、周兴平、梁忠仓
		Ⅷ-3 王录拉板糖制作技艺	传统技艺	王乔宏、王东合、王俊杰
		Ⅰ-4 陇东红色民谣（正宁民谣）	民间文学	喻玲芳
		Ⅰ-10 谚语	民间文学	
		正宁香包绣制	传统美术	于小平、赵聪梅
	华池县	Ⅴ-7 南梁说唱	曲艺	陈士万、张颖奎
		Ⅱ-1 陇东民歌	传统音乐	
		Ⅶ-1 镇庄兽雕刻艺术	传统美术	

续表

市（州）	县(市、区)	省级名录项目	类别	省级传承人名单
庆阳市	华池县	Ⅶ-3 庆阳剪纸（华池剪纸）	传统美术	赵星萍、曹永琴
		唢呐艺术	传统音乐	
	宁县	Ⅶ-2 石雕艺术	传统美术	庞清河、安达
		Ⅷ-2 宁县皮影雕刻技艺	传统技艺	杜一峰、杨自学、杜腊梅
		Ⅷ-15 戏剧头帽制作技艺	传统技艺	杨维勤
	合水县	Ⅹ-4 合水面塑风俗	民俗	孙永琴、左淑霞、邵凤琴
		Ⅶ-2 石雕艺术	传统美术	杨生富、汪清池
		Ⅰ-4 陇东红色民谣（合水民谣）	民间文学	
		Ⅷ-13 民间手工编结技艺	传统技艺	
	环县	Ⅱ-5 唢呐艺术	传统音乐	
		Ⅳ-2 皮影戏（环县道情皮影戏）	传统戏剧	高清旺、史呈林、敬登岐、王勤政、刘爱帮、敬廷孝、谢正礼、陈玉玲
		Ⅱ-1 陇东民歌	民间音乐	
		皮影雕刻技艺	传统技艺	
临夏州	临夏州	Ⅴ-3 回族宴席曲	曲艺	
		Ⅶ-10 临夏穆斯林建筑艺术	传统美术	
	临夏市	Ⅴ-2 贤孝（河州贤孝）	曲艺	王威学、李继德
		Ⅷ-6 刻葫芦（临夏刻葫芦）	传统技艺	马耀良、马世贤、喇玉祥
		Ⅴ-2 河州平弦	曲艺	李永滋、李春文、李振国、
		Ⅵ-6 天启棍	传统体育、游艺与竞技	侯尚达、侯文琳、卢建玺
		Ⅷ-4 甘肃黄酒酿制技艺（河州黄酒）	传统技艺	王建平
		Ⅷ-9 王氏铜铸技艺	传统技艺	王成德
		木雕（河州木雕）	传统美术	李云有、石小平
		河州经字画	传统美术	
	临夏县	Ⅶ-4 砖雕	传统美术	穆永禄、沈占伟、张海林
		Ⅰ-1《马五哥与尕豆妹》	民间文学	何莲秀、马新民
		Ⅸ-1 北塬金氏接骨术	传统医药	金青龙、金秀龙
		鳌头傩戏	传统戏剧	
	积石山县	Ⅰ-5 保安族口头文学与语言	民间文学	马福全、马瑞、马德全、马白克

续表

市（州）	县(市、区)	省级名录项目	类别	省级传承人名单
临夏州	积石山县	Ⅷ-4 保安族腰刀锻制技艺	传统技艺	马维雄、冶古白、马尕主麻、冶洒力海、马赛吉
	永靖县	Ⅲ-12 傩舞（永靖县傩舞）	传统舞蹈	范廷禄、姬永顺、祁国东
		Ⅲ-10 河州北乡秧歌	传统舞蹈	刘世玉、芝生郁
		Ⅷ-12 永靖王氏铁器铸造技艺	传统技艺	王正杰、王业财、王尕胖
		Ⅷ-13 永靖白塔乡古建筑艺术	传统技艺	胥元明、刘才发、胥恒通、刘德福、李良东、沈文才、崇伟东、高永发、朱良发、朱良环、朱庭栋、肖怀贤
		永靖财宝神	民俗	姬良仁、朱得卿
	东乡县	Ⅰ-4 东乡族口头文学与语言	民间文学	马忠海
		Ⅷ-5 东乡族擀毡技艺	传统技艺	马舍勒、马胡才尼、马永祥
		Ⅷ-11 东乡族钉匠工艺	传统技艺	
	和政县	Ⅱ-2 花儿（松鸣岩花儿会）	传统音乐	马金山、苏平、雷兰芳、马君雯、孔维芳
		Ⅲ-9 和政秧歌	传统舞蹈	唐文明、张国华
		牙塘“牛犊爷”	民俗	
	康乐县	Ⅱ-2 花儿（莲花山花儿会）	传统音乐	汪莲莲、文香莲
甘南州	甘南州	Ⅱ-3 佛宫音乐“道得尔”	传统音乐	老哲金巴、桑吉道吉、成立加措
		Ⅱ-8 甘南藏族民歌	传统音乐	华尔贡、准可吉、达老、杨便英、勒格加
		Ⅲ-13 锅庄舞	传统舞蹈	
		Ⅳ-6“南木特”藏戏	传统戏剧	达布、宗智、更丑加
		Ⅴ-8 甘南“则肉”演唱	曲艺	
		Ⅶ-3 藏族唐卡	传统美术	果洛·希热布、久麦、交巴加布、扎群、贡去乎加措、加央索南
		Ⅸ-2 藏医药	传统医药	索南旺杰、才项仁增、旦正甲、道吉仁青、斗格扎西、卓玛、卓玛加、其江草、看照加
		Ⅹ-13 插箭节	民俗	
		Ⅹ-6 藏族服饰	民俗	拉毛吉
	合作市	Ⅲ-12“哈钦木”	传统舞蹈	

续表

市（州）	县(市、区)	省级名录项目	类别	省级传承人名单
甘南州	夏河县	Ⅷ-11 夏河金属饰品制作技艺	传统技艺	王久西加、罗科
		Ⅹ-2 夏河县香浪节	民俗	道吉扎西
		Ⅲ-13 拉卜楞民间舞	传统舞蹈	成来加措、久西草
		Ⅹ-7 甘南藏族婚礼	民俗	
		Ⅷ-1 擦擦佛像印版制作技艺	传统技艺	王举才
		Ⅹ-5 毛兰木法会	民俗	
	临潭县	Ⅱ-2 花儿（新城花儿会）	传统音乐	晏三妹、朵栋地尼
		Ⅵ-2 万人扯绳赛	传统体育、游艺与竞技	
		Ⅷ-3 洮砚制作技艺	传统技艺	韩喜平
		龙神赛会	民俗	
		临潭牛氏金属铸造技艺	传统技艺	牛永祥
		古战申氏金属加工技艺	传统技艺	牛永红、申永喜
		临潭民间洮绣艺术	传统美术	孙丽琼
	卓尼县	Ⅲ-11 巴郎鼓舞	传统舞蹈	卢永祥、杨学明、卢东主
		Ⅷ-3 洮砚制作技艺	传统技艺	卢锁忠、王玉明、张建华、李海平
		Ⅱ-7 卓尼土族民歌	传统音乐	开龙布、开莉
		Ⅶ-4 木雕	传统美术	安玛尼、安拉目九
		Ⅹ-11 卓尼藏族服饰	民俗	马尧草、安包朝
		藏式建筑技艺（碉房）	传统技艺	安旦知旺杰
		磊族跑马射箭	民俗	蒙那召、李旦知次旦
	舟曲县	Ⅲ-9 多地舞	传统舞蹈	李扎西、苗卓玛、全桑九面
		Ⅷ-10 舟曲县织锦带	传统技艺	王才让草、金东秀
		Ⅹ-1 博峪采花节	民俗	金机灵、金干斗
		Ⅹ-5 正月十九迎婆婆	民俗	王成成
		Ⅲ-1 摆阵舞	传统舞蹈	郭殿臣、郭给舟、郭高道
		Ⅹ-1 天干吉祥节	民俗	杨面英、高健德
		Ⅹ-4 东山转灯	民俗	房显庆、房明轩
		Ⅹ-7 巴寨朝水节	民俗	郭殿臣、郭祺家
		舟曲刺绣	传统美术	杨召玉

续表

市（州）	县(市、区)	省级名录项目	类别	省级传承人名单
甘南州	迭部县	Ⅲ-10 尕巴舞	传统舞蹈	
		Ⅰ-8 藏族民间故事	民间文学	子九
		Ⅰ-9 藏族民间谚语	民间文学	扎西
		Ⅷ-12 榻板房制作技艺	传统技艺	卡交、毛浪
		青稞酒酿造技艺	传统技艺	吾草
	玛曲县	Ⅴ-6 藏族民间弹唱	曲艺	德白、道瑞、三木旦加措
		Ⅰ-1《格萨尔》	民间文学	尕尔考、才让昂秀、才布扎
		Ⅱ-7 牛角琴演奏	传统音乐	青知布、尕藏旦巴
		藏鹰笛演奏技艺	传统音乐	南木赛
		博洛	传统体育、游艺与竞技	
省直	15 项	甘肃古琴艺术	传统音乐	
		豳地傩面制作技艺	传统技艺	贾生鑫
		染缬技艺	传统技艺	管兰生
		Ⅰ-1 天祝土族《格萨尔》	民间文学	王永福
		Ⅰ-7 东乡族小经文与民间叙事长诗《米拉尕黑》	民间文学	马虎成
		中医脏腑辨证诊疗法	传统医药	
		不孕不育中医治疗十三法	传统医药	张炜
		道医脉诊指剑掌眼技艺	传统医药	
		古籍修复技艺	传统技艺	师有宽、何谋忠
		Ⅳ-1 道情戏	传统戏剧	边肖、雷通霞、苏琴兰、窦凤琴、佟红梅、敬怀宝、赵希顺
		Ⅳ-4 秦腔	传统戏剧	窦凤琴、王晓玲、孔桂玲、苏凤丽
		Ⅱ-1 敦煌艺术—音乐技艺研承	传统音乐	
		Ⅲ-1 敦煌艺术—舞蹈技艺研承	传统舞蹈	
		Ⅶ-1 敦煌艺术—美术技艺研承	传统美术	
		Ⅷ-1 敦煌古乐器制作技艺研承	传统技艺	
合计		493		758

资料来源：甘肃省文化和旅游厅网站，https：//www. tourgansu. com/。